CREEP

CREEP

ACUSACIONES
Y CONFESIONES

MYRIAM GURBA

TRADUCCIÓN DE
MARTHA LÓPEZ

HarperCollins *Español*

Los libros de HarperCollins Español pueden ser adquiridos con fines educativos, empresariales o promocionales. Para más información, envíe un correo electrónico a SPsales@harpercollins.com.

Título original: *Creep: Accusations and Confessions*

Publicado en inglés por Avid Reader Press en los Estados Unidos de América en 2023

PRIMERA EDICIÓN EN ESPAÑOL, 2024

Copyright de la traducción © 2024, Martha López

Este libro ha sido debidamente catalogado en la Biblioteca del Congreso de los Estados Unidos.

ISBN 978-0-06-322466-7

24 25 26 27 28 LBC 5 4 3 2 1

Ya mataron a la perra
pero quedan los perritos.

—Corrido popular

CONTENIDO

TELL

Es fácil meterse en juegos morbosos. Cuando era pequeña caí, feliz, en algunos de ellos.

Jugué a uno con Renee chica, la hija de la mujer que me hizo mi segunda permanente. Ella y Renee grande vivían en un edificio alto de departamentos frente a la librería de viejo donde a veces gastaba mi mesada. Los sicomoros se erguían en un parque cercano, y cuando sus hojas se ponían doradas y crujientes, caían y alfombraban la hierba, creando la ilusión de que vivíamos en un lugar que experimentaba estaciones intensas. En Santa María podían ser difíciles de detectar. Lo más cerca que estábamos de tener nieve era la escarcha que medio cubría el parabrisas de nuestra vagoneta, apenas lo suficiente para escribir el nombre.

El rostro de Renee grande era tan hermoso como el de mi madre. La cicatriz sobre el labio acentuaba su belleza. Encima del televisor de la sala colgaba un bordado en punto de cruz enmarcado: «Dios bendiga nuestro depa». Estaba sentada en la cocina, en una silla negra del comedor, intentando mirar por la ventana sobre el fregadero. El cielo era de un azul aburrido. Los coches pasaban despacio por la calle principal. Una ráfaga de viento dispersó las hojas de los sicomoros. Renee grande me recogía el pelo con las manos, enrollándolo en unos tubos. Los billetes gastados con los que mi madre le había pagado estaban apilados en la barra de la cocina. Junto al dinero se descongelaban unos muslos de pollo.

Mis pies rozaban el impecable suelo de linóleo. Me gustaba la sensación de mis calcetines ajustados al deslizarse sobre él.

—Quédate quieta —dijo Renee grande—. Deja de retorcerte.

—Renee grande lucía permanente también y tenía una voz impaciente y extraña. Sonaba como me imaginaba la voz de una hormiga. Peligrosamente aguda. Venenosa.

Cuando su madre terminó de arreglarme el pelo, Renee chica, sonriente, me saludó con la mano, invitándome a su cuarto. Acepté. Renee chica había heredado la belleza de su madre, acentuada por los dientes largos en lugar de la cicatriz nudosa.

Renee chica y yo nos arrodillamos en su alfombra color chocolate. El departamento, incluida su recámara, olía a tortillas de harina con mantequilla y suavizante de telas. El aroma me hacía sentir contenida, segura; me moría de ganas de enjuagarme del pelo la solución para permanente y volver a oler aquella fragancia. Lo que me había echado Renee grande hacía que me apestara la cabeza y me ardiera el cuero cabelludo.

Renee chica esparció entre nosotras un montón de muñecas Barbie. Levantando una por su asimétrico corte de paje, pregunté:

—¿Te dejan cortarles el pelo?

Renee chica acarició a una rubia y asintió.

—Son mías —dijo—. Puedo hacerles lo que quiera.

Intenté no mostrar mi envidia. No tenía permiso de cortarles el pelo a mis muñecas ni el mío. Mi madre había impuesto esa regla después de que yo intentara hacerme un fleco a lo Cleopatra.

Con la puerta del dormitorio cerrada, las muñecas de Renee chica representaban escenas inspiradas en las telenovelas estadounidenses y latinoamericanas. Gritaban, lloraban, temblaban y proferían amenazas asesinas. Mentían y rompían promesas. Se estremecían, se desnudaban y se golpeaban el rígido pubis. Plaf, plaf, plaf. Se abofeteaban y mordían. Se agredían a propósito y se reían en vez de disculparse. Ponían cuernos, rompían, volvían y engañaban de nuevo.

Eran lesbianas.

No tenían de otra.

Renee chica no tenía muñecos.

Renee chica llevó a una lesbiana angustiada hasta la ventana abierta. Corrí tras ella.

«¡No puedo más! ¡Voy a saltar!», gritó.

Recortada contra el aburrido azul, vimos a la muñeca subir, detenerse un momento y luego desplomarse. Golpeó el suelo de bruces, con brusquedad.

Está muerta, pensé.

Renee chica y yo nos miramos. Sonreímos. Habíamos descubierto algo divertido. Tirar muñecas por la ventana y verlas caer diez pisos era algo que tal vez no debiéramos hacer. Pronto, todas las muñecas de Renee chica estaban regadas por la acera bajo su ventana, contorsionadas en posturas de muerte, y no nos quedó de otra que jugar entre nosotras.

Mis padres tenían un libro con reproducciones satinadas de pinturas y dibujos de Frida Kahlo. Uno de los cuadros, *El suicidio de Dorothy Hale*, se parecía al juego inventado por Renee chica.

El crecimiento ya me había deshecho la permanente. Me gustó más la que me había hecho Renee grande que la primera, pero no pensaba hacerme una tercera.

La madre de Gilda y la mía estaban abajo tomando café y chismeando en español. La madre de Gilda hablaba español de España. Era española y tenía un apodo complicado. En español

español no significaba nada, era un sinsentido que sonaba bien. En español mexicano era como decir ropa interior.

Regina, la vecina de Gilda del otro lado del callejón, nos acompañaba. Estábamos en el cuarto de Gilda y yo llevaba un chal, una peluca blanca y lentes de abuela. Gilda me había dicho que me vistiera así. Dijo que de esa manera serían más realistas las historias de fantasmas que quería contar.

Me balanceé en la mecedora del rincón, contando cuentos de fantasmas hasta que se me acabaron.

Nos quedamos un rato en silencio.

Seguí meciéndome.

—Deberíamos jugar a algo —dijo Regina.

Yo dudé. Los juegos de Regina solían llevar a frotaciones súbitas, y yo no quería que Regina me montara.

—¿Jugar a qué? —preguntó Gilda.

—A la sala de partos —contestó Regina.

—¿Cómo se juega? —preguntó Gilda.

—Bueno, somos tres, así que una puede ser la doctora, otra la embarazada ¡y la otra el marido! —dijo Regina.

—¡Bueno! —dijimos Gilda y yo.

Regina le pidió a Gilda que tomara una almohada o un peluche y se lo pegara debajo de la sudadera. Gilda eligió un par de almohadas con orillas de encaje y siguió las indicaciones hasta modelar un bulto deforme.

—¡Parece que son gemelos! —dijo Regina. Le indicó a Gilda que se recostara en la cama y le ordenó—: ¡Abre las piernas! —Regina se subió las mangas y añadió—: Señora, tiene que pujar. —Mirándome, dijo—: Señor, tiene que apoyar a su mujer. Es uno de los momentos más difíciles de su vida. Corre peligro de muerte.

Me preparé y entré en el papel. Era un hombre casado. Tenía que apoyar a mi mujer. Ella podía morir. Los gemelos podrían matarla. No había pensado en esto cuando la embaracé.

Tras cinco minutos de resoplidos, gruñidos, jadeos y pujidos, Gilda dio a luz a dos gemelos gordos y sanos. Nos turnamos los papeles y enseguida nos dimos cuenta de que el mejor era el de embarazada. El peor era el del marido. Lo único que hacía era animar. Di a luz cinco veces. Las dos primeras, mis bebés sobrevivieron. La tercera, murió. En la esquina donde estaba la mecedora se hallaba el cementerio. Tuvimos funerales para bebés y para las mujeres que morían en el parto. Yo morí dos veces.

¿Cuándo fue la última vez que jugaste a algo que implicara morir?
¿Eras solo tú o jugabas con alguien más?
¿Hasta qué punto confiabas en esas personas?

En *Investigaciones filosóficas*, Ludwig Wittgenstein plantea que «"los juegos" conforman a una familia». A eso yo añadiría que los jugadores conforman una familia.

El juego al que jugué con Renee chica está emparentado con el que jugué con Gilda y Regina. En general confiaba en los chicos con los que jugaba, pero me mantenía en guardia con Regina, sobre todo cuando ella era la doctora y yo la embarazada. La embarazada está vulnerable. La doctora tiene poder. El peligro se mueve en el espacio entre ellas.

Mi padre cuenta anécdotas de su infancia en Norwalk, California. A veces iban famosos de visita. En 1955, Bela Lugosi llegó a la ciudad. Conocido en todo el mundo por sus interpretaciones de Drácula, el actor húngaro ingresó en el Hospital Estatal Metropolitano, antiguo Hospital Estatal de Norwalk, para tratar su adicción a la morfina. Durante su estancia, el vampiro leía guiones. Más tarde protagonizaría la película de ciencia ficción *Plan 9 del espacio exterior* de Ed Wood, el cineasta de serie B.

Mi padre vivía en una calle donde todas las casas eran idénticas, al lado de una familia mexicana con unos cinco hijos. Una mató accidentalmente a su hermana al meterle los dedos en la fontanela.

¿Se imaginan?

El mayor se llamaba Zippy. Zippy era alegre y desgarbado, y vestía sobre todo shorts y camisetas. Inventó un juego. En la intersección entre Orr y Day Road crecía un eucalipto en cuyo tronco podían esconderse varios chicos. Zippy y sus amigos se amontonaban detrás y esperaban. Los niños del barrio salían a mirar.

Mi padre se escondió detrás de un enebro con otros pequeños observadores.

Estaban nerviosos y emocionados.

Un Buick entró a la intersección.

Zippy soltó el triciclo, que salió a toda velocidad hacia la calle. Atado apenas al manubrio iba un maniquí realista de niño con overol y el Buick chocó contra él, aflojando la cuerda y lanzando al «niño» por los aires. Cuando el maniquí cayó al asfalto, sus extremidades se contorsionaron. La cabeza salió rodando.

—¡Aaaaaaaaaaaaaaaaaaah! —gritó la anciana blanca, dejando en marcha su Buick en medio del cruce. Salió corriendo en zigzag con las manos en la cabeza.

—¡Lo maté! ¡Lo maté! ¡Lo maté! —aullaba—. ¡Maté al bebé!

En la acera, un arbusto lleno de niños se sacudía con sus risas.

Cuando mi padre nos llevaba a Norwalk a visitar a mi tío Henry, pasábamos por el cruce de Zippy. Me parecía ver su triciclo y el maniquí rodando por la calle, hasta que recordaba que Zippy ahora era adulto y estaba preso. Nunca lo conocí. Solo sabía que era un personaje de los relatos de papá sobre Norwalk. Cuando contaba historias de Zippy, mi padre insistía en que las cosas que había hecho su vecino eran terribles, simplemente sádicas, pero no parecía ni sonaba horrorizado. Las comisuras de sus labios se curvaban hacia arriba y yo podía oír la nostalgia. Su voz lo delataba. Recordaba con cariño aquellos juegos de muerte.

Mi padre tenía cuatro años cuando dejó México y llegó a California. Era 1951. Ese mismo año, *Excélsior*, un periódico de la Ciudad de México, publicó este encabezado:

JUGANDO A LA GUERRA TRES NIÑITOS «FUSILARON» A UNA SIRVIENTA

Abajo aparecían las fotos espontáneas de tres niños orejones, Carlos y Raúl Salinas, de cuatro y cinco años, y Gustavo Rodolfo Zapata, de ocho. Según la nota, el trío estaba en custodia policial, pero no entendían por qué.

El incidente había ocurrido el día anterior, el 17 de diciembre, hacia el mediodía, en Palenque 425, la mansión donde los hermanos Carlos y Raúl compartían recámara. Su madre, la señora Margarita de Gortari de Salinas, había salido de compras alrededor de las once. Sus hijos y su amigo quedaron al cuidado de dos empleadas. Una era la cocinera, María Torres Garrido. La otra era Manuela, una niña indígena de doce años de San Pedro Azcapotzaltongo. María solía vigilar a Manuela. La muchacha llevaba mes y medio trabajando en Palenque 425.

Cuando Margarita regresó a casa hora y media más tarde, la recibió la policía, que le contó lo que habían hecho sus hijos. Margarita les dijo que los chicos debían de haber encontrado el rifle cargado que su marido, el economista Raúl Salinas Lozano, tenía escondido en un armario. Para jugar a la guerra, los chicos necesitaban un arma y un enemigo. Eligieron a Manuela para ese papel cuando se la encontraron barriendo.

Apuntándole a la cara con el arma calibre .22 de su padre, Carlos disparó.

Manuela y su escoba cayeron.

María encontró el cadáver, y cuando les preguntó a los chicos qué habían hecho, corearon triunfantes: «¡Matamos a Manuela!».

Carlos chilló: «¡La maté de un tiro! ¡Soy un héroe!».

Un periodista visitó a los chicos y habló con ellos. Escribió que parecían ligeramente inquietos, pero en general tranquilos. Con la madre a su cargo, correteaban por los pasillos de la estación de policía. Ella les dijo que mientras estuvieran allí, nada de juegos. Ya habían jugado suficiente.

Cuatro meses antes del asesinato en Palenque 425, se había producido otro en una dirección más conflictiva: Monterrey 122.

El 7 de septiembre *La Prensa*, otro periódico de la Ciudad de México, publicó este encabezado:

QUISO DEMOSTRAR SU PUNTERÍA Y MATÓ A SU MUJER

CRIMEN DE UN NORTEAMERICANO DURANTE ESCANDALOSA JUERGA

Para el 8, la noticia llegó a Estados Unidos.

PISTOLA DE HEREDERO MATA A SU MUJER; ÉL NIEGA HABER JUGADO A G. TELL

El acusado era el nieto más o menos arruinado de William Seward Burroughs, el empleado bancario que inventó la primera calculadora comercial. A diferencia de su abuelo, William Seward Burroughs II, de treinta y siete años, era aspirante a escritor, aficionado a las armas, entendido en narcóticos y nihilista cuir que aún no había hecho nada digno de mención, salvo engendrar un hijo. Fugitivo de la ley, había huido a la Ciudad de México y pronto lo alcanzaron su esposa de veintiocho años, Joan Vollmer, su hijo, William Seward Burroughs III, y Julie, hija del segundo matrimonio de Joan.

William acabó con la vida de Joan diez días antes del Día de la Independencia de México.

Había tormenta. Partes de la Ciudad de México se inundaron de aguas negras.

William había regresado hacía poco de una travesía en busca de visiones por Sudamérica, que más tarde plasmaría en su novela *Queer*. Necesitado de dinero, concertó una cita para vender una de sus armas a un estudiante de Mexico City College, Robert Addison.

En el Bounty Bar and Grill, donde William escribió partes de lo que sería *El almuerzo desnudo*, Joan pagó un refresco de limón con un chorrito de ginebra. El coctel verde oscuro iba salpicando mientras Joan subía cojeando al departamento de John Healy. John atendía la barra en la planta baja y había conocido a William en clases de español.

William llevó su maleta al departamento. Joan traía el vaso y su bastón. Se sentó en un sillón de peluche frente a Eddie Woods y Lewis Marker, el compañero de viaje de William. Ambos estaban en el sofá. Ambos oyeron a William decir: «¡Ponte el vaso en la cabeza, Joanie! ¡Déjame mostrarles a los chicos lo buen tirador que es Bill!».

He escuchado a hombres explicar lo que Joan sintió en los segundos previos a que su marido le disparara. Uno de ellos fue Matt, con quien «salí» cuando tenía quince años. Lo conocí en la tienda de segunda mano de la Sociedad Católica de Beneficencia donde él trabajaba. Era un veinteañero demacrado con un copete grasiento y patillas hirsutas. Tocaba la batería en una banda y había escrito una novela a mano, con tinta. Leía a los poetas Beat. Me sermoneaba sobre cosas que yo ya sabía, como que Andy Warhol era un homosexual de Pittsburgh.

Después de invitarme a cenar a un restaurante chino donde los peces nadaban de un lado a otro en un larga pecera, Matt me llevó en coche a la casa que compartía con un surfista alcohólico, Corey.

—Siéntate —me dijo.

Me senté en el sofá de la sala y vi a Matt introducir un video en la boca rectangular de la videocasetera.

Empezó *Almuerzo desnudo*.

Según el crítico Gary Indiana, la película es «una amalgama de varios textos de Burroughs, no solo de *El almuerzo desnudo*». La película también abreva en la vida del escritor, pero se toma libertades con los detalles. La actriz Judy Davis interpreta a Joan Vollmer, uno de los dos personajes femeninos cuyas voces alcanza a oír el público. El actor Peter Weller interpreta a William Burroughs. Oímos mucho su voz. En la escena inspirada en los sucesos de Monterrey 122, el *alter ego* de William Burroughs, Bill Lee, está sentado frente a un tocador desordenado. Abre un cajón y saca una pistola reluciente.

«Supongo que es hora de nuestra rutina de Guillermo Tell», anuncia.

De cara a la ventana de la habitación, Joan se da vuelta. Su vestido azul está abierto y deja ver un fondo blanco de encaje. Toma un vaso vacío de la cómoda revuelta, se sienta en el alféizar y se lo coloca en la cabeza. Bill sonríe y amartilla la pistola. Mira a Joan y apunta. Ella le devuelve una mirada estoica.

—¿Ves? Joan no tenía miedo. Confiaba en él —dijo Matt.

Me apretó la pierna.

¿Iba a pedirme que sostuviera algo sobre mi cabeza?

En la vida real, Joan soltó una risita tras colocarse el vaso en la cabeza. Luego dijo: «No puedo ver esto. Ya sabes, no soporto ver sangre».

William apuntó con su Star .38 y disparó.

El vaso cayó al suelo y rodó en círculos.

La fatigada cabeza de Joan se inclinó hacia un lado.

El reducido público de William pensó que Joan bromeaba.

Por fin, Lewis dijo: «Creo que le diste».

Todos corrieron hacia ella.

Cuando William descubrió el agujerito azul en la cabeza de Joan, gritó: «¡No!». Saltó a su regazo y coreó: «¡Joan! ¡Joan! ¡Joan!».

Tal vez quería que ella lo consolara.

Los vivos esperan demasiado de las mujeres muertas.

Después de ver *Almuerzo desnudo* con Matt, compré un ejemplar del libro en la librería de segunda mano.

Me acabé un frasco entero de Advil intentando terminarlo.

Cuando lo hice, quedé aún más confundida.

No era una novela.

Era un caos.

No se lo confesé a nadie. En cambio, le dije a todo mundo que me había encantado. Le dije a todo mundo que el Tío Bill era un genio. Brillante. Fingí que lo había entendido. Esto impresionó a los amigos de Matt. Me volvió agradable.

Durante una rueda de prensa celebrada para promocionar *Almuerzo desnudo*, la película, un periodista le preguntó a William Burroughs:

—¿Se arrepiente del periodo de su vida en el que fue adicto?

—La cuestión es que un escritor puede sacar provecho de experiencias que no serían favorables o provechosas para otros. Como es escritor, puede escribir al respecto —respondió.

Lo mismo hubiera dicho William Burroughs sobre dispararle a su mujer en la cabeza. Es lo que la gente esperaba al ver *Almuerzo desnudo*. El agujero que le hizo en el cerebro.

Courtney Love y Amy Adams también interpretaron a Joan Vollmer en la pantalla grande, pero mi representación favorita sigue siendo la de Judy Davis.

Le imprimió al papel un carácter dolorosamente cuir.

Verla abrir su boca rosada y exhalar sobre las cucarachas que trepaban por el papel tapiz hacía que las chicas como yo nos derritiéramos.

William Burroughs fue recluido en la Crujía H del Palacio de Lecumberri, una prisión. Permaneció allí trece días y tras su liberación se reunió con su hermano, un esnob llamado Mortimer. Decidieron que Julie y William Jr. serían enviados a vivir con unos parientes. Se hicieron los arreglos para el sepelio de Joan en el Panteón Americano.

A cambio de 320 pesos, ocupó la tumba 1018.

En 1952, William Burroughs regresó a Texas.

En 1953, un juez mexicano lo declaró culpable en rebeldía. Eduardo Urzaiz Jiménez determinó que el gringo debía pasar dos años en prisión, pero su sentencia fue suspendida.

Ace Books publicó su primera novela, *Yonqui*, ese mismo año.

En ella menciona su estancia en México.

Seis años más tarde, *El almuerzo desnudo* hizo famoso a William Burroughs.

Joan Vollmer sigue en México. Imagino que su tumba es menos visitada que la casa azul de Frida Kahlo.

He buscado más información sobre Manuela, la chica asesinada en el juego de guerra. Ni siquiera he podido encontrar su apellido. Manuela deriva de Emmanuel, equivalente griego del hebreo Imanu'el. El nombre significa «Dios está con nosotros».

¿Joan Vollmer habría sido amiga mía? Tal vez.

Joan era una puta.

Según mis compañeros de la escuela intermedia, yo también.

Joan creció en un lugar con estaciones intensas: Loudonville, Nueva York. Su madre se llamaba Dorothy, y su padre y su hermano tenían el mismo nombre, David. David padre, químico, trabajaba en la fábrica de películas fotográficas Gevaert. Como era propiedad de alemanes, el Gobierno federal la requisó durante la segunda guerra mundial y se la entregó a David padre para que la administrara.

Cuando Joan salía, David padre la seguía en su coche. No tenía privacidad y soñaba con huir a Manhattan. Hasta entonces, estaba atrapada en Saint Agnes, una escuela episcopal. Escuchaba a Beethoven y adoraba sus propias manos. Creía que eran su rasgo más bello, mejor que sus piernas. Sus compañeros la eligieron como «La más intelectual». Escribía elaborados ensayos para su clase de francés.

La psique de la ideología fascista de los nazis se revela en la música de Wagner. No es casualidad que fuera la favorita de Hitler. Durante el ascenso de Hitler al poder, la orquesta tocaba «La Course des Valkyries». Esta música, con su heroísmo casi histérico y su grandeza teatral y pretenciosa, representa de forma simbólica el espíritu del Fuehrer...

En su foto de anuario, Joan es una delicada Atlas, una chica guapa con el mundo en su cabeza. Sus pronunciados pómulos se curvan bruscamente. Sus finos labios se fruncen. La caída de su vestido deja ver parte de la espalda, la columna. Bajo su nombre aparece una lista de sus logros.

Graduada con honores
Medalla de Oro
Consejo *Bleatings* 37, 38, 39
Cruz y Barra de Plata 36, 37, 38, 39
Secretaria de la promoción de primer año
Barnard College

Tras conseguir una beca de trescientos dólares, Joan se fue a estudiar Periodismo a Nueva York. A los diecisiete años se casó. Se arrepintió de su decisión, dejó a su marido y volvió a casarse, esta vez con un estudiante de Derecho de Columbia. Cuando empezaba a arrepentirse de su segundo matrimonio, tuvo suerte. Su marido fue llamado a filas y, durante su ausencia, Joan quedó embarazada de Julie.

Los padres de Joan le enviaban una asignación. Combinada con el sueldo militar que recibía de su segundo marido, pudo costearse una vida bohemia en varias residencias neoyorquinas.

Una fue el 420 West de la calle 119.

Otra fue el 419 West de la calle 115.

La escritora Joyce Johnson describe los hogares que habitó

Joan en el Upper West Side como prototipos tempranos de lo que una generación posterior llamaría «depas». Donde Joan, cualquier artista, intelectual, estafador, vagabundo, místico o puta se sentía como en casa. Ella era libre de llorar en el sofá grasiento. De hacer notas a las obras de Marx en la bañera. De vomitar en el armario. De depilarse las cejas hasta dejarlas torcidas. De suspirar aliviada cuando la sangre le tenía de rojo la ropa interior. De quemar el pan tostado y comérselo en la cama.

El segundo marido de Joan se divorció de ella.

Joan conoció a Edie Parker, una estudiante de arte, en el bar West End. Las jóvenes se hicieron amigas y Edie le enseñó el arte de mamar. Jack, el novio de Edie, creyó que Joan podría congeniar con su amigo William, un graduado de Harvard, de Saint Louis, Missouri, que trabajaba como fumigador en Chicago. Jack predijo una «afinidad entre el ingenio agudo y brillante de Joan» y lo perra que era William. Cuando los presentaron, Joan se mostró tan ingeniosa como el fumigador.

—¿Tú no eras maricón? —le dijo Joan a William—. En la cama eres tan bueno como un chulo.

William se mudó a casa de Joan y tuvo su propia habitación. El sexo no siempre salía según lo esperado. Joan irrumpía en la habitación de William, lista para divertirse, pero el fumigador soltaba las clásicas excusas. Me duele el pie. Tengo dolor de cabeza.

William se enamoró de los narcóticos. Joan y él tonteaban con inhaladores y se metían bencedrina. Experimentaron con anfetaminas y cafeína, y estuvieron despiertos por dos semanas.

A Joan le salieron úlceras. Veía y oía cosas que solo ella era capaz de ver y oír. Despertó en el pabellón psiquiátrico de Bellevue y se dedicó semana y media a convencer a los médicos de que estaba cuerda. Su padre fue y se llevó a Julie. William fue y se la llevó a ella.

Los amigos de Joan y William seguían cayendo presos.

Preocupados por lo que pudiera ocurrirles, tramaron su huida de aquella ciudad que en otra época Joan idealizaba.

Antes de partir, la pareja reservó una habitación en un hotel de Times Square.

Tras embarazarla, William se llevó a Joan al oeste.

William derrochó dinero de su familia en una propiedad en ruinas de cuarenta hectáreas al norte de Houston. Julie y William Jr. gateaban en la tierra. Ni William ni Joan estaban en condiciones de mantener un rancho. Eran adictos y la ley no dejaba de rondarlos.

Invitaron a su amigo Herbert a venir de Nueva York y trabajar como peón. Se convirtió en su mensajero; iba y venía entre la granja y Houston, ocupándose de proveerlos de bencedrina, marihuana y licor. Herbert se dio cuenta de que Joan y William dormían en habitaciones separadas. También de que William siempre parecía molesto con Joan.

Un día, Herbert, Joan y William caminaban por el bosque, y Joan tenía dificultades para cargar a Julie.

—¿Me puedes ayudar? —le pidió ella.

William no dijo nada.

—¿Por qué no la ayudas, carajo? —le espetó Herbert.

—Los espartanos sabían qué hacer con el peso de las niñas. Las arrojaban desde un acantilado —respondió William.

William había plantado marihuana. La cosecha resultó miserable. Encontrar a alguien a quien vendérsela fue todo un problema. William se sintió aliviado cuando por fin apareció un bobo.

Intentó dejar los estupefacientes y lo consiguió por poco tiempo, pero en Beeville la policía lo detuvo por tener sexo con Joan a la orilla de la carretera mientras los niños permanecían sentados en el coche. Encerraron a toda la familia. Las autoridades le retiraron la licencia de conducir a William.

«Tal vez compre una casa en Nueva Orleans. Debo tener un sitio donde meter a los mocosos», le escribió William a un amigo.

En Nueva Orleans, William dejó a Joan en casa con los niños. Ella sabía que era cuestión de tiempo que volvieran a detenerlo, y cuando ocurrió, la policía registró su casa, y confiscó marihuana y armas. Metieron a William a la cárcel.

Tras su salida, William ingresó en el Psiquiátrico De Paul. Un empleado entrevistó a Joan y le preguntó por la historia de su marido. El entrevistador tomó notas sobre Joan:

La esposa del paciente parecía una mujer atractiva... Vestía prendas caras... Estaba inquieta, habló con una sonrisa fija y forzada durante toda la entrevista, y fumó un cigarrillo tras otro. Reconoció que estaba «nerviosa», agachaba la cabeza o la levantaba hacia el techo cuando hablaba, pero rara vez miraba a los ojos a los interlocutores... Tenía varios moretones en los brazos, pero se negó a dar otra explicación que no fuera que «se lastimaba con facilidad». Exteriormente, parecía amigable.

William dejó De Paul y se llevó a la familia de vuelta a Texas. Lo ponía nervioso tener que comparecer ante un juez de Nueva Orleans; le preocupaba que lo condenaran a Angola, una plantación convertida en prisión.

William buscó un lugar para vivir en México.

Joan y los niños pronto se reunieron con él en la colonia Roma, en Orizaba 210.

En la Ciudad de México, Joan se consoló con tequila.

William gastaba su dinero en narcóticos y en hombres.

«En lo personal estoy bien. Aunque algo borracha desde las 8 a. m.», le escribió Joan a una de sus amistades.

William se hizo cliente de Lola la Chata, una vendedora de chicharrón convertida en narcotraficante. Cuando Joan encontró a William cocinando en casa, le quitó la cuchara y la tiró al escusado.

William la abofeteó. Volvió a abofetearla.

Joan quería el divorcio.

William se llevó a Lewis, un gringo que le gustaba, de viaje a Ecuador. Buscaron alucinógenos. William pagaba todo. Mientras tanto, Joan se llevó a los niños en un ebrio viaje por carretera a Guadalajara, la ciudad natal de mi madre. De regreso, pararon en Parangaricutirimícuaro, un pueblo de Michoacán muy disfrutable. Visitaron el volcán Paricutín.

Días antes de subir las escaleras de Monterrey 122, Joan se había reunido con un amigo.

Tenía la piel llena de úlceras. A su sonrisa le faltaba la mitad de los dientes. Su cuero cabelludo asomaba en algunas partes.

—No voy a salir de esta —dijo.

Los encabezados juegan con el lenguaje. Uno de ellos, «Pistola de heredero mata a su mujer; él niega haber jugado a G. Tell», oculta al asesino tras un arma, haciendo parecer que fue una pistola, y no un hombre, la que hizo el trabajo sucio. El otro, «Quiso demostrar su puntería y mató a su mujer. Crimen de un norteamericano durante escandalosa juerga», evoca una intención lúdica. El estadounidense no quería matar a su mujer. Solo quería alardear. Si yo hubiera podido escribir un titular para lo que ocurrió aquella noche, diría: «Para impresionar a dos hombres, uno de ellos su amante, un hombre juega ruleta rusa con la cabeza de su inteligente esposa, que quería el divorcio».

Después de la escuela, Matt me recogió en su camioneta.

—¿Cómo te va? —me preguntó mientras me abrochaba el cinturón de seguridad.

Tomé esto como una invitación a contarle mi día y me lancé a hacer una crónica detallada, punto por punto.

Cuando llegué al almuerzo, Matt me interrumpió:

—¿Tienes que hablar tanto de la escuela? —se quejó.

Me volví para mirar su cara de veinteañero. Ya mostraba algunas arrugas.

—Matt —le contesté—, estoy en segundo año.

Matt estaba recostado. Sus Levis y el bóxer le envolvían los tobillos.

Aquello no se veía bien.

Su pene tenía un lunar preocupante.

Completamente vestida, me senté en el borde de la cama, tratando de evitar sus genitales. No quería quitarme la ropa. Llevaba un atuendo demasiado lindo. Una blusa negra con mariposas negras bajo un vestido negro de escote en V. Medias a rayas negras. Zapatos negros de punta.

—Tócalo —soltó Matt.

No sabía qué hacer con él. Nunca había interactuado con uno estando sobria y no tenía ningún deseo de agarrar al monstruito rosa de Matt.

Sacudí la cabeza.

—¡Tócalo! —repitió.

Me paralicé.

Matt resopló con los dientes apretados, se incorporó y miró hacia el buró. Oprimió el aplicador de una botella de crema corporal y un chorro blanco le cayó en la palma de la mano. Luego se abalanzó, agarró mi mano, me la untó con ella y la acomodó sobre su pene. Mientras Matt me movía la mano arriba y abajo, miré una postal de Gauguin fijada a la pared. Me enfoqué en los rostros de las tahitianas.

Matt me dijo que estábamos saliendo, pero no éramos novios.

Yo le dije a la gente que era mi novio de todos modos.

Después de Matt, salí con una mujer que más tarde se convertiría en mi esposa. No tuve otro novio hasta pasados los treinta. El tipo me engatusaba para que jugara con él a juegos estilo Guillermo Tell, engañándome al principio con una instrucción inocua: «Échame las botas». Las había dejado junto al futón, así que las levanté del suelo de losetas por los tacones y las lancé con cuidado en su dirección. Cuando aterrizaron cerca de sus pies, me miró con un asco exagerado.

—Nena —dijo—. Eso no es lanzar. Quiero que me las *lances*. Lánzalas tan fuerte como puedas.

Las instrucciones de mi novio me confundían.

—¿Por qué?

—Porque sí. Porque quiero ver qué tan bien puedes lanzar. Quiero ver cuánta potencia tienes.

Me encogí de hombros y dije:

—No puedo lanzar tan fuerte. Tengo cero fuerza en los brazos. Son fideos.

—*Inténtalo.*

Suspiré, fui por sus botas, las recogí y las llevé de vuelta al futón. Se quedó con los brazos en jarras junto a la mesa de la cocina.

—Listo —dijo.

Hice como si preparara un lanzamiento y aventé sus zapatos con la misma delicadeza con que se los eché la primera vez. Cayeron con un suave estruendo.

Sacudió la cabeza.

—No seguiste las instrucciones. Voy a tener que enseñarte a lanzar. Párate contra la pared.

Ya había criticado y corregido mi estilo de correr, pero me causaba ansiedad tener que ponerme contra la pared para esta nueva lección. La sensación era como de pelotón de fusilamiento.

—Mantén los brazos abajo. No te muevas. Quiero que sientas un buen lanzamiento. Quiero que lo sientas en tu cuerpo.

Estaba a punto de responder que no quería sentir un buen lanzamiento, pero los zapatos ya iban disparados hacia mi cabeza.

Me agaché y bam: impactaron en la pared, dejando una marca gris.

—Tenemos que hacerlo otra vez.

—¡¿Por qué?!

—¡Porque te moviste!

Repetimos el juego hasta que no me encogí. Una bota me dio en una teta, causándome un dolor punzante —las tetas son los testículos del pecho—, pero hice lo que me decía porque tenía miedo. Obedecía a mi novio porque no confiaba en él.

William se acostumbró a lastimar a Joan. Joan creía que se había acostumbrado también, pero no fue así.

Ella quería el divorcio. William se lo dio, para siempre.

Espero que la gente le lleve flores en Ciudad de México.

Se las merece.

Manuela también.

En 1986, cuando tenía nueve años, supe de un hombre que afirmaba haber matado a una chica por accidente.

Su historia sonó mucho en las noticias.

La víctima era Jennifer Levin, de dieciocho años.

Una ciclista daba su habitual paseo matutino por Central Park cuando vio los restos semidesnudos de Jennifer detrás del Museo Metropolitano de Arte. Encontró un teléfono público, llamó a emergencias e informó del cadáver. Los policías se congregaron alrededor y observaron pasmados. Uno de ellos encontró a unos quince metros su ropa interior. Alguien había cortado, golpeado y mordido a Jennifer. También le habían retorcido el sostén alrededor del cuello. Un médico forense determinó que había sido estrangulada.

La última persona con la que vieron a Jennifer fue Robert Chambers, de veinte años.

Robert le dijo a la policía que Jennifer lo había hecho ir al parque y participar en lo que sonaba como un juego sexual. Dijo que se puso agresiva, que lo abrumó. Él no pudo soportarlo, y una vez que consiguió liberar una de sus manos, se incorporó, la agarró del cuello con toda la fuerza que pudo y la volteó. Ella aterrizó junto a un árbol y no se movió.

Yo no sabía lo que eran los juegos de sexo rudo, pero estaba bastante segura de que Robert Chambers mentía. Otros le creían. ¿Por qué mentiría alguien con una mandíbula tan regia?

Pasé en casa de mis abuelos parte del verano en que asesinaron a Jennifer Levin.

Vivían en Guadalajara y todo México vibraba de entusiasmo. El epicentro de esa emoción era el Estadio Azteca de la Ciudad de México. El país había sido designado sede del Mundial y ya estaba aquí. Estaba sucediendo. Al caminar por Guadalajara con mi abuela, veíamos carteles de futbol pegados en las paredes de los cementerios y televisores que transmitían los partidos en los escaparates de las carnicerías. Los vendedores ambulantes ofrecían todo tipo de artículos futbolísticos en las esquinas, los tianguis y a la sombra de la catedral. Hombres con botas vaqueras gritaban y bailaban cuando sus equipos ganaban, y hombres con botas vaqueras lloraban y caían de rodillas cuando sus equipos perdían. Durante el Mundial, la masculinidad mexicana parecía dinámica. Con matices. Abierta.

Para contagiarme de aquel ánimo, empecé a usar tacos de futbol como calzado del diario y resonaban en el suelo de losetas de casa de mis abuelos, incapaz de acercarme sigilosamente a nadie. Mis zapatos le hicieron creer a mi tío Álvaro que yo era una gran aficionada al futbol (no lo era; prefería el kickball), y un día llegó a casa con una bolsa blanca de plástico que me entregó. Saqué un muñeco conmemorativo del Mundial, un jalapeño bigotón con sombrero de paja y camiseta deportiva roja. La mascota se llamaba el Pique, y por la noche me acurrucaba con mi verdura, abrazándola contra el pecho. Después de acariciar su vello facial, presionaba con la punta de los dedos su piel verde para sentir de qué estaba relleno. Bolitas. Tal vez cuentas. Extrañamente, olía a incienso. ¿Lo habrían bendecido en la iglesia?

Cuando Argentina se enfrentó a Inglaterra en cuartos de final, el jugador argentino Diego Maradona marcó un legendario primer gol golpeando el balón con la mano izquierda. A pesar de este contacto ilegal, el árbitro Alí Bin Nasser lo concedió. Después del partido, los periodistas interrogaron a Maradona, intentando que confesara cómo había marcado aquel primer gol. «Un poco con la cabeza de Maradona y un poco con la mano de Dios», respondió.

Una multitud se reunió a presenciar este partido histórico en casa de mis abuelos. Uno de mis tíos invitó a algunos de sus amigos y a una mujer que me presentaron como Lola, su secretaria. Mientras los hombres se apiñaban alrededor del televisor bebiendo cerveza, silbando, aplaudiendo y fumando, mi tío puso la mano en la cadera de su secretaria. La mano se movió, deslizándose entre las piernas de Lola. Me intrigó este roce. Mi tío tenía esposa, y Maradona le había dado una gran coartada.

«Yo no fui», lo imaginé soltándole a mi tía. «¡Fue la Mano de Dios!».

Mi abuelo no estaba ese día. Se había convertido en un hombre ocupado. A principios de ese año falleció uno de sus antiguos compañeros de escuela, el célebre escritor Juan Rulfo, y mi abuelo se propuso volverse un rulfista de primera; un experto en la vida y obra de su difunto amigo. En su ensayo «La persona de

Rulfo», el escritor Antonio Alatorre detalla los interrogantes en torno al aclamado pero enigmático Rulfo que resolvió mi abuelo.

[...] Juan se las ingenió para convertir dos años de su vida en un vacío perfecto, en cero. La verdad acerca de esos dos años se conoció unos días después de su muerte gracias a Ricardo Serrano, uno de sus compañeros, el cual publicó un artículo [«El seminarista Juan Rulfo» en la edición de *Excélsior* del 29 de enero de 1986] ilustrado con varias fotografías, una de ellas la del grupo de seminaristas, en la que aparecen, muy serios, Juan y el propio Serrano. Si [alguien] desconoce este episodio, no me sorprenderé. Nadie está obligado a saberlo todo. Además, un artículo de periódico es, por definición, cosa efímera. Yo me vine a enterar del de Serrano casi dos años después de que se publicó, y eso porque él me dio fotocopia.

A mi abuelo le encantaban los periódicos.

Le encantaban los que tenían su nombre impreso y los guardaba en una habitación especial.

A la muerte de Rulfo, Miguel de la Madrid gobernaba México. Lo sucedió Carlos Salinas de Gortari, secretario de Programación y Presupuesto durante la presidencia de De la Madrid. Existe la creencia generalizada de que el presidente Salinas llegó al poder mediante un fraude electoral, y su familia sin duda era muy ducha en manipular el destino, obligándolo a realizar sus designios. El presidente Salinas era el mismo niño que le había disparado a Manuela mientras jugaba a la guerra, y aunque confesó el asesinato, la mayor parte de las pruebas desapareció. Los periódicos que daban cuenta del homicidio se esfumaron de las bibliotecas.

Los censores que operaron en nombre de la familia Salinas reescribieron bien la historia, pero no lograron expurgar la verdad por completo. Algunos periódicos antiguos reaparecieron, y ahí estaba él, orejón, distraído y con cuatro años, proclamando orgulloso: «¡La maté de un tiro! Soy un héroe».

El presidente Salinas ha podido ocultar muchas cosas. Nunca se probó que amañara la elección de 1988; las boletas fueron quemadas. Nunca se demostró que tuviera algo que ver con el asesinato de su sucesor, Luis Donaldo Colosio, quien recibió un disparo a quemarropa en la nuca mientras iba entre una multitud durante un mitin de campaña en Tijuana. Nunca se demostró que Carlos tuviera algo que ver con el asesinato de José Francisco Ruiz Massieu, su cuñado, que recibió una ráfaga de ametralladora en el cuello cuando salía del hotel Casa Blanca. Cuando las autoridades implicaron al hermano mayor del presidente, Raúl, como autor intelectual del asesinato, Carlos declaró a la prensa: «¡Estoy completamente convencido de su inocencia!».

Hay muchas cosas que nunca sabremos sobre Carlos Salinas de Gortari.

Que le disparó a una chica cuando era niño no es una de ellas.

La verdad está en el papel, y algunas personas, como mi abuelo, atesoran la palabra impresa. Comprenden el poder de lo efímero.

En *Queer*, William Burroughs escribe que «Ciudad de México es una terminal de viajes por el espacio-tiempo, una sala de espera donde tomas algo rápido mientras esperas el tren».

He experimentado la Ciudad de México de esta manera y solo de esta manera.

Cuando mi tía Nena, que también era mi madrina, agonizaba, mi madre y yo corrimos al aeropuerto. Abordamos un avión con destino a México con la esperanza de poder despedirnos de Nena mientras aún fuera capaz de oírnos. Mi madre y yo no lo dijimos, pero a ambas nos preocupaba no llegar a tiempo.

Nunca ensayé con mi madrina la muerte. No jugamos juntas a ningún juego morboso. Por el contrario, Nena era alguien que de verdad encarnaba lo que implica enfrentarse a la mortalidad. La distrofia muscular le arrebató a su hija menor, mi prima Pollito, y Nena se hizo cargo del legado de Pollito, escribiendo y autopublicando un libro sobre ella. Nena se volvió la mandamás en lechos de muerte y funerales, y su voluntad era tan fuerte que yo era incapaz de imaginar a nadie más dirigiendo su propio funeral. La visualicé haciéndolo desde la comodidad de su ataúd, insistiendo en cerrar la tapa ella misma y echando de un manotazo a cualquiera que intentara arreglarle el pelo.

Nena fue la mandamás en la muerte de mi abuela. Al enfriarse su cuerpo, mi madrina, mis tíos, mis padres y mis primos se reunieron en torno a la cama desde donde nuestra matriarca había mirado al techo durante más de una década. Con un rosario enredado entre los dedos, Nena murmuraba avemarías y padrenuestros. Dirigía su rostro al techo porque más allá estaba Dios, y le decía al Todopoderoso que era hora de recibir el espíritu de su madre. Le explicó a la divinidad lo que su madre había sufrido en la tierra. Parecía enojada por ello. Dirigiéndose al cielo, mi madrina aulló. Sus lamentos se volvieron como los de un pájaro y alzaron el vuelo. Aullamos con Nena. Queríamos que mi abuela ya no sufriera, pero ahora nosotros sentíamos dolor. El espíritu se metió en los lamentos de Nena y los nuestros. El espíritu se movía por la habitación, animándonos a soltar nuestro dolor. Una imagen de la Virgen de Guadalupe, que colgaba de un clavo a unos metros sobre la cama de mi abuela, miraba tímidamente hacia otro lado.

Después de que los hombres de la funeraria trasladaron a mi abuela a una camioneta, la subieron y se fueron, Nena me dijo:

—Toma tu bolsa. Tenemos mucho que hacer.

Nos dirigimos a las concurridas florerías cercanas al cementerio y encargamos varios arreglos grandes. Fuimos a una tienda de ropa de mujer y elegimos un vestido blanco para enterrar a mi abuela. Nos dirigimos a la funeraria, donde le entregamos documentos, un rosario de cristal y el vestido blanco al director. Estas tareas mortuorias eran una lección. Mi madrina me estaba enseñando cuánto trabajo implica la muerte. La muerte no termina con un disparo. La bala es un punto de partida y hay muchos pasos administrativos que los vivos deben completar antes de que el difunto pueda soltar un suspiro de alivio. Los muertos dependen de nosotros. Sin nosotros, no duermen bien.

Para llegar con Nena, mi madre y yo volamos desde Los Ángeles y aterrizamos en la Ciudad de México para hacer escala. Nunca salimos del aeropuerto. Yo quería, pero era imposible. No teníamos tiempo más que para esperar.

Intenté relajarme. Respirar el aire viciado del aeropuerto.

Compramos cafés y nos sentamos en la mesa de un bistró.

Me puse a observar a la gente.

Sonó el teléfono de mi madre. Habló poco. Escuchó, sobre todo. Cuando terminó su breve conversación, me dijo que era su hermana menor. Nena no solo se había ido, sino que mi tío ya la había cremado. A mi madre le molestó mucho que el marido de Nena la hubiera convertido tan rápido en cenizas. Se sentía despojada del cuerpo de su hermana. Es incómodo despedirse de una urna. Un rostro, aun desfigurado, sigue siendo un rostro.

Era casi medianoche cuando llegamos a Los Mochis. Nunca había estado allí, y no sabía nada de la ciudad excepto que estaba en la costa, que mi tía había vivido allí y fue donde la policía recapturó al famoso narcotraficante Joaquín «el Chapo» Guzmán, líder del cártel de Sinaloa y talentoso fugitivo de prisión.

En el aeropuerto de Los Mochis, un chofer nos recogió y nos ayudó con las maletas. Me sentía como si llevara puesto un traje de mugre. Atravesamos la noche más oscura y nos detuvimos en un restaurante. Arrastramos las maletas al interior y encontramos al marido de Nena en una pieza recubierta con paneles de madera y cuatro mesas dispuestas en un cuadrado. Reconocí a dos primos. Los demás eran desconocidos.

—¡Vaya, vaya, vaya! —gritó mi tío. Parecía a punto de escupir—. ¡Llegaron las americanas!

Mi tío y mi madre han estado enemistados desde que se conocieron. Ocurrió la noche en que se llevó a Nena a su primera cita, y mi abuelo le ordenó a mi madre que los acompañara. Mi madre pidió la cena más cara del menú y se aseguró de pedir postre.

Tras el grosero recibimiento, fuimos a casa de mi tío y dormimos unas horas. Cuando desperté, tenía hinchado el ojo izquierdo. No sé por qué se me puso así. Para el desayuno, la inflamación había remitido.

En la iglesia de altos techos donde celebramos el funeral de Nena, me quedé esperando que mi tía saliera detrás de una estatua religiosa y gritara «¡Sorpresa!». En cambio, una urna contenía sus cenizas. Yacía sobre una mesita cerca del altar. Desde un retrato enmarcado al costado, sus ojos cafés miraban fijamente. Varios arreglos florales la rodeaban.

La iglesia se sentía tan abarrotada como el aeropuerto. Casi todo era de color marfil. Mi madre agarró uno de los abanicos que había en la ranura de madera del banco de enfrente y lo utilizó para refrescarse. Se veía elegante, así que le tomé una foto. Sonrió y se tocó la barbilla con el abanico.

Nena recibió las alabanzas de sus nietos y amistades. Yo no intervine. De haberlo hecho, habría divagado sobre cuatro experiencias. Una, la vez que me llevó a patinar sobre hielo en un hotel con forma de pirámide antigua. Dos, la vez que nos encontramos de pronto en medio de un secuestro y ella nos puso a salvo. Tres, la vez que fui con ella a un quiropráctico y él la acomodó agarrándola por las orejas; oí un crujido y pensé que la había matado. Cuatro, el funeral de mi abuela, cuando Nena se convirtió en la mandamás de la muerte.

Un arco junto al altar daba a un camarín. Después de la misa, unos mariachis de pantalones ajustados tocaron y cantaron junto to a esa entrada. Cantamos con ellos. Mi primo recogió la urna que contenía a su madre y desfilamos hacia el arco. Los mariachis nos guiaron. Entramos a un pequeño mausoleo donde la música resonaba en las paredes, los floreros y los huesos.

Sonaron violines mientras el cura abría una pequeña puerta. Ese sería el cajón de mi tía por toda la eternidad. Otro sacerdote agitó un incensario de un lado a otro. El olor a incienso y mirra llenó el ambiente. El humo se enroscaba en volutas fantasmales. El sacerdote colocó la urna dentro y cerró la puerta.

Nos dispersamos al entrar a la iglesia para luego salir al sol. Yo llevaba mi maleta. Tenía que irme pronto de México. Debía presentarme ante un juzgado de violencia doméstica en California para testificar en una audiencia en la que me enfrentaría al exnovio que me había utilizado como blanco de tiro golpeándome con zapatos, libros, botellas... de todo. Conseguí dejarlo antes de que me diera clases de tiro con arco, y me producía náuseas tener que volver a verlo y solicitar una orden de alejamiento. Hacer que un hombre resentido te deje en paz puede requerir mucho trabajo. Al punto de morir.

Empecé a preguntar a los asistentes al funeral si podían llevarme al aeropuerto. Una pareja ya mayor accedió. Atravesé el paisaje esmeralda con ellos y cuando llegué al aeropuerto, corrí hacia mi puerta de embarque.

—Apártese —dijo una guardia.

Otro tomó mi maleta y dio un espectáculo abriéndola, rebuscando entre mi ropa interior, vestidos y libros.

—Párese con las piernas abiertas. Extienda los brazos.

Contuve la respiración mientras la mujer me cacheaba.

Una vez que los guardias terminaron de humillarme, me dejaron seguir a mi avión.

No pude conseguir vuelo directo a Los Ángeles, así que aterricé en Tijuana. Imaginé que desde allí podría cruzar caminando a Estados Unidos.

Tomé un taxi desde el aeropuerto hasta la garita de Mesa de

Otay. Más de un millón de camiones pasan por la garita cada año. Yo había cruzado en vagoneta, en Suburban y en camioneta, pero nunca a pie. Me tambaleé en mis zuecos y arrastré mi maleta rosa por el camino de piedra hasta el puesto de inspección, tuntún, tuntún, tuntún, esquivando vendedores de globos, chicles, títeres, balones de futbol y salvación espiritual. En el puesto de inspección, le mostré mi pasaporte a un agente y coloqué la maleta en una banda transportadora. Una máquina de rayos X la examinó y la escupió. La recogí, la conduje afuera, respiré hondo y caminé unos treinta metros.

Miré a la izquierda.

A la derecha.

La cosa parecía ser hacia la izquierda.

Fui a la izquierda.

Aturdida, arrastré mi maleta y saqué el teléfono para enviarle mensajes de texto a una amiga. Escribí mientras cruzaba un puente. Escribí mientras bajaba unas escaleras. Escribí mientras cruzaba un torniquete. Escribía, oía el tráfico y olía a mangos, diésel y chapopote.

Dejé de escribir.

Levanté la vista.

En lo alto de un asta enorme ondeaba una bandera roja, blanca y verde.

Mis ojos escudriñaron el paisaje urbano.

Una mujer de uniforme con una ametralladora me saludó con la cabeza.

Me dirigí rápidamente al edificio más cercano.

Me acerqué al mostrador.

En español, un joven con chaleco dijo:

—Hola. Bienvenida a México.

—¡No!

—¿Qué?

—¿Estoy en México?

—¡Sí!

—¡Pero si acabo de salir!

—¡Bienvenida de nuevo!

—No lo entiendo. ¿Acabo de salir de México, y accidentalmente... volví a entrar?

Asintió lentamente. Sonrió.

Me tembló el párpado izquierdo.

Me di vuelta y volví a salir con mi maleta, echándome a correr entre los que debían ser veinte carriles de tráfico. Mis axilas apestaban a salsa Tabasco. El vestido rosa que llevaba ondeaba con la ligera brisa que agitaban los coches que pasaban.

En una acera rota, miré a la izquierda. A la derecha. La última vez que elegí la izquierda, acabé en México. Decidí seguir derecho.

Concentré toda mi energía mental en visualizar el camino que conducía a la garita de Mesa de Otay, confiando en que a pura fuerza de voluntad lograría hacerla reaparecer. Mientras me concentraba, me adentré en las entrañas de un barrio gris sin aceras. Algunas calles estaban pavimentadas. Otras no. Necesitaba agua con urgencia. Me seguía un perro callejero tras otro. Los cuervos observaban desde tejados rústicos y se reían de mí. No veía a ningún otro peatón. Me ardía el brazo de arrastrar mi maleta rosa. Me planteé abandonarla. Quizá les sirviera a los perros.

Aceptando que estaba perdida, me prometí que no sería como mi padre. Le preguntaría cómo volver a Estados Unidos a la primera persona que viera.

Divisé a un hombre sentado bajo un toldo de lámina corrugada. La sombra lo protegía. Vestía una trusa sucia. Me dio pena su silla.

—Disculpe —le dije—. ¿Cómo llego a Estados Unidos?

El oráculo se abrazó y se rio de un modo que me hizo sentir que quizá no era la persona adecuada para responder. Cuando se calmó, dijo:

—No en la dirección en la que vas.

—¿Para dónde voy?

Señaló.

—Gracias —dije.

Me di vuelta y caminé en la dirección por la que venía, con los perros callejeros correteándome detrás. Necesitaba al menos cinco tacos. Y un 7Up. *Nadie me va a creer cuando se los cuente*, pensé. México quería que me quedara, pero yo no podía. Tenía que presentarme en el juzgado de violencia doméstica.

CUCUY

Solía comenzar cierta clase de educación cívica mostrando la foto de una ficha policial. La última vez que la di, proyecté esta triste foto en una pantalla colocada al frente de mi aula. Un mexicano cansado, con una ligera sombra sobre el labio superior, nos miró. Abandoné el estrado y me acerqué a la pantalla, señalando la fotografía con mi apuntador.

—Observen —dije—. Esta foto fue tomada por la policía de Phoenix en 1963. Pueden ver el número de registro del tipo en el cartel que sostiene. Conversemos un momento con nuestros compañeros de al lado acerca de quién creemos que es este hombre, y dediquemos un rato a hablar sobre las siguientes preguntas: ¿por qué se tomó esta foto? ¿Qué hizo este tipo para volverse famoso?

Un jugador de futbol americano gruñó:

—¡Denos una pista, Gurba!

—De acuerdo. Seguramente ya conocen el nombre de este tipo. Hay un discurso con su apellido que sin duda muchos de ustedes se saben de memoria.

Mis alumnos de escuela intermedia, en especial aquellos que se parecían al mexicano cansado, se tomaron con seriedad las instrucciones. Recorrí el salón de clases mientras los escuchaba improvisar sobre su identidad, historia y significado. Los más tímidos cuchicheaban sobre la posibilidad de que el tipo de la foto policial tuviera problemas de tipo migratorio. A unos pasos, las chicas discutían enérgicamente. Un grupo creía que habían agarrado al mexicano cansado por circular en coche sin seguro. Otro, que había arrollado a una anciana. Girándose hacia una chica con trenzas, otra con frenos dentales dijo:

—Pienso que lo atraparon robando comida para alimentar a su familia.

—Aw —dijo la chica de las trenzas—. Qué lindo. Yo voto por robar comida.

Cuando pasaron cinco minutos, anuncié:

—Ahora nos toca hablar a todos. El que quiera puede decir quién cree que es este hombre, por qué es famoso y por qué la policía lo fotografió.

Como no todos los días aparecía un mexicano en nuestro plan de estudios, los chicos estaban ansiosos por relacionarse con el hombre de la foto policial. Uno gritó: «¡Es mi tío Edgar!». Otro lanzó: «¡No es cierto! ¡Es mi primo Héctor!». Otros alumnos compararon la foto policial con amigos y compañeros de salón, señalando parecidos de ojos, narices, labios, cabello y orejas.

Un chico llamado Freddy soltó:

—¡Es un nerd que devolvió tarde libros a la biblioteca!

Todos se rieron.

—¿Por qué piensas eso? —pregunté.

—¡Porque el tonto se parece a Kevin Ortega!

Intenté no reírme. La foto policial se parecía a Kevin Ortega, un nerd al que le daría clase la hora siguiente.

Una vez que todos los que querían hablar tuvieron su turno, dije:

—Ha sido interesante escuchar todas sus teorías. Ahora les diré quién es este tipo y de qué se le acusó. Este tipo se llama Ernesto Miranda. No se metió en problemas por cruzar la calle imprudentemente ni por robar leche ni por atropellar gente con su coche ni por quedarse demasiado tiempo con libros de la biblioteca. En 1963 Ernesto Miranda fue acusado de secuestro y violación.

Los chicos ahogaron un gemido.

—¡¿Ese tipo?! ¡¿Violación?!

—¡Sip!

—¡Pero parece... normal!

—Estoy de acuerdo —dije—. Perfectamente normal. Tan normal, de hecho, que se parece a mucha gente que conocemos.

Todo mundo estaba sentado derecho.

—¿Quieren escuchar la historia de lo que le pasó?

—¡SÍ!

—Bueno, estamos en marzo de 1963, en Phoenix, Arizona. Piensen en cactus. Lagartos. Arena. Plantas rodadoras. Un sol implacable. ¿Alguien aquí ha estado en Arizona?

Una chica agitó la mano y gritó:

—¡Yuma! He estado en Yuma.

—¡Excelente! ¡Es cerca de donde murió César Chávez! —le dije—. Entonces, los agentes llaman a la puerta de la casa de Ernesto Miranda, un estibador que carga frutas y verduras por la noche. Twila, la pareja de Ernesto, abre con su bebé en brazos, y...

—Espere, ¿QUÉ? —gritó una chica—. ¿Este cabrón tiene un HIJO? ¿Y ESPOSA? ¡Creí que dijo que era un violador!

—Dije que fue acusado de violación. ¿Y por qué un violador no tendría esposa?

En un tono que indicaba que decía algo obvio, un chico bajito respondió:

—Maestra Gurba, si un tipo tiene mujer, no debería tener que violar a nadie.

Respiré hondo, señalé la foto policial y dije:

—Así es como puede verse un violador. Son personas comunes y corrientes, y probablemente en algún momento de nuestras vidas nos hemos relacionado con violadores sin saberlo. Nadie va por ahí diciendo: «Qué gusto conocerte. ¡Soy un violador! ¿Quieres salir?». Y la violación no tiene nada que ver con que un marido o quien sea no consiga suficiente sexo. ¿Me escuchan? En cambio, la violación tiene que ver con la geografía; con poner a una víctima en su sitio y hacer que se quede allí. ¿Entienden?

La mayoría de las chicas del salón asintieron.

Volviendo a nuestra historia, les conté que los detectives se llevaron a Ernesto a una comisaría de policía, donde le entregaron un cartel con un número y le ordenaron ponerse en una línea con otros tres hombres. Un falso espejo reflejó sus rostros parcos. Al otro lado estaba una nerviosa joven de dieciocho años. Había denunciado a la policía que, cuando volvía a casa del trabajo, un mexicano de anteojos y camiseta blanca la secuestró. Después de atarla, la llevó en un auto al desierto y la mancilló. Solo uno de los hombres de la fila de reconocimiento, Ernesto, usaba anteojos y camiseta blanca. Aun así, la chica no estaba segura de que fuera su agresor.

Los policías llevaron a Ernesto a una sala de interrogatorios. Lo sentaron y le mintieron, diciéndole que estaba en un buen lío; varias mujeres lo habían identificado como su agresor. Un agente le entregó una copia de un formulario estándar de declaración. Ernesto garabateó su nombre. En los espacios establecidos para la edad y nivel de estudios, escribió veintitrés años y octavo grado. Llenó el resto de la página con una confesión sencilla pero anatómicamente detallada que terminaba con él llevando a su víctima a casa. Lo último que le dijo fue: «Reza por mí».

Las chicas ahogaron un gemido.

—¡Qué descaro! —gritó una.

—¡Ya sé! —grité yo.

La confesión condujo a la condena de Ernesto y un juez lo sentenció a entre veinte y treinta años por cada cargo. Los abogados de Ernesto apelaron, y el caso «Miranda vs. Arizona» llegó a la Corte Suprema. La cuestión ante los jueces era: ¿puede admitirse como prueba la confesión de alguien como Ernesto, una persona pobre, con una educación escasa, que no sabe que tiene derecho a que un abogado lo ayude ante la policía?

La respuesta de la Corte Suprema a esta pregunta fue «no». Ernesto había sido coaccionado; con engaños, se le privó de protecciones específicas. De haber conocido la Quinta Enmienda, la ley que nos otorga la libertad de mantener la boca cerrada cuando los policías intentan hacernos decir lo que quieren oír, Ernesto pudo haberse guardado el conocimiento de sus fechorías. Si alguien le hubiera hablado a Ernesto de la Sexta Enmienda, la ley que se supone nos garantiza el acceso a un abogado, podría haber tenido una representación decente, un abogado que le habría aconsejado guardarse las confesiones para la iglesia.

El timbre del almuerzo iba a sonar en unos minutos. Tomé un pequeño montón de papeles de una mesa y fui distribuyéndolos de grupo en grupo.

—La próxima vez que nos veamos terminaré de contarles la historia de Ernesto Miranda —dije—. Les estoy entregando el discursito del que les hablé: se le llama la Advertencia Miranda. Como dije, tal vez ya se lo saben de memoria; si no, practíquenlo. Léanlo frente al espejo. Léanselo a su perro. Léanselo a su mamá, a su abuela si es necesario. Voy a pedirle a alguien que recite la Advertencia Miranda la próxima clase. Ese será su examen.

—¡Puedo recitarlo ahora mismo! —gritó Freddy. Cerró el puño y se golpeó el pecho.

Sonó el timbre.

—Valoro tu entusiasmo, Freddy. Quizá la próxima vez.

La mayoría de los chicos tomaron sus mochilas, bultos o bolsas, y huyeron del salón. Algunos se quedaron. Dos chicas mexicanas se acomodaron en la esquina junto al termostato, comían sándwiches y murmuraban:

—Tiene derecho a guardar silencio. Todo lo que diga puede y será utilizado en su contra ante un tribunal.

Otros dos chicos mexicanos, Paul y Daniela, se sentaron en la mesa junto al radiador. Entre ellos había una bolsa de plástico llena de zanahorias baby. Se turnaban para sacarlas y sumergirlas en un pequeño recipiente de plástico con aderezo ranch.

Verlos me estaba dando hambre.

—¿Puedo tomar una zanahoria? —le pregunté a Daniela.

—¿Olvidó su almuerzo otra vez, maestra Gurba?

—Puede ser.

Ella se rio y dijo:

—Me gusta esta clase.

Paul dijo:

—A mí también.

—¿Qué les gusta? —pregunté.

—No sé. Es escalofriante —respondió Paul.

—¡Me gusta aprender sobre crímenes! —dijo Daniela—. La única otra clase donde aprendemos sobre crimen es la de ciencias forenses.

—¿Qué hacen en ciencias forenses?

Radiante como los aficionados al deporte cuando les preguntan por su equipo favorito, Daniela respondió:

—¡Por Dios, teníamos una unidad sobre asesinos seriales! ¡Era superdivertido! Teníamos que elegir nuestro favorito y hacer una presentación sobre él. Mis favoritos son Jeffrey Dahmer y Richard Ramirez.

—¡Hey, a mí también me gusta Richard Ramirez! —dijo Paul.

—¿Quién es su asesino serial favorito, maestra Gurba? —preguntó Daniela.

Se me secó la boca. Me empezaron a sudar las palmas. Me senté sobre las manos. En voz baja, respondí:

—No tengo un favorito.

—¿En serio?

—En serio.

—¿Por qué no?

En lugar de explicarles que tuve a mi propio Richard Ramirez, dije:

—Simplemente no.

Daniela se encogió de hombros y se comió otra zanahoria.

Lo que nunca quise ser fue profesora.

Qué vida tan aburrida tenían esas personas.

Mi mamá era profesora. Mi papá era profesor. La mayoría de sus amigos eran profesores. En la mesa, nunca oíamos buenos chismes. Solo plática de maestros.

Quería ser algo divertido. Arqueóloga. Pintora. Arquitecta. Si no podía ser nada de eso, me conformaría con ser alta.

Practicaba ser arqueóloga siempre que podía. Las vacaciones de verano me permitían excavar a tiempo completo. Subía a la bicicleta y navegaba por las aceras, dispuesta a romper la regla de mi padre: mi hermano, mi hermana y yo no podíamos salir solos de nuestro barrio. Yo salía todo el tiempo.

Abría la boca, probaba el aire del campo y pedaleaba hacia lo que hacía años ya no era un río. Pretendía rebuscar entre la basura esparcida a lo largo del sediento lecho. Una pala oxidada traqueteaba en la canasta de mi bicicleta. La había encontrado en un baldío y la consideré un buen augurio. Estaba destinada a excavar, a inspeccionar ruinas, a rondar la podredumbre.

Trepadas en las rocas, las lagartijas lagarto dormían la siesta al sol de agosto. Las plantas rodadoras enredadas en la valla de alambre de púas se estremecían al paso ensordecedor de las camionetas de carga. Jadeaba y resoplaba. El sudor cubría mis patillas de marimacho y una gota se deslizaba por mi cuello dorado. Respiraba por la boca. Alguien había arrollado a un zorrillo. Sus intestinos rezumaban sobre el asfalto caliente.

Antes de que apareciera la autopista, la licorería quedaba a la vista. Mis pies retrocedían sobre los pedales. Me bajaba de la bicicleta y caminaba con cautela hasta el estacionamiento. Rodeaba la tienda, buscando señales de… él.

Dicen que pide aventón, pensaba. *Y el mal tiene que comer y beber también. Podría estar ahí, comprando Twinkies.*

Aún no sabía su nombre. Ninguno de nosotros lo sabía.

Habíamos visto apenas un boceto policial. La primera alcaldesa de San Francisco, Dianne Feinstein, nos lo mostró fugazmente en televisión. Durante una rueda de prensa hacia el final del verano, anunció: «En algún lugar del Área de la Bahía, alguien está alquilando un cuarto, un departamento o una casa a este despiadado asesino en serie. Espero que la gente vea este retrato hablado».

Después de ver el retrato, los mexicanos hacían chistes, preocupados.

Demasiados de nosotros conocíamos a alguien, un tío, hermano, primo o amigo que se parecía al dibujo policial del Acosador Nocturno. Así lo bautizaron los tabloides. Llevaba semanas aterrorizando el sur de California, invadiendo casas, torturando a sus víctimas y asesinándolas. Ahora hacía lo mismo en el norte. Nosotros vivíamos en la Costa Central, cerca de la carretera 101, que el Acosador Nocturno pudo haber utilizado para llegar a San Francisco. Nuestra ciudad, Santa María, era un buen lugar para que los viajeros bajaran del coche, estiraran las piernas y se repusieran con un tentempié.

—El dibujo del Acosador Nocturno se parece a una acuarela de Picasso —dijo papá durante la cena.

—¿Cuál? —pregunté.

—«El loco».

Después de meterme en la boca todo lo que había en el plato, me levanté de un salto de mi asiento y corrí hacia el librero con nuestras enciclopedias.

Agarrando el volumen «P», busqué «Picasso».

Ningún loco.

Solo «Guernica».

Terminé de inspeccionar el estacionamiento de la licorería y decidí que no había moros en la costa. Las únicas personas eran un camionero que comía un hot dog y una mujer que sollozaba sobre el volante de su Pinto. El Acosador Nocturno seguía libre, pero no se había detenido aquí. Volví a subirme a la bici y navegué al norte, hacia el límite del condado, hacia el lecho del río.

El Acosador Nocturno había atacado de forma dispersa.
Glassell Park.
Rosemead.
Monterey Park.
Whittier.
Monterey Park.
Monrovia.
Burbank.
Arcadia.
Sierra Madre.
Monterey Park.
Glendale.
Sun Valley.
Northridge.
Después de agotar el sur del estado, se dirigió hacia el norte. Tras asesinar en el lago Merced, cobrando la vida de Peter Pan, un contador de sesenta y seis años, fue como si todo California le perteneciera.

Igual que la noche, podía materializarse en cualquier parte.

Los propietarios instalaron rejas de seguridad en las ventanas de sus casas. Los reparadores se agachaban para clausurar las puertas para gatos y perros. Las abuelas mexicanas se colaban en las habitaciones de los nietos que adoraban a Ozzy Osbourne y rociaban agua bendita en las cuatro esquinas. En los mercaditos callejeros se les decía a los niños que, si desaparecían de la vista de su madre, les pegarían con el zapato. Manos callosas cerraban los pasadores y rezábamos para que si ya-sabes-quién pasaba por nuestra calle, siguiera más allá de nuestro buzón y la entrada manchada de aceite.

Si el Acosador Nocturno debía llevarse algunas vidas, yo esperaba que visitara a mis enemigos.

Ya tenía edad para contar unos cuantos. Tenía ocho años.

Algunos mexicanos murmuraban que el Acosador Nocturno y el Cucuy, un hombre que lleva a cuestas un costal y secuestra y se come a los niños traviesos, eran el mismo. Como los mexicanos ponemos apodos compulsivamente, muchas de nuestras familias tienen su Cucuy. La mía lo tiene. El nuestro es un güero al que hay que evitar a toda costa. Llamar a alguien Cucuy es un servicio público, una advertencia. Un Cucuy es una persona que bajo ninguna circunstancia debe cuidar niños.

Algunos teorizan que la leyenda del Cucuy tiene origen en una superstición ibérica, el Coco. «Duérmete, niña, duérmete ya... que viene el Coco y te llevará. Duérmete, niña, duérmete ya... que viene el Coco y te comerá», dice la macabra canción de cuna del monstruo.

En 1799, el pintor español Francisco de Goya publicó por su cuenta *Los caprichos*, una serie de ochenta aguafuertes y aguatintas. El capricho cuarenta y tres de Goya, «Que viene el Coco», muestra la espalda de un personaje que se acerca a una cama. Una mujer sentada mira fijamente su rostro, paralizada, mientras abraza a una niña asustada. A su lado se acurruca otra criatura aterrorizada. La sábana que cubre al Coco de Goya insinúa que podría no ser sobrenatural. Al fin y al cabo, los «caprichos» del artista eran sátiras. Quizá el Coco sea, disfrazado, el amigo especial de mamá, el que le hace compañía por las noches cuando papá no está. Si se convence a los niños de que un hombre del costal ronda por su casa de noche, se verán menos tentados a espiar.

Nuestros padres no recurrían al Coco ni al Cucuy para evitar que mi hermano, mi hermana y yo deambuláramos de noche. Confiaban en una asesina húmeda, la Llorona.

Hay innumerables versiones de su leyenda, pero un ingrediente se mantiene inmutable: el agua. La historia debe tener agua. Una de las versiones es la siguiente. En un pueblo de México, un hombre casado convierte en su amante a una chica enamorada. Le encanta embarazarla y tiene con ella una gran prole de niños a los que a ella le cuesta alimentar. Cada vez que el esposo viene a verla, promete dejar a su mujer, jurando que pronto serán una familia como Dios manda. Pasan los años. Su belleza se marchita. También su fe. Acepta que su hombre es de otra. Nunca dejará a su esposa vieja y calva. Es una cocinera maravillosa.

Como no le queda más que hacer pagar al marido infiel, la sancha lleva a sus bastardos al río y se los entrega, sumergiéndolos hasta que se acaban las burbujas. Suelta un gemido pavoroso y se hunde en la tumba de agua dulce, uniéndose a sus hijos que flotan.

En la muerte, la sancha cobra una conciencia que condena a su fantasma sollozante a vagar entre el barro. Deambula por las orillas de los ríos en busca de niños. Bajitos o altos, gorditos o flacuchos, pecosos o con dientes salidos... cualquiera la satisfará. Quiere volver a ser madre, apretar niños contra su pecho huesudo, oler sus fontanelas, cubrirlos de besos descarnados. En este momento, a orillas de un río solitario, llora y suplica: «¿Dónde están mis hijos? ¿Dónde están mis hijos? ¿Han visto a mis hijos?».

Cuando papá contaba este cuento a la hora de dormir, imitaba los gruñidos chirriantes de la Llorona.

Parecía Liberace.

A la abuela le encantaban Bob Hope, Tongolele y Liberace. Vivía junto a un billar en Whittier, en una casa de una planta que olía como si vivieran allí animales domésticos. En diciembre, mamá y papá nos llevaban allí a comer costillas de filete, a desenvolver los regalos de Navidad y a decirle a la abuela que nos encantaban las sudaderas de poliéster que nos regalaba todos los años; muchas gracias, ya queremos usarlas y evitar estar muy cerca de la calefacción. Unos meses después de nuestra visita a Whittier, el Acosador Nocturno llegó. Eligió una casa al lado de la carretera 605, atravesó su lecho de flores y colocó una cubeta al revés sobre la tierra.

La ventana por la que trepó pertenecía a Maxine y Vincent Zazzara. Maxine era una abogada afable que cantaba en el coro de una iglesia de Downey. A Vincent, asesor financiero jubilado, le gustaba tanto plantar árboles que rodeó su casa con unos setenta y cinco. También era propietario de dos restaurantes. Un empleado de Vincent, Bruno, encargado de una pizzería, encontró sus restos dos días después.

Bruno se plantó en el umbral de la casa de estilo ranchero de su jefe y llamó al timbre: «¡Vincent!».

La puerta mosquitera de los Zazzara no tenía puesto el pasador. La puerta principal estaba entreabierta.

Bruno metió unos recibos en la ranura del correo y se fue.

A la mañana siguiente, llegó con otro empleado. Encontraron la puerta principal aún entreabierta. Decidieron entrar.

Su jefe estaba en el sofá del estudio. Le habían disparado.

Maxine estaba en la recámara. Sus ojos habían desaparecido.

La madrugada del 14 de mayo, día de mi cumpleaños, el Acosador Nocturno volvió a atacar, esta vez en Monterey Park. Bill Doi, veterano de la segunda guerra mundial, llamó al 911.

«Ayúdenme», resolló.

Los bomberos encontraron libros y papeles esparcidos por su estudio. En medio del caos estaba sentado Bill, luchando por respirar. Al igual que Vincent, había recibido un disparo en la cabeza. Los bomberos intentaron reanimarlo cuando dejó de respirar, pero al llegar al hospital había muerto.

Mientras hojeaba una *National Geographic* en la sala de espera de mi pediatra, oí a dos secretarias especulando sobre si el Acosador Nocturno adoraba al diablo. Echaban azúcar en sus tazas de café, lo revolvían y hablaban en voz baja sobre los asesinatos; coincidían en que el «Príncipe de las Tinieblas» debía estar implicado. Durante mi infancia, el diablo parecía encontrarse en todas partes y en ninguna, y nadie estaba más decidido a hallar pruebas de su intervención que los periodistas. Uno de los lugares donde buscaron evidencias fue en un preescolar de Manhattan Beach. Virginia McMartin dirigía el negocio familiar donde, según los reporteros, los McMartin obligaban a los niños a participar en rituales satánicos. Un pequeño dijo haber visto matar gatos a puñaladas en el preescolar. Otro aseguró que lo habían llevado a una «casa de circo» y abusaron de él tras haber visto a alguien retozando disfrazado de elefante.

Otro chico más dijo que lo llevaron a un cementerio para desenterrar un ataúd y ver cómo destrozaban un cadáver a cuchilladas. Pronto surgieron quejas similares por todo el país. Dejar a los niños en una guardería se convirtió en un juego de alto riesgo. Quién sabía lo que les podía pasar. Podrían verse obligados a comerse el hígado unos a otros mientras le juraban lealtad a Satán.

Se rumoreaba que se habían descubierto pentagramas dibujados con sangre y lápiz labial en los cadáveres de las víctimas del Acosador Nocturno, y su aparición en el norte de California alimentó aún más las habladurías satánicas. La Iglesia de Satán tenía su sede en San Francisco, en el 6114 de la calle California, y su fundador, Anton LaVey, celebró al menos un bautizo satánico en la casa victoriana negra. Hay imágenes de archivo que muestran a LaVey tocando una campana ante su público. Vestido como diablo de tienda de rebajas, cambia la campana por una espada. «En el nombre de nuestro gran Dios, Satán, Lucifer, te ordeno manifestarte y que nos concedas estas bendiciones...», canturrea.

En el altar, una mujer desnuda descansa sobre una mesa. Detrás de ella cuelga el sigilo cornudo de Baphomet, una cabeza de cabra en medio de un pentagrama, la insignia oficial de la Iglesia de Satán. Zeena, la hija de tres años de Anton LaVey, vestida con una túnica con el sigilo, espera obedientemente a los pies de la mujer.

Este es el tipo de cosas que a la gente le horrorizaba que ocurrieran en las guarderías a lo largo y ancho de Estados Unidos.

Tras la rueda de prensa de la alcaldesa Feinstein, el Acosador Nocturno abandonó el norte de California. Se dirigió de nuevo al sur y reapareció en Mission Viejo. Hora y media después de medianoche entró de puntillas en el patio trasero de la familia Romero. James, de trece años y aficionado a las motos, se hallaba afuera. Tenía problemas para dormir y quería una almohada que había dejado en la camioneta que su familia llevó a la playa de Rosarito. Habían regresado de su viaje a Baja California unas horas antes. Todos dormían.

James jaló la manija de la puerta. La camioneta estaba cerrada con llave. Se encaminó de vuelta a la casa y oyó ruidos.

Probablemente un gato. O una zarigüeya.

James fue hacia el garaje.

Jugueteó con su minimoto.

Por la rejilla de ventilación le llegó un sonido apresurado.

Pasos.

Alguien se deslizó bajo el mosquitero de la ventana.

James se agachó detrás del coche de sus padres y corrió hacia la casa, a su recámara. Al asomarse por la ventana, vio a un hombre con gorra de beisbol negra, chamarra negra y jeans cruzar el pasto.

—¡James! —gritó su padre—. ¿Por qué estás levantado?

—¡Hay un merodeador!

James salió corriendo y vio al hombre subirse a un Toyota naranja; le lanzó una mirada fulminante antes de alejarse a toda velocidad. James memorizó parte de la placa: 482 T.

Su papá llamó al 911.

La policía recorrió el perímetro de la casa.

Al pie de la puerta donde había estado el Acosador Nocturno, había un ave sin vida.

La cosa alada que se halló frente a la casa de los Romero señalaba la presencia de Ricardo Leyva Muñoz Ramirez, un fan de AC/DC que se creía la mano derecha de un ángel malvado.

«Ustedes no me entienden», les diría a las autoridades. «Tampoco se espera que lo hagan. No son capaces. Estoy más allá de su experiencia. Estoy más allá del bien y del mal. Legiones de la noche —hijos de la noche—, no repitan los errores del acechador nocturno y no muestren piedad. Seré vengado. Lucifer habita en todos nosotros».

Richard nació casi a la hora bruja del 29 de febrero de 1960, un lunes. Los seis miembros de la familia de este bebé bisiesto estuvieron presentes en su nacimiento, convirtiéndose Richard en el quinto y último hijo de Mercedes Muñoz y Julian Tapia Ramirez. Mercedes trabajaba en una fábrica de botas. Julian tendía vías para el Ferrocarril de Santa Fe. Al nuevo miembro de la familia lo llamaban Richie y lo criaron en El Paso, una ciudad de Texas bañada por el río Grande/Bravo.

Los relatos sobre la infancia de Richard tienden a enfatizar su dulzura, belleza y su peculiaridad ominosa. Cuando Mercedes y Julian lo llevaron a casa del hospital, Ruth, la única hermana de Richard, lo trataba como a un muñeco viviente, lo vestía y lo paseaba. A Richard no le interesaba dormir; en lugar de ello, se mecía al son del desagradable zumbido del refrigerador, de los maullidos de los gatos callejeros y de los disparos que resonaban desde el televisor. Cuando aprendió a caminar, se entretenía con el juego de muerte por excelencia de Estados Unidos: indios y vaqueros, en la tierra caliente del exterior. Aturdido después de tantas

noches sin dormir, se plantaba frente al televisor y veía a un coyote de dibujos animados tratar de aplastar a un correcaminos
con una roca.

Engullía Coca-Cola y eructaba el abecedario.

Los refrescos eran la hidratación de Richard.

Su sonrisa se pudrió. Era la única parte de él que no era atractiva.

En la escuela, Richard tonteaba durante las clases. Después
tomaba de la mano a Nancy, una vecina, y la llevaba al cementerio para toquetearse. Como ya era grande para los indios y los
vaqueros, se dedicó a cazar animales vivos. Después de ahorcar
a un conejo, le abrió el estómago, le sacó las vísceras y se las dio
de comer a su perro. Richard jugó futbol americano en la escuela
intermedia hasta que su entrenador se enteró de que tenía epi-
lepsia, y algunos biógrafos magnifican este detalle, insinuando
que el que lo echaran del equipo pudo ser lo que puso a Richard
en el camino de encarnar a Lucifer.

Odio tanto el futbol americano que me corrieron de una fiesta
del Super Bowl por burlarme de ambos equipos y no fui a destri-
par a nadie. En lugar de eso, me reí. De todos modos, me habían
obligado a ir a esa fiesta. Los hombres que defienden la teoría del
futbol americano preferirían no considerar ciertas influencias en
la vida de Richard. Influencias que lo introdujeron a los placeres
sádicos del autoritarismo y el abuso de poder le dieron forma a su
masculinidad.

En Chihuahua el padre de Richard, Julian, les había enseñado a otros mexicanos a matar. Fue entrenador en armas de fuego para la policía, pero no quiso que sus hijos fueran policías de
adultos. Embriagado por el sueño americano, Julian creía que sus
hijos e hija podrían hacer realidad sus fantasías por medio de la
educación pública. No entendía que las escuelas de Texas no tenían intención de atender a sus hijos. Los maestros trataban a los
estudiantes mexicanos como una plaga, y los niños Ramirez llevaban a casa boletas de calificaciones poco destacables. Esto le dolía

a Julian. Entonces, para que sus hijos sintieran su decepción, los golpeaba con una manguera.

Cuando Julian era humillado por objetos no sintientes, su rabia no tenía a dónde ir. No podía hacer que las cosas sintieran su dolor, así que este fluía fuera de él y regresaba. Explotaba y gritaba, golpeándose la cabeza contra la puerta del garaje hasta que la sangre manaba por su cara. La vez que no pudo acomodar una tubería de drenaje en la cocina, agarró un martillo y se dio con él en la cabeza.

Como escape, Richard vagabundeaba por las aceras, en la arena y entre los dientes de león. Se detenía en las ventanas y espiaba a la gente mientras se desvestía, comía y veía la televisión, en general sin aterrorizarse entre sí. Al doblar una esquina, cruzaba las puertas del cementerio Concordia y deambulaba por sus veintiuna hectáreas secas y polvorientas. Vagar por sus mausoleos, cactus, lápidas y mezquites era mejor que tener que huir de su padre. En el cementerio descansaban más de sesenta mil almas y Richard confiaba en que ninguna de ellas iba a perseguirlo, atarlo a un árbol y vapulearlo.

Acurrucado en la tierra, cerraba los ojos.

Abajo palpitaba el inframundo texano.

Sacerdotes colonizadores.

Trabajadores ferroviarios chinos.

Mortinatos victorianos.

Masones.

Vaqueros.

Católicos.

Kit Carson.

Mormones.

Soldados Búfalo.

Richard durmió sobre la tumba del forajido John Wesley Hardin, un pistolero que cometió su primer asesinato a los quince años. Hardin procedió a segar treinta y nueve vidas más, y tal vez su espíritu se le metió en el cuerpo a Richard, emponzoñándolo con veneno fronterizo.

Para convivir con un auténtico asesino en serie (no son tan raros, si se considera a cuánta gente matan los policías, los soldados, las prisiones y las compañías de seguros), Richard acudía a los Departamentos Truth, donde visitaba a su primo Mike. Tatuado y musculoso, el exsoldado se había alistado en 1965. Boina verde y héroe de guerra condecorado, completó dos periodos de servicio en Vietnam y regresó con medallas, además de algunos trofeos poco convencionales.

Mike le pasaba un porro a Richard. Richard lo acercaba a su sonrisa gris e inhalaba. Con el radio encendido, recorrían la calle Alameda. Los primos hablaban de sinsentidos durante horas y en los estacionamientos se encerraban en el coche lleno de humo. Se sentían enormes cuando estaban juntos. Un par de hombres importantes.

Jessie, la mujer de Mike, estaba cansada. Tenían dos hijos, Paul y Orado. Jessie los mantenía a los tres y rezaba para que alguien le ofreciera un trabajo a Mike. Cualquier trabajo. También para que Mike dejara de desaparecer con Richard. ¿Qué clase de hombre se pasaba los días drogándose con un niño de doce años? Era raro. Y vergonzoso.

Cuando se quejaba, Mike imaginaba sus sesos en la pared. Espaguetis pegajosos. ¿Por qué la perra no podía ser más como su primito? Merecía ser adorado por cada respiro que daba y se regodeaba en la admiración del chico; le devolvía el afecto al compartirle secretos, deleitando a Richard con historias ambientadas dentro y fuera del campo de batalla. El boina verde le daba a su protegido de pelo desgreñado lecciones de guerra irregular, ejemplificando la astucia, el sigilo y la invisibilidad. Le enseñó que la clave del éxito al atacar es el elemento sorpresa.

«Somos nosotros, los pobres y oprimidos, contra ellos, los ricos e influyentes», le decía. Las mujeres también eran sus enemigas: Mike confesó que en Vietnam había mantenido cautivas a mujeres y les hizo cuanto quiso. Se animaba a los soldados a violar a los prisioneros y Mike guardaba en una caja de zapatos un archivo que documentaba sus atrocidades militares.

Mike sacaba del armario la caja, tomaba sus gastados tesoros y los ponía en las manos de Richard. Los dedos del chico recorrían las violentas imágenes. Las fotografías comprobaban que los relatos de Mike eran ciertos. Las violaciones, mutilaciones y decapitaciones de las que se jactaba estaban ahí. Su vínculo con Richard era erótico, triangulado con imágenes explícitas de violencia extrema contrabandeadas.

Mike estaba orgulloso de haber matado a veintinueve personas. Dormía sobre sus trofeos: ocho cabezas reducidas que escondía en un maltrecho maletín debajo de la cama. En Vietnam había utilizado las cabezas como almohadas, apretando su cara contra las de sus víctimas. La gente que el ejército estadounidense había enviado a Mike a matar creía que, para que sus almas entraran al cielo, sus cuerpos debían permanecer intactos. Al arrebatarles las cabezas, Mike les hacía una guerra espiritual, alcanzando el más allá de sus víctimas para tratar de controlar sus almas.

Mike ejecutó a más víctimas que Richard, lo que lo hizo más Acosador Nocturno que el Acosador Nocturno, pero el soldado nunca fue hallado responsable del asesinato de nadie, ni siquiera del que cometería más tarde frente a tres niños.

Era primavera. Richard estaba en los Departamentos Truth jugando al minibillar. Se sentía sediento y se dirigió a la cocina. Abrió el refrigerador y vio la pistola de Mike en una repisa.

—¿Qué hace eso ahí? —exclamó.

—Tal vez la use —respondió Mike—. Quiero que esté fría.

Richard tomó una bebida y volvió a su juego.

Jessie llegó cargando víveres. Pasaba apuros. Preocupada que se le cayeran los huevos, gritó:

—¡Oigan! ¡Me estoy muriendo aquí! ¡Muevan el culo y ayúdenme!

—¡Cállate! —gritó Mike.

Fue al refrigerador y tomó su pistola. Arma en mano, la enfrentó.

—¿Qué vas a hacer con eso?

—Si no te callas, te mato.

—A ver —dijo Jessie.

Una bala le atravesó la cabeza. Pum.

Alaridos de Paul y Orado.

—Nunca digas que viste esto. ¿Entendido?

Richard asintió, pasó apresuradamente junto a la esposa muerta y se fue.

Unos días después, Richard, Julian y Mercedes volvieron a los Departamentos Truth. Mike les había llamado desde la cárcel pidiéndoles que fueran a buscar algunas de las joyas de Jessie. Mercedes se quedó esperando en el coche.

Padre e hijo entraron en el departamento. Nada que ver con el otro día. Estaba tranquilo y silencioso.

Sofocante.

La sangre seca impregnaba el aire. Partículas de polvo flotaban en la luz.

El lugar se sentía cargado de violencia.

Richard miró el lugar donde había caído Jessie.

Se apoderó de él una voluntad de dominio.

—Toma su bolsa —dijo Julian—. Busca las joyas.

Richard volteó la bolsa de Jessie, volcando su contenido sobre la cama. Deslizó los dedos por, entre y dentro de sus cosas.

Tocar sus cosas era tocarla.

Julian vio la bala que la había matado. Se agachó y la recogió. El expolicía la vio maravillado y luego se la metió en el bolsillo.

Cuando salieron del departamento, Richard era diferente.

Había renacido.

Un jurado en Texas se compadeció de Mike. Lo declararon inocente por demencia y lo condenaron a cuatro años y medio en un hospital psiquiátrico estatal.

En 1977 las autoridades lo liberaron.

Los primos se reunieron.

¿Recuerdan lo que dijo mi alumno mientras contaba la historia de Ernesto Miranda? ¿Que si un tipo tiene esposa, no debería tener que violar a nadie? Después de Vietnam, Mike vivió conforme a esa doctrina. Una esposa es todo lo que un hombre necesita. Un hombre casado no tiene por qué andar por ahí lastimando desconocidos.

¿Qué clase de pájaro dejaron en la puerta de la casa de los Romero?

Quiero saber.

Colibríes, petirrojos, golondrinas.

Atajacaminos, grajos, mirlos.

Cuervos, grullas, garzas.

Cucos, gallos, gaviotas.

Águilas, buitres, pavos.

Chotacabras, frailecillos, gavilanes nocturnos.

Búhos.

Richard se fue al oeste. Eso es lo que haces con el Destino Manifiesto.

Violetas para Mei Leung.
Lirios para Jennie Vincow.
Lirios para Dayle Okazaki.
Lirios para Tsai-Lian Yu.
Gardenias para Maxine Zazzara.
Gardenias para Vincent Zazzara.
Gardenias para Bill Doi.
Narcisos para Mable Bell.
Narcisos para Mary Louise Cannon.
Narcisos para Joyce Nelson.
Hortensias para Lela Kneiding.
Hortensias para Maxson Kneiding.
Hortensias para Chainarong Khovananth.
Violetas para Elyas Abowath.
Violetas para Peter Pan.

HOMBRE HALLADO CULPABLE DE 13 ASESINATOS DEL «ACOSADOR NOCTURNO»

LOS ÁNGELES, 20 de septiembre (AP). Un hombre fue encontrado culpable hoy de 13 asesinatos y otros 30 delitos graves por un jurado que determinó que se trata del Acosador Nocturno cuyos ataques aterrorizaron al sur de California en 1985.

Además, los miembros establecieron que existieron 18 circunstancias especiales, por lo que el hombre, Richard Ramirez, podría ser condenado a muerte.

El acusado, culpable de todos los cargos que se le imputaron, pidió retirarse de la sala cuando el juez del

Tribunal Superior Michael Tynan leyó los 63 veredictos por separado.

El juez Tynan accedió a su petición, alegando que
la reciente decisión de un tribunal de apelación no le
dejaba alternativa. El señor Ramirez, que abandonó
la sala con el traqueteo de los grilletes en sus tobillos, escuchó los veredictos por el altavoz de una
celda cercana.

Cuando se le preguntó qué pensaba de los fallos,
el oriundo de El Paso de 29 años se limitó a decir:
«Perverso».

Cuando empecé a dar clases, fue en una escuela nocturna.

Enseñaba a adultos y muchos de mis alumnos eran inmigrantes. Algunos eran pandilleros retirados.

Nuestra escuela ocupaba un edificio que aún parecía un banco. Lo fue hasta que lo robaron. La antigua bóveda albergaba
la sala de profesores. Mi aula estaba en el segundo piso, justo
arriba.

El pizarrón blanco se tambaleó mientras escribía: «Indica-
ción: llena una página escribiendo sobre el HOGAR. Emplea los
cinco sentidos en tu descripción. Dale a ese hogar un espíritu.
Hazlo tan real que el lugar se perciba como una persona».

Los alumnos tomaron lápiz y papel, y empezaron a escribir.

Cuando todos parecían haber terminado, pregunté:

—¿Alguien quiere compartir?

Un pandillero veterano que vestía unos Dickies con valencianas perfectas se aclaró la garganta.

—Eh, yo —se ofreció.

Su cabeza calva se balanceaba mientras leía la descripción del
lugar donde creció, el lugar que lo había hecho quien era ahora.
El Este de Los Ángeles. Decía que su barrio es un sitio donde la
comida es buena, las chicas son listas y guapas, y la gente se cuida

entre sí. Dijo que, un verano, un hombre intentó poner a prueba a su vecindario. Este hombre era un «psico»; se colaba en las casas de la gente para hacer chingaderas malas, perversas, y escogió el barrio equivocado para andar jodiendo. El psico llegó a esconderse en el Este de Los Ángeles, pero el vecindario no se lo iba a permitir. Su foto estaba en la primera plana del *LA Times*, y nadie sentía pena por él. Todos estaban dispuestos a putearlo, despedazarlo y canjear sus carnitas por la recompensa. Una turba lo persiguió. Un vato lo golpeó con un fierro para llantas. La policía intervino y le salvó la vida. De no haber aparecido, el vecindario habría jugado futbol con su cabeza.

El veterano levantó la vista de su página con orgullo.

Yo quería estrecharle la mano. Con muchísimo respeto, le pregunté:

—¿Se trata del Acosador Nocturno?

Asintió lentamente.

—Recuerdo haber visto el juicio. Te cagabas de miedo —dije—. Ramirez mostró a las cámaras el pentagrama que se dibujó en la mano.

—Sí —dijo el alumno—. Gritaba: «¡Salve, Satán!». De no ser por la policía, no habría habido juicio. El barrio se hubiera encargado de él.

—Yo sé por qué lo salvaron —dije—. Entre iguales se reconocen.

Los labios del veterano se curvaron, ofreciéndome una sonrisa.

EN LA CORTE SUPREMA DE CALIFORNIA
EL PUEBLO,
Querellante y Demandado,
S012944
contra
Condado de Los Ángeles

RICHARD RAMIREZ,
Super. Ct. No. A771272
Acusado y apelante.

El 7 de noviembre de 1989, el acusado Richard Ramirez fue condenado a muerte por los denominados asesinatos del Acosador Nocturno tras ser declarado culpable de 12 cargos de asesinato en primer grado (Código Penal, § 187, inc. (a)), un cargo de asesinato en segundo grado (§ 187, inc. (a)), cinco cargos de tentativa de asesinato (§§ 187/664), cuatro cargos de violación (§ 261, antes inc. (2)), tres cargos de cópula oral forzada (§ 288a, antes inc. (c)), cuatro cargos de sodomía forzada (§ 286, antes inc. (c)) y 14 cargos de robo en primer grado (§ 459). El jurado convalidó los alegatos de circunstancias especiales de asesinato múltiple, robo con allanamiento, violación, sodomía forzada, y cópula oral forzada. (§ 190.2). La corte impuso la pena de muerte.

Tras recibir su sentencia, Richard dijo: «Gran cosa. La muerte siempre fue parte del asunto. Nos vemos en Disneylandia».

Siempre me lo he preguntado: ¿las palabras de Richard influyeron de algún modo en la venta de entradas a Disneylandia?

Uno de mis síntomas de estrés postraumático es el insomnio.

No puedo defenderme si estoy inconsciente.

Desarrollé este síntoma después de que un hombre que podía pasar por primo de Ernesto Miranda decidiera seguirme por una acera residencial una tarde de verano. Yo tenía diecinueve, casi la misma edad que la víctima de Ernesto. Durante años, la sensación fantasmal de lo que me hizo ese tipo (me metió la cara entre las piernas, la nariz en mi sexo) me emboscaba cuando intentaba dormir. Me imaginaba su cabeza, solo su cabeza, flotando entre mis piernas, burlándose de mí con una sonrisa.

Cuando era una niña marimacha, me enamoré de una cabeza desprendida. Vivía en Disneylandia, dentro de una bola de cristal en la Mansión Embrujada. Se llamaba Madame Leota. Dirigía sesiones de espiritismo, canturreando: «Cola de rata, arañas y serpientes, a los espíritus llamad, dondequiera que se encuentren...». Me gustaba el maquillaje azul de Madame Leota. Sus pómulos.

A veces pienso que el hombre que me violó con su cara es mi Richard Ramirez. Richard les perdonó la vida a algunas personas al azar. Obviamente, mi Richard me dejó escapar. Mató a Sophia, otra mujer a la que acechaba, al estilo del Acosador Nocturno. Por lo que les hizo a Sophia y a otras, a mi Richard Ramírez lo enviaron a la Prisión Estatal de San Quintín. En el corredor de la muerte, Richard Ramirez se volvió su vecino.

En 2003, Metallica grabó el video de «St. Anger» en San Quintín. Tocaron ante cientos de reclusos, pero a Richard no se le permitió verlos. Aun así, encontró la manera de conectar con ellos. Por medio de un guardia, le pasó de contrabando un recuerdo al guitarrista Kirk Hammett.

«¡Era una revista con nosotros en la portada! Y la etiqueta de la suscripción decía "Richard Ramirez"... Era fan de Metallica... Aún conservo la revista. Es un buen objeto de colección», le contó Hammett a un periodista.

En la escuela, la foto policial de Ernesto está de regreso en la pantalla.

Me paro cerca de ella para terminar de contar su historia.

En 1967, durante su nuevo juicio, la pareja de Ernesto, Twila, testificó en su contra. Dijo que tres días después de su detención visitó a Ernesto en la cárcel. Hablaron de su confesión escrita y él admitió la violación. Ernesto le encargó una cosa. Debía encontrar a su víctima y transmitirle el mensaje de que se casaría con ella si retiraba los cargos contra él.

Con la ayuda de Twila, Ernesto fue condenado de nuevo por violación.

—¡Traicionera! —gritó un chico desde el fondo del salón.

Enderecé la columna y dije:

—Explícate.

—¡Es su mujer! —contestó.

—¿Entonces su mujer debería serle fiel aunque sea un violador? —gritó una chica.

El chico no dijo ni sí ni no. En cambio, murmuró:

—Si fuera mi mujer...

Continué. Dije que Ernesto salió de la Penitenciaría Estatal de Arizona en 1972. En Phoenix se convirtió en una celebridad local. En la pantalla, mostré una copia de una tarjeta con la Advertencia Miranda impresa autografiada, como las que Ernesto vendía por 1.50 dólares. En enero de 1975, Ernesto pasaba el rato en un barrio llamado The Deuce. Entró en un bar y estuvo toda la tarde bebiendo y jugando a las cartas. Una discusión empezó. Ernesto fue al baño. Cuando volvió a la mesa, uno de los hombres con los que jugaba a las cartas blandió un cuchillo. Lo apuñaló en el cuello y el pecho. Ernesto murió y no acusaron a nadie de su asesinato.

El salón estalla en aplausos.

Mi abuela está enterrada junto a su segundo marido en Whittier, en el Rose Hills Memorial Park.

Su hermana menor, mi tía abuela, está enterrada a poca distancia.

Rose Hills está dividido en jardines y tiene problemas de tráfico los fines de semana. Algunos lo llaman la Disneylandia de los muertos. El rapero Eazy-E está enterrado en el Prado Lupine. Jaime Escalante, el profesor de matemáticas del Este de Los Ángeles que inspiró la película *Con ganas de triunfar*, un drama matemático, está enterrado en los Jardines Lakeside. La abuela descansa en el Garden of Solace. El año pasado, mi prima y yo fuimos a decorar la tumba el día de su cumpleaños, pero no pudimos entrar al cementerio. Las puertas estaban cerradas. La policía lo tenía rodeado. Al parecer, habían visto a un hombre en una casa rodante que empuñaba una pistola en el Jardín de la Tranquilidad.

Bajando la loma desde el lugar de la abuela descansan Maxine y Vincent Zazzara. Están sepultados lado a lado, al pie de un grueso pino, en el Jardín de la Conmemoración. «Nunca se ha dicho nada sobre Dios que no lo haya dicho mejor el viento entre los árboles», escribió Thomas Merton. Visito a los Zazzara cuando voy a ver a la abuela. Les llevo dinero. Monedas. Todo mundo necesita dinero, los muertos también, y California es un estado especialmente caro para morirse. Llueve savia sobre las lápidas de los Zazzara. Las monedas sobre sus lápidas reflejan la luz del sol. Destellan. El jardín huele a Navidad. Y el cementerio es como un parque de atracciones.

LOCAS

Mi prima Desiree y yo nunca jugábamos a la casita. Fingir ser una mamá que les pega a sus hijos con cualquier cosa a la mano o un padre que se olvida de pagar la manutención no nos interesaba. En lugar de eso, jugábamos a ser mujeres gánsteres, cholas, jóvenes con peinados grandes y manos tatuadas que podían delinearse los ojos con tanta destreza como apuntar con una escopeta a la cabeza de un enemigo. Nuestra pandilla solo tenía dos integrantes, nosotras, y no pensábamos reclutar a nadie más; ni a nuestros hermanos, ni a nuestros padres, ni, por supuesto, a nuestra abuela. Nos hacíamos llamar «Pocas Pero Locas» y practicábamos a hacer señales de pandilla, curvando nuestros pequeños dedos para formar PPL.

Desiree y yo teníamos catorce y trece años cuando creamos nuestra familia criminal de dos chicas. Necesitábamos con urgencia esa pequeña organización. Había cosas que Desiree no podía decirles a sus padres y cosas que yo no les podía contar a los míos. Alejándonos de los adultos, creamos una diminuta Cosa Nostra para protegernos, darnos afecto y divertirnos. Al jurar lealtad a PPL, nos ayudamos mutuamente a soportar nuestras cargas lo mejor que pudimos. Comprometidas con lo que construimos, Desiree y yo seguimos siendo tan fieles a nuestra empresa infantil como el Papa al oro.

El día que Desiree me escogió para contar su historia, empecé a esbozarla en mi cabeza. Sabía que empezaría con nuestras manos. Las manos son lo que usamos para embellecernos. Con ellas subimos el volumen del radio. Las manos son lo que usamos para plasmar hechos en el papel. Las manos son lo que usamos para acariciar a los amantes, doblar cartas, hacer agujeros y matar.

Mis manos les mostrarán por qué dos chicas de California crearon una mafia ficticia y por qué una de nosotras se dejó atraer por una mafia de verdad. Mis manos tienen permiso para describir lo romántico y seductor del bajo mundo. Mis manos mostrarán que mi prima es la prueba viviente del alto precio que algunas chicas deben pagar por sobrevivir en Estados Unidos de América, el país con la tasa de encarcelamiento más elevada del mundo.

Los reporteros de nota roja han cubierto momentos sombríos en la vida de Desiree. Lo que han escrito sobre ella es cierto, pero vergonzosamente incompleto. Uno de estos artículos, publicado por el *San Gabriel Valley Tribune*, dice: «La policía detuvo el jueves a cuatro personas por utilizar tarjetas de regalo fraudulentas para hacer compras en Walmart por cientos de dólares». Desiree era la única mujer del grupo. A sus treinta y seis años, era también su integrante de mayor edad y la única «persona en libertad anticipada con orden de presentación». Antes de que el periodista revele que mi prima se entregó sin resistencia, arriesga un poco más al escribir que «se encontraron dos pistolas cargadas dentro del coche de los sospechosos».

El *San Gabriel Valley Tribune* no menciona testigos presenciales. Tampoco se recoge la versión de ninguno de los detenidos. La única persona citada por el periódico es un teniente de la policía de Glendora, Rob Lamborghini. Presumiblemente, proporcionó al reportero todos los detalles sobre las presuntas actividades de mi prima y el tono del artículo empatiza con Walmart, como si la multinacional estadounidense fuera una mujer indefensa a la que cuatro degenerados casi le arrebatan la bolsa. Si me preguntan, todos deberíamos saquear a Walmart. Hay un millón de razones para hacerlo. Esta es una. En 2003, unos abogados que representaban a la empresa pagaron un soborno de 52 mil dólares a funcionarios mexicanos. Con ese dinero obtuvieron permiso para construir un almacén a kilómetro y medio de las pirámides de Teotihuacán. Los operarios empezaron a excavar en un campo de alfalfa, cavando y cavando, removiendo la tierra. Un equipo de arqueólogos que supervisaba el proyecto pronto dio a conocer pruebas de que Walmart estaba dañando ruinas históricas. Además de un muro y un altar de setecientos años de antigüedad, la empresa afectó nueve tumbas.

Cuando los fans de *La ley y el orden* oyen la palabra «criminal», dudo que piensen en Walmart. En cambio, sí en la gente de la que habla por dinero Rob Lamborghini. Casi todos los departamentos de policía tienen a alguien como él, un representante que se dedica a contarles a los periodistas lo seguros que nos hace sentir la policía; un vocero que convence a los contribuyentes de que la policía está para atrapar a los malos. Malos como mi prima.

En la casa destartalada de su madre en Riverside hay una caja llena de desvaídas tareas escolares de Desiree. La primera está fechada el 8 de enero de 1980. En el papel ligeramente arrugado aparecen las huellas de dos manos rojas. Abajo de lo que parecen dos palmas infantiles ensangrentadas, presionadas contra el cristal empañado de una ventana, alguien, probablemente la maestra, escribió con pulcritud: «¡Pintar con los dedos es divertido!». Un retrato de familia ligeramente manchado, dibujado con colores primarios, está fechado seis días después. Un gran círculo azul con ojos muy abiertos y una gran boca domina el centro. Debajo de esta cara, con la caligrafía nítida de un adulto, se lee: «Esta es mi abuela». A la derecha flota un pequeño círculo azul con la boca abierta en un grito. Unos ojos preocupados miran a la abuela. A la derecha de estas caras, un garabato rojo feroz, aunque sin rostro.

«Este es mi papi».

Desiree escribe con lápiz sobre una hoja rayada fechada el 18 de abril de 1983. En la parte superior se asoma un autorretrato dibujado con crayón, una cara sonriente con ojos verdes enmarcados por pelo castaño. Bajo su barbilla, se lee: «Cuando crezca seré maestra porque quiero ayudar a los niños a trabajar y a leer».

Mi prima no recuerda haber escrito eso. No puede imaginarse de siete años en un pupitre, soñando con un futuro feliz. En cambio, recuerda cosas que debía de mantener en secreto, cosas que ahora vamos a revelar.

Para que todo esto tenga sentido, tenemos que hablar de la gran cara azul al centro del retrato.

Tenemos que hablar de la abuela.

Nuestra abuela era una mujer vanidosa que creía que su descendencia y la descendencia de su descendencia, y la descendencia de la descendencia de su descendencia, habían nacido por una razón: para perpetuar su gran legado de belleza.

Cada una de nosotras era su espejo, obligadas a reflejar su pasada gloria física. Aunque ya se había marchitado cuando la conocimos, creía que sus ojos aún le daban un aire distinguido; la hacían superior, aristocrática. A diferencia de los ojos castaños de su madre, los de la abuela brillaban verdes, un color refinado que Desiree y yo heredamos. Nuestros ojos le agradaban, pero quería más de nosotras. Había sido una niña espigada y esperaba lo mismo de sus nietas. Nos gustaba demasiado la comida para que eso ocurriera. Comíamos sándwiches de helado y puré de papas, *roast beef* y tamales, *petit fours* y pastrami, cereal Cream of Wheat y frijoles refritos, kétchup y huevos, tortitas de papa y gravy. Comer nos hizo fornidas y con mejillas de hámster. También se nos abultaron los labios.

No se podía hacer nada con nuestros labios gruesos, pero

la abuela tenía un remedio para nuestros estómagos y narices. Para controlar nuestra cintura, teníamos que ponernos a dieta. Todo mundo en casa de la abuela siempre estaba a dieta, así que teníamos varios ejemplos para elegir. Podíamos usar Dexatrim. Podíamos beber SlimFast. Podíamos unirnos a Weight-Watchers. Podríamos probar la dieta de la toronja, la dieta del requesón o la dieta del jugo. Podríamos seguir la dieta de Elizabeth Taylor. A ella parecía funcionarle. Tuvo ocho maridos.

Para adelgazarnos la nariz, la abuela nos animaba a pellizcárnosla; nos garantizaba que, si apretábamos lo suficiente, se encogería. Sentadas frente al televisor, perdidas en programas viejos, Desiree y yo nos agarrábamos la nariz y respirábamos por la boca. Esperábamos que esos esfuerzos nos hicieran merecedoras del amor de la abuela.

Nuestra abuela se llamaba como lo único que no escapó de la caja de Pandora: Hope —Esperanza—, y se jactaba de que sus ojos especiales eran el resultado de un soldado francés que zarpó rumbo a México para pelear en nombre del emperador Napoleón III. Este soldado francés era una careta. No había nada de francés en nuestra abuela ni en sus padres ni en los padres de sus padres. La abuela era como Pío Pico. Fue el último gobernador de la California mexicana y su rancho se extendía a unos ocho kilómetros de la casa de una planta estilo rancho de la abuela en Whittier. La abuela de Pico había sido negra. También la de la abuela.

La abuela estaba sentada en el sillón junto al refrigerador, se subió el pantalón y se bajó la media que le llegaba a la rodilla. Mostró la pantorrilla y la palmeó dos veces. Con su misterioso acento, que sonaba más de Transilvania que mexicano, atronó:

—¡Miren qué piernas! ¡Yo tenía las piernas más bonitas de toda Guadalajara! También las más rápidas. Era tan bonita que los hombres me perseguían. ¡Me perseguían! Y mientras más corría de ellos, más hermosas se volvían mis piernas.

Miré a Desiree. Nos moríamos de ganas de reír.

La pierna de la abuela parecía de abuela. Toda ella parecía una abuela.

Su tema favorito era su belleza, aunque a veces hablaba de sus otros dones. Afirmaba ser la séptima hija de un séptimo hijo, y que esa posición única en el orden de nacimiento le había conferido habilidades psíquicas. Sin que se le pidiera, compartía sus poderes con la gente. En una farmacia, mi padre y yo observamos nerviosos cómo fue derecho hacia una chola embarazada con los tobillos hinchados. Parada frente a la muchacha de pelo largo, la abuela se frotó las manos y las levantó, dejándolas suspendidas cerca de la panza, que era más bien una panzota. Cerró los ojos, y a velocidad récord, entró en trance.

—¡Una niña! —gritó en el pasillo de los antiácidos—. ¡Serás madre de una niña!

La abuela abrió los ojos. Esperó a recibir algún agradecimiento.

Con voz cantarina, la chola dijo:

—¡Nop! Va a ser niño. Ya me lo dijo el doctor. Tenemos una foto de Mikey Jr. pegada en el refrigerador.

La abuela la fulminó con la mirada.

Cómo se atrevía esa zorra en chanclas a rechazar su profecía.

Dándose vuelta, la abuela se alejó dando pisotones. Yo casi podía oír la risita de Mikey.

La abuela decía la verdad cuando afirmaba haber sido una niña flacucha. Una foto tomada el día de su Primera Comunión muestra sus piernas huesudas hincadas sobre un reclinatorio. Tiene juntas las palmas como si rezara y un velo blanco le cubre media cabeza. Su lustroso cabello negro brilla. Parece gélida, santificada y preparada para recibir a Jesús. En una foto tomada siete u ocho años después, la frialdad de la abuela se ha derretido temporalmente. Lleva el pelo apartado de la cara y sujeto con pasadores. Con los brazos a la espalda, saca pecho. Tiene una cadera levantada. Mientras le sonríe con dulzura al fotógrafo, su falda oculta las piernas más hermosas de Guadalajara. Alguien tomó esta instantánea en el lugar donde conoció a nuestro abuelo.

En 1843, un fraile donó al estado de Jalisco un terreno que había pertenecido a un convento carmelita. Sobre él surgió la primera prisión de México inspirada en el panóptico. Bautizada con el nombre del gobernador, la Penitenciaría de Escobedo recibió el sobrenombre de la Casa Roja por su color. Esta fortaleza neoclásica podía recluir hasta quince mil mexicanos, y durante la guerra cristera el gobierno la utilizó para encerrar a los guerrilleros católicos. Cuando el conflicto terminó en 1929, la Escobedo fue reducida a escombros.

El parque Revolución remplazó a la penitenciaría. Fue diseñado por el arquitecto Luis Barragán, y los expatriados se reunían a la sombra de sus árboles para chismear, compartir historias de guerra y observar a las muchachas. Nuestro abuelo yanqui se sentaba con aquellos hombres y seguía con la mirada las piernas de nuestra abuela, que paseaba con sus hermanas por el sendero de ladrillo rojo del parque. Nuestras tías dicen que Hope quedó prendada del atractivo eslavo de Peter, pero creo que esa historia tiene el mismo origen que la del soldado francés. Pienso que la abuela quería escapar de su familia. Una familia puede ser un hoyo, y para salir de uno, las chicas necesitan ayuda. Necesitan una cuerda.

Tras dos años de cortejo, nuestros abuelos se casaron.

Hope tenía diecisiete años.

Peter, treinta y cuatro.

Nueve meses después de la boda nació Enrique. Gloria fue la siguiente y luego Roberto, mi papá. En 1952, mi abuela le dijo adiós a su madre. Luego de abordar un tren rumbo al norte, mis abuelos y sus hijos sacaron los brazos por las ventanillas y se despidieron. Sus pulseras tintineaban. Tras varias horas de viaje, mi tío y mi padre idearon una forma de entretenerse. Divertidos, saltaban de vagón en vagón, viendo las vías como un borrón bajo sus cuerpos. Si se hubieran torcido un tobillo o sus pies no alcanzaran la barandilla, habrían caído para convertirse instantáneamente en chorizo. Cuando se cansaron de arriesgar la vida, los hermanos volvieron a entrar y miraron por las ventanas. Las iguanas que descansaban en las ramas de los árboles sacaban la lengua y les devolvían la mirada.

Después de tres días de viaje, sonó un silbato agudo. Los pasajeros se levantaron. Los cinco emigrantes descendieron y pisaron tierra firme en Union Station, la estación de tren de Los Ángeles, para luego amontonarse en un taxi que los llevó deprisa al centro de la ciudad. El abuelo registró a la familia en el hotel Gates. Sus estómagos rugían, así que los llevó a todos al comedor del hotel. En la barra, mi padre daba vueltas en un taburete cromado con los pies colgando. El abuelo pidió el desayuno. En minutos, una mesera de uniforme blanco puso un plato de waffles humeantes bañados de mantequilla y jarabe de maple bajo la barbilla de mi padre. Con una servilleta de tela metida en la camisa, se llevó aquel manjar a la boca y gimió.

El delirio.

Al ver el Ayuntamiento de Los Ángeles por la ventana del restaurante, mi padre, con cuatro años, confundió la torre blanca, que se haría mundialmente famosa por el programa de televisión *Dragnet*, con el Empire State. Papá estaba atónito. Ahora era neoyorquino.

La familia se instaló en Estrada Courts, un complejo de vivienda social en Boyle Heights. El abuelo encontró trabajo como soldador en Santa Mónica, pero odiaba el viaje de ida y vuelta al oeste. ¿Sesenta y cuatro kilómetros? ¿En un autobús abarrotado? ¿Con incontables paradas? ¿Cinco días a la semana? Olvídalo. Los Ángeles era una ciudad donde se alentaba a todos los hombres a depender de su propio automóvil, y el abuelo se volvería autosuficiente. Un lunes por la mañana se metió la chequera en el bolsillo trasero, se puso el sombrero de fieltro gris y le gritó a mi padre, su único hijo que aún no iba a la escuela:

—¡Ven, muchachote! ¡Vamos a comprar un coche!

Tomados de la mano, se dirigieron a una gasolinera de la calle Soto. Afuera de un taller mecánico, los cacharros en venta recién lavados con manguera brillaban a la luz del sol. El abuelo firmó un cheque de trescientos dólares por un Studebaker Commander de 1940. Padre e hijo condujeron con orgullo aquella belleza hasta su casa. En Estrada Courts no tenían garajes, así que estacionaron el coche azul a media cuadra, en la calle. El Studebaker llevaba a nuestro abuelo a la planta de Douglas Aircraft, donde trabajaba en el turno de la tarde. Mecánico de banco, fabricaba piezas de lámina. Soldaba la pieza más importante del avión, el escusado.

La abuela dio a luz a otra niña, Verónica, y en el hospital Queen of Angels de Echo Park dio a luz a su última hija, Petra, la mamá de Desiree. Atraído por los anuncios de la autopista que promocionaban casas baratas en las afueras, el abuelo trasladó a la familia al sudeste, a una casa en serie de tres recámaras en Norwalk. Consiguió un descuento al optar por la casa muestra cerca de las vías de tren, que hordas de compradores potenciales, entrometidos y mirones habían recorrido, pateado y menospreciado. La nueva propiedad tenía un garaje para el Studebaker, que fue remplazado por un Chevrolet. El abuelo y mi padre iban en el Chevy a una carnicería polaca de Culver City para comprar la kielbasa más sabrosa del condado de Los Ángeles. De regreso en Norwalk, mi abuelo se ponía delante de la estufa y freía la salchicha hasta que la piel se partía y crepitaba. Emplataba la carne con kapusta, se sentaba con las piernas cruzadas en la mesa de la cocina, mojaba la kielbasa en mostaza y se la comía con una cerveza helada.

Quince años después de su llegada a California, la abuela encontró al abuelo en el acceso para el coche. Se le paró el corazón mientras trabajaba en su Chevy después de la cena de Acción de Gracias. Mi padre aún bromea con que «así de buena» estuvo la cena, y como Desiree y yo aún no habíamos nacido, conocemos al abuelo sobre todo por bromas como esa.

Cuando el abuelo murió, papá se dejó crecer el pelo y se largó. Con el dinero que ahorró preparando hamburguesas recorrió el mundo: un hippie vagabundo que durmió bajo la luna griega, a bordo de trenes turcos y en tiendas de beduinos. Enrique, que en California se convirtió en Henry, fue a Vietnam. Gloria se casó. Verónica fue a la universidad. Petra se embarazó.

Desiree nació en Whittier, la ciudad donde Richard Nixon, el único presidente de Estados Unidos que ha renunciado, se presentó para presidente de su salón de escuela intermedia y perdió. Desiree iría por poco tiempo a la escuela de Nixon, pero primero fue a la primaria Ocean View, un lugar desde el que no se veía el mar en absoluto. Vivía con su madre, con la abuela y su segundo marido, Bob, el dueño gruñón de una tienda de muebles. Su casa estaba en un terreno espacioso. Era más amplia que la de Norwalk, con árboles de aguacate en el patio trasero, más de un cuarto de baño y un pequeño piano de cola en la sala. La abuela, la tía Petra y Desiree se amontonaron en el Cadillac para venir a Santa María a celebrar mi primer cumpleaños, pero casi siempre íbamos a Whittier a verlas. Ir a Whittier era emocionante. Nos daba oportunidad de escapar de nuestro pueblo de vacas y vivir los problemas de las grandes ciudades, como el tránsito a ciertas horas, el esmog y los conductores agresivos. El repertorio completo de palabrotas salía a relucir cuando a papá le subía la presión por manejar por la 101.

Para llegar a casa de la abuela, teníamos que pasar por la Correccional para Jóvenes Fred C. Nelles, un reformatorio para chicos. Cuando nos acercábamos, papá decía:

—Miren. La cárcel de niños.

Los árboles y un seto nos impedían ver, así que recurría a

la imaginación. Detrás de la vegetación visualizaba una pequeña prisión con niños vestidos con atuendos a rayas. Sostenían pequeños mazos y rompían pequeñas rocas. Todo lo que sabía sobre las cárceles provenía de los dibujos animados y no conseguía entender por qué un niño tendría que ir a la cárcel. ¿Por qué no solo mandarnos a nuestras habitaciones? ¿No era esa nuestra versión de la cárcel?

En casa de la abuela, Petra siempre tenía nuevas groserías que enseñarnos. Encadenaba palabras de cuatro letras de formas alucinantes, y cuando no encontraba una para expresarse, la frustración artística la inspiraba para inventar una nueva. Sobre su cómoda casi siempre había una caja de dulces, y Desiree y yo a menudo nos acurrucábamos cerca de sus nueces de macadamia cubiertas de chocolate, intentando robarnos una. Lentamente, yo giraba la cabeza atrás y adelante, hacia arriba y hacia abajo, y de nuevo atrás y adelante.

Las paredes del cuarto de Petra estaban cubiertas por altas estanterías donde tenía docenas de muñecas Barbie sujetas por soportes metálicos. Las rígidas muñecas permanecían de puntillas mirando fijamente al frente, con coletas rubias bajas recogidas con fuerza en las nucas de sus largos y finos cuellos. La abuela nos repetía una y otra vez que así quería que fuéramos: criaturas de color beige y ojos azules, con fosas nasales tan estrechas que estornudar resultara peligroso.

Una mujer llamada Ruth Handler fue la creadora de la Barbie, a la que bautizó con el nombre de su propia hija. La muñeca apareció para el primer cumpleaños de Petra, en 1959, y tuvo un éxito tal que requirió su propia encargada de prensa: los fans la bombardeaban con veinte mil cartas a la semana. Las niñas aventureras eran el mercado objetivo de Barbie. Al darse cuenta de que solo tenían muñecos bebés para jugar, Handler quiso que las niñas practicaran para ser toda clase de mujeres, no solo mamás.

Barbie tenía una Casa de Ensueño, un Corvette y un novio

guapo e incapaz de embarazarla. Petra era una madre soltera que servía mesas en Sir George's Smorgasbord y cobraba adeudos. Las muñecas y la comida eran su vida. Las muñecas eran una gran compañía. No hablaban, las podías hacer posar e inspiraban confianza. También lo era una caja de galletas. Lo peor que podían hacer era asfixiarte, pero la familia también. Petra nos dijo una vez a Desiree y a mí que a cualquiera que se hubiera criado en Norwalk en los cincuenta lo habían molido a golpes y que quien dijera lo contrario mentía: los niños iban heridos de un lado a otro de Imperial Highway. Sí, a Petra la habían levantado del suelo por la coleta rubia, la tuvieron colgando y le cruzaron la cara a bofetadas, pero al menos la abuela nunca le había apagado los cigarrillos encima. Eso era de «basura blanca» y nuestra familia no venía de Oklahoma. Que te usaran como cenicero humano sí que habría sido abuso infantil.

Petra tenía todas las Barbie que salieron al mercado entre 1959 y 1970, y algunas más. Mi tía me dejaba tocar a sus mujeres de plástico, pero debía manejarlas como si fueran reliquias sacras. Petra encontró gran parte de su colección los fines de semana. Se pasaba los sábados y domingos rebuscando entre las pertenencias de gente muerta en ventas de heredad, bazares, ventas de garaje y mercados callejeros, e intercambiaba consejos sobre rastreo de muñecas con otros coleccionistas fanáticos, hombres a los que llamaba «maricones». La comunidad de apasionados de Barbie a la que pertenecía mi tía se reunía en convenciones donde los fans se vestían como sus muñecas favoritas.

Barbie Reina de la Moda.

Barbie Colores Mágicos.

Barbie azafata de American Airlines.

Cuando Desiree cumplió ocho años, Petra la llevó a una de estas convenciones. Antes de entrar, Desiree recibió una tunda en el Volkswagen de su madre. Algo que uno jamás se imaginaría al ver la radiante foto de mi prima que apareció más tarde en *Los Angeles Times*. Un fotógrafo la hizo famosa por corto tiempo; en el pie de la foto de Desiree en la convención se lee que mi prima de ocho años estaba presentando a «Beth, su muñeca Cabbage Patch, a una Barbie con corte de paje y traje de baño».

Aunque a menudo parecía agotada, mi prima era una niña preciosa. Su carisma travieso la hacía chispear, era el tipo de alborotadora con la que querías meterte en líos y aguantar el regaño por ella. Su pelo castaño canela le llegaba a la cintura y tenía la frente ancha y alta de nuestro abuelo; un rasgo que, según papá, era señal de máxima inteligencia. Barbie tenía la misma frente alta. Desiree oscilaba entre la intrepidez, la furia y el júbilo, un ciclón de niña a la que le encantaban los Pitufos, las Barbie, Rosita Fresita y Beth, su muñeca Cabbage Patch. Se había proclamado protectora de Beth y la vigilaba cuidadosamente, guardando su acta de nacimiento en un lugar secreto. No quería que nadie se la robara, y sabía que había robos dentro de la familia. Desiree había visto a una de nuestras primas mayores, que también la cuidaba a veces, hurgar en las carteras de su padre en busca de dinero.

El último diciembre antes de que Desiree empezara a escaparse, mi padre nos llevó a mis hermanos y a mí a Knott's Berry Farm, un parque de atracciones con temática del lejano oeste. Desiree nos acompañó. Fue un día estupendo. Como Navidad diez veces. Vimos a unos pistoleros que se batieron a duelo cerca de la taberna y nos lastimamos el cuello de subirnos a las montañas rusas. Acariciamos y montamos ponis deprimidos. De almuerzo, comimos pollo frito, bísquets, ruibarbo estofado y pay de boysenberi. De pie junto al indio de la tienda de puros, Desiree lucía maravillosa. Su modelito era mucho más cool que el mío. Escuchaba a Wham!, el dueto inglés de pop cuyo eslogan era «CHOOSE LIFE» (Elige la vida), y llevaba una de sus camisetas, jeans parchados y tenis de bota. Yo llevaba un suéter blanco de cuello en V, una camisa azul de algodón con cuello y jeans rectos. Al lado de mi prima, parecía un bibliotecario gay.

Mi papá estaba obsesionado con subirse a la diligencia, así que hicimos cola. Cuando estuvimos a bordo y los caballos aceleraron el paso, Desiree me dio un golpecito en la pierna y nos levantamos para sacar la cabeza por la ventanilla con los brazos en el aire, chillando como parranderos de Mardi Gras.

—¡Metan la cabeza a la diligencia! —gritó papá.

Era más seguro para nosotras ser temerarias en público.

Era menos probable que nos sonaran si había testigos.

Recorrimos el pueblo fantasma del parque corriendo de la herrería a la cárcel, a la escuela de una sola aula y al teatro donde presentaban melodramas. Tenían un ataúd vacío recargado en el porche de madera de la funeraria y papá gritó:

—¡Desi! ¡Myriam! ¡Finjan que están muertas!

Nos metimos en el ataúd y cuando papá nos tomó la foto, en vez de muertas salimos muy, muy vivas, riendo y saludando tan rápido que las manos se ven borrosas. Cerca de allí había un arroyo artificial donde sumergimos cacerolas, sacamos arena y la revolvimos en busca de oro. Un hombre vestido como gambusino tomó nuestras cacerolas y vertió los copos amarillos en pequeños frascos de cristal. Nos los dio y los sostuvimos a la luz del sol, viendo brillar nuestro preciado metal.

—No los abran —advirtió papá.

De regreso en su recámara, Desiree y yo nos arrodillamos sobre su alfombra. Ella tomó su frasco, giró la tapa y la desenroscó.

—Quiero tocarlo —dijo. Lentamente inclinó el frasco. Se deslizó. En un instante, el agua y el oro desaparecieron. Sentí náuseas al ver a mi prima perder su escasa riqueza, al observarla hurgar en la alfombra con el dedo, con la esperanza de rescatar una o dos motas de oro. El tejido afelpado se había bebido lo hermoso de nuestro día.

Cuando Desiree ya era muy mayor para las muñecas Cabbage Patch, empezó a coleccionar tarjetas de Garbage Pail Kids. Las sacaba de su caja de madera tirándolas al suelo, para esparcirlas por la alfombra. Nos sentábamos con las piernas cruzadas para examinar su colección. En nuestra casa no se admitían —mi madre decía que eran vulgares y ofensivas—, así que verlas en casa de Desiree era fantástico. Era una moda satírica que parodiaba a los Cabbage Patch Kids. Tendencia que arrasó en los ochenta, Garbage Pail Kids reimaginaba a los famosos muñecos con olor a talco que Coleco Industries anunciaba como si los hubieran recogido de un campo encantado; venían con certificados de adopción, como Beth, y algunos tenían problemas de salud por haberse cosechado antes de madurar. Los Garbage Pail Kids corrompían esos lindos cuentos. Los bichos raros de las tarjetas eran bebés Cabbage Patch alimentados con residuos tóxicos, lluvia ácida y orina de rana. Estaba Adam Bomb, cuya cabeza era una explosión; Carl el Corroído, cubierto de quistes. Estaba Schizo Fran, con dos cabezas que se aporreaban entre sí.

Después de ordenar las tarjetas, Desiree las devolvía a su sitio. Saltábamos sobre su cama y peleábamos con las almohadas hasta quedar sin aliento. Aunque me encantaba aprender palabrotas en casa de la abuela, Desiree y yo nos refugiábamos en su cuarto para evitar la crueldad verbal casual a la que podíamos vernos sometidas en cualquier momento. Por dejar abierto el refrigerador o ensuciar el microondas, te podían mandar al carajo. Te acababas el Tylenol y te decían que no debiste haber nacido. Para ahogar las voces que podían decir cosas así, Desiree mantenía el radio encendido en una emisora de música vieja. Rosie Hamlin entonaba nuestros sentimientos: «Es como el cielo estar aquí contigo...».

Antes de ir a trabajar, Petra dejaba a Desiree en casa de unos parientes. Por fuera, parecía normal. Por dentro, era el «Infierno» del Bosco. Los cuidadores eran primos y primas lejanos, y cuando crecimos, mi prima me contó las cosas que le hicieron de pequeña. Le creo a mi prima. Dijo que era tan terrible que a veces la mandaban a casa con sangre en los calzones. Desiree quería que dejaran de tocarla, pero no sabía cómo hacerlo. Me contó que los cuidadores le decían: «Si se lo cuentas a alguien, tu mamá morirá». Y añadían que, si los delataba, nadie le creería de todos modos.

¿Quién le creería a una niña tan mala como ella?

El mismo año en que Desiree escribió: «Cuando crezca, seré maestra...», se preparó para detener el incesto. Colocó de cabeza un bote de basura en su armario y pasó su cuerda de saltar por encima del tubo. Agarró los extremos e hizo un nudo corredizo. Se trepó al bote, pasó la cuerda alrededor de su cabeza y saltó, esperando que se apagaran las luces. Desiree cayó al suelo con un ruido sordo y se estremeció de rabia. En la televisión morir parecía muy fácil.

Estuviéramos en casa de la abuela o en la mía, Desiree y yo salíamos de nuestras recámaras para ver repeticiones de *La familia Monster* y *La dimensión desconocida*. A pesar de ser ciencia ficción, algunos episodios de *La dimensión desconocida*, como el clásico «Pesadilla a 20 mil pies», tenían argumentos que nos parecían terroríficamente familiares.

Acompañado por su mujer, Julia, Robert Wilson, un paciente psiquiátrico que se recupera de una crisis nerviosa, aborda un avión con destino a casa. Mientras Robert hojea su periódico, Julia se queda dormida. Él mira por la ventanilla. Una fuerte lluvia azota el avión. Los relámpagos dejan ver a una criatura simiesca que deambula por el ala. A pocos centímetros de la cara de Robert, el gremlin lanudo mira a través del cristal. Vandaliza los cables bajo la carcasa de un motor.

Con pánico de que provoque un accidente aéreo, Robert informa a la tripulación sobre el monstruo. Cuando miran por la ventanilla, lo único que ven es lluvia. Al aterrizar el avión, los enfermeros le ponen una camisa de fuerza y se lo llevan en camilla.

El plano final confirma que Robert era el pasajero más cuerdo a bordo; el motor del avión ha sido dañado gravemente.

Desiree sabía lo que era decir algo que amenazaba la comodidad de las personas a su alrededor. Cuando por fin tuvo el valor para hablar de lo que ocurría con sus cuidadores, le dijeron que se callara la boca, que se tragara la monstruosa verdad. Así lo hizo, y la verdad la consumió, produciéndole una acidez que le llegó hasta el corazón.

La familia Monster era una serie reconfortante. Para nosotras era la única familia mexicana de la televisión, y se negaban a asimilarse a la anodina comunidad suburbana donde vivían, Mockingbird Heights. Técnicamente, Herman Munster fue creado en un laboratorio alemán, pero caminaba como uno de mis tíos, un mexicano alto y tieso que se ponía unos zapatos que lo hacían aún más alto. La esposa de Herman, Lily, usaba maquillaje brujesco como mi mamá, y su hijo, Eddie, un hombre lobo, tenía un pico de viuda tan puntiagudo como el de cualquier cholo. Completaban la familia el Abuelo Munster, un vampiro, y Marilyn, una sobrina blanca no monstruosa. El Munster Koach, su coche personalizado, era el integrante más mexicano de la familia. Se requirieron tres Ford Modelo T desguazados para construir esa carroza fúnebre.

Desiree se habría escapado con nosotros de haber podido, pero vivíamos demasiado lejos. Sin saber adónde ir, se escondió en el parque Michigan de Whittier. Después de aprender por las malas que la resbaladilla se congela por la noche, se acurrucó en un banco, metió los puños en sus bolsillos y se durmió. Cuando le dio hambre, se escabulló de vuelta a casa. Su madre la encontró en la cocina y le dio la bienvenida con una paliza. Desiree volvió a escaparse una y otra y otra vez, y la tarde en que se colgó una bolsa con ropa y unos casetes en el hombro, una morra la recogió en el parque Michigan y la llevó al lugar donde el abuelo había comprado el Studebaker azul: el Este de Los Ángeles.

Desiree fue acogida en el depa de unos gánsteres. Esos vatos reconocieron el fuego que había en ella y decidieron mantenerlo vivo. Le dieron varios tazones de caldo de pollo casero y le ofrecieron un sofá cálido para dormir.

«Mucha gente dice que las pandillas son inmundas. Que causan problemas. Que todos los que se meten en ellas son muertos de hambre. Pero cuando entré, encontré a un montón de almas perdidas. Sabía que mis carnales, mis hermanos, no dejarían que nadie me pusiera la mano encima nunca más. Sabía que las mujeres también me protegerían. Estaba dispuesta a todo. Estaba dispuesta a hacer cosas. Me llevaron a la calle, donde podía sacar toda mi frustración y rabia contenidas», lamenta Desiree.

Varios viejones y morras, incluida una madre del barrio, se ocuparon de Desiree y le enseñaron los valores y la ética de la calle. «Lo que me enseñaron me formó. No dejes que nadie te chingue, y me llevé sus lecciones a la cárcel y las utilicé para sobrevivir. Éramos una familia y no dejábamos que nos faltaran al respeto. Ojalá alguien de nuestra familia hubiera hecho lo mismo por mí. En el barrio, hay formas de respeto. Te abrazan. Te dan la mano. Es muy irrespetuoso entrar en la casa de un compa y no saludar. Pensarías que en casa te respetarían más que en la calle, y esa parte me confundía. *Vaya*, pensaba. *Estos vatos me respetan más que en mi casa*».

La rebeldía de Desiree me la hacía glamorosa. También su madurez. Empezó la secundaria antes que yo, lució escote antes que yo y se pintó los labios antes que yo. Siempre que me retaba a correr un riesgo, yo aceptaba con la esperanza de ganarme su admiración. Si me hubiera retado a fumar un cigarro explosivo con ella, probablemente habría ido a buscar los cerillos. Así de comprometida estaba.

Oí a Petra bromear con que pondría barrotes en las ventanas

de Desiree para evitar que volviera a escaparse, y después de que mi tía hablara con mis padres, los tres decidieron que el aire del campo le haría bien a mi prima. Desiree sería proscrita a Santa María durante el verano. Podría parecer que la amenaza de pasar el verano en un pueblo de vacas habría bastado para impulsar a Desiree a escaparse de nuevo. No fue así. En absoluto. Desiree no huía al Este de Los Ángeles en busca de emociones. Buscaba seguridad. Como mi familia podía dársela, aceptó hacer las maletas y quedarse con nosotros.

Apenas Desiree abordó un autobús que subiría pesadamente por la 101, Petra se alejó de la terminal con sus llantas prácticamente echando humo. El esmog de Los Ángeles desapareció. En lugar de centros comerciales, pasos elevados de autopistas, helicópteros y multitudes, había colinas cubiertas de hierba y flores silvestres. Los halcones sobrevolaban esperando a que los topos salieran de sus agujeros. Las vacas olfateaban en busca de tréboles. Las llamas pastaban.

Ni un gánster a la vista.

A medida que el autobús daba tumbos hacia el norte, el océano Pacífico se extendía a la izquierda de Desiree.

Alejándose del agua, sus furiosos ojos verdes recorrieron un paisaje que la sequía había vuelto quebradizo.

Papá y yo esperamos sentados en la vagoneta. Cuando vi a mi prima bajar del autobús, el corazón me dio un vuelco. ¡Desiree! ¡Era mía todo el verano! Se suponía que alejarse de los vatos enderezaría a mi prima, la desintoxicaría de la delincuencia, pero a Desiree no le iban a ganar. Ya había pensado en una manera de darle la vuelta al plan de Petra. Iba a moldearme para convertirme en su vato sustituto.

Aunque éramos hermanas de diferentes padres, Desiree tardaría décadas en contarme lo que pasó con esos primos lejanos. Sentía demasiada vergüenza. Pero confiaba en mí lo suficiente como para hablarme de la senda que había empezado a recorrer, su vida loca. Ya la habían brincado en una pandilla, pero le daba pena contarme sobre la iniciación. Le preocupaba que yo se lo contara a mi mamá y que ella la delatara con Petra.

«Pensé en convencerte para que te brincaran también», me ha insinuado. «Pero me alegra no haberlo hecho. Me alegra que no acabaras acompañándome en una celda».

Pronto me di cuenta de que Desiree evitaba las conversaciones triviales con mis amigos y miraba a los desconocidos con recelo. De haber sido una chica blanca y delicada, su desapego le habría valido la encantadora etiqueta de tímida. Como Desiree tenía una figura adulta y ahora se arreglaba al estilo chola —el copete recogido en forma de abanico, las cejas depiladas por completo y sustituidas por apóstrofos afilados, los labios acentuados con delineador oscuro, un rosario colgando sobre una camiseta blanca, pantalón caqui holgado planchado con valencianas marcadas y un tatuaje de Santa Teresa—, la gente acusaba a mi prima de ser intimidante y maleducada. Esta dureza enmascaraba su miedo e incomodidad, dos sentimientos de los que no podía librarse. Me atrevería a decir que sufría trastorno de estrés postraumático, pero lo de «post» sería un error. Desiree seguía viviendo un trauma, e iba a empeorar exponencialmente.

Así como una madre de barrio empezó a ocuparse de ella, Desiree empezó a ocuparse de mí. Encerradas en mi cuarto, pasó horas enseñándome caligrafía. Practicaba en un bloc de dibujo hasta que dominé los elaborados rótulos que utilizábamos en recuerdos como fotos, sobres y tarjetas de oración. Sentada en un sillón Luis XVI de la tienda de muebles de la abuela, escuchaba las historias de mi prima sobre las morras con las que a veces se iba de paseo en una vagoneta roja robada. Sonaba divertido, como algo de lo que me podrían convencer fácilmente. Lo más bandido que había hecho era escaparme con un grupo de chicas para ir a llenar de papel higiénico la casa de una zorra engreída. Un alguacil nos sorprendió escondidas entre los arbustos y nos sentó en su coche para darnos un sermón. Nos dijo que éramos bonitas y que teníamos suerte de que él nos hubiera encontrado. Si no, probablemente nos habrían violado unos vaqueros.

Cuando le conté a Desiree que algunas chicas que consideraba mis amigas se habían burlado de mí por ser cuir, diciéndome que era «bonita... para ser lesbiana», mi prima me tranquilizó con historias homosexuales de barrio, describiéndome a una morra butch que solo se enredaba con las mejores jainas. El vecindario la reconocía con el máximo respeto. No era vergonzoso que te gustaran las mujeres. ¿Ser una perra homofóbica? Eso sí estaba mal. Eso merecía responderse con violencia.

Desiree explicó que las morras tenían el deber de escribirse con los vatos encerrados. Extrañaban su libertad. Se sentían solos y necesitaban apoyo. El correo era como el sol para ellos.

—¿Puedo escribirte? —le pregunté.

—¡Por supuesto!

Desiree abrió su bolsa y sacó fotos brillantes de vatos y morras cuyos nombres legales nunca me aprendí. Bandido. Sad Girl. Payasa. Los compas llevaban rosarios, a veces varios, y su elección de moda parecía adecuada. Dado lo peligroso de su mundo, necesitaban una gruesa armadura espiritual.

—¡Deberíamos formar nuestra propia pandilla! —dije una tarde.

Fue como si Desiree se hubiera sacado la lotería.

—¡Sí! ¿Cómo se debería llamar?

—¡Pocas Pero Locas!

Nos doblamos de risa e hicimos PPL con los dedos. Luego dije: «Espérame». Corrí al baño azul y trabé la puerta. El neceser de maquillaje de mi prima estaba sobre la repisa, metí la mano y saqué sus utensilios. Cara a cara conmigo misma, imité los pasos que le había visto a mi prima para cholificarse. Primero me delineé y pinté los labios de café. Luego conecté su tenaza y enrollé mi fleco alrededor del metal caliente. Después de liberar mi rizo humeante, lo alboroté con un cepillo. Apunté un bote de Aqua Net a mi cabeza, apreté la válvula. El aerosol siseó. La laca cubrió mi obra. Mi garra se congeló. Estaba lista.

Sabía que mi madre odiaría a mi nueva yo, reflejada en el espejo del baño.

Parecía una DJ, Desiree Jr.

Cuando volví de un salto a mi cuarto, Desiree chilló de sorpresa.

—¡Te ves MAHVILLOSA! —afirmó y le entregó su cámara a mi hermana menor.

El nacimiento de Desiree como loca ya había ocurrido en el Este de Los Ángeles, durante la única paliza que esperó alguna vez con ilusión. La iniciación tuvo lugar en el patio trasero de un pequeño departamento situado cerca de la avenida McBride y el bulevar Whittier, una calle que es sinónimo de *lowriding*.

Desiree no pidió que la brincaran. Las morras se acercaron a ella. Entendieron que se sentía mal y le hablaron por primera vez de convertirse en una de ellas mientras se relajaban en un depa, escuchando canciones viejas y bebiendo cerveza. Días después, un vato le dijo que debería «meterse al barrio», y su consejo conmovió a Desiree. Significaba que un pequeño ejército local la respaldaría para siempre.

Vaya, pensó. *¡De verdad me quieren con ellos!*

Esperó a que los demás le propusieran unírseles. Quería que creciera el consenso. Mientras más expresaban los vatos su deseo de que formara parte «del barrio», más querida se sentía Desiree.

Finalmente, la madre del barrio anunció: «Te voy a brincar».

La noche de su entrada en el barrio, Desiree se trenzó la larga melena castaña. Se vistió cómodamente con una camiseta, pants y tenis. Seis morras estaban listas. La mayoría iba de jeans. Una llevaba shorts. Desiree y otra iniciada emocionada esperaron en el patio a media luz, no había salida fácil.

Una morra gritó:

—Muy bien, ¿quién quiere ir primero?

—¡Yo! —gritó Desiree.

Una hoja de triplay separaba el espacio de un callejón. Unas bancas ofrecían asiento. No había mucho sitio, pero sí suficiente para pelear y bailar, y después de que Desiree se ofreciera, las seis morras se le abalanzaron.

No trataban de matarla. El objetivo era ver lo bien que podía pelear, y ella les dio una excelente pelea. Los vatos vitorearon.

—¡Eso es! ¡Eso es, morra! —gritaban.

Tras la paliza, las chicas la abrazaron. Cada una besó a Desiree.

—Bienvenida al barrio —dijeron—. Esto es para toda la vida.

Como de costumbre, el dueño de la vagoneta roja no encontró su coche. Como de costumbre, Desiree y sus morras se la habían llevado de paseo. Esta vez, el dueño reportó su desaparición. El trasto era fácil de robar —bastaba una lima de uñas y algo de decisión para arrancarlo— y Desiree daba vueltas por el Este de Los Ángeles con las morras cuando un coche oscuro se detuvo detrás de ellas y encendió las luces.

Los policías que la pararon aquella noche pertenecían a una unidad antipandillas. El padre Gregory Boyle, sacerdote jesuita que fundó Homeboy Industries, uno de los programas de intervención y rehabilitación de pandillas más grandes del mundo, ha descrito a esas unidades como ejércitos coloniales, fuerzas de ocupación. En un editorial de *Los Angeles Times* que criticaba la actuación policial antipandillas de la ciudad, Boyle señaló que las siglas del nombre original de la unidad, Total Resources Against Street Hoodlums (Recursos totales contra las pandillas callejeras, en español), eran TRASH («basura»). Luego de algunas presiones, la policía cambió la palabra *total* por *community*.

El jefe de la policía de Los Ángeles, Daryl Gates, elogió a CRASH. Afirmó que la unidad estaba conformada por «los mejores». En entrevistas, afirmó que los integrantes de las pandillas no intimidaban a sus agentes. Es fácil entender por qué. Desiree era una pandillera de catorce años que aún manejaba como le había enseñado la abuela, con ambos pies en los pedales. Los policías la llevaron al centro para menores Eastlake y Desiree llamó a su mamá. Quería volver a casa.

—Se acabó —dijo Petra—. Voy a dejar que el sistema se encargue de ti.

Desiree me ha enseñado una foto suya en Eastlake. Lleva pantalón naranja y una sudadera gris, está en cuclillas frente a una pared blanca, y hace una señal de pandilla. No se permitía tomar fotos en Eastlake, pero uno de los encargados recurría a mi prima para tener sexo. A cambio, ella conseguía «favores», como la foto. Desiree describe el centro para menores como «esa clase de patio de recreo».

Cuando llegó a Eastlake, las autoridades la procesaron y luego la metieron en una jaula. Los guardias le cambiaron la ropa por lo que las morras llamaban un muumuu y decomisaron los zapatos de todo mundo, dejándolos afuera de la puerta hasta la hora del desayuno. Los cordones estaban prohibidos. No fuera que alguna de las chicas quisiera acabar con sus miserias.

Desiree jugaba solitario y solitario y solitario. De cuando en cuando, los guardias la dejaban salir para llamar por teléfono o pasar el rato en la sala de estar. La sala era el lugar donde Desiree quedaba cara a cara con sus rivales. Como utilizaba la violencia para hacerse un nombre y se peleaba con cualquiera solo por mirarla mal, Desiree se veía obligada a permanecer enjaulada la mayor parte del tiempo.

Cuando se portaba bien, la dejaban ir a la escuela. O a la iglesia.

La iglesia era el lugar de encuentro de las chicas con los chicos.

A veces organizaban bailes.

Los baños eran comunes, y al entrar, Desiree se sobresaltó al ver a un chico con una toalla.

—¿Qué onda, mija? —le preguntó el tipo.

—¿Qué haces en la regadera de mujeres? —respondió Desiree.

—Soy mujer.

Para demostrarlo, la morra dejó caer su ropa.

Genial, pensó Desiree. *Ahora tendré que pelear con esta zorra en la regadera.*

En lugar de pelear con ella, la butch se hizo amiga de mi prima.

Fueron de visita unos conferencistas de Narcóticos Anónimos y les compartieron historias. Desiree no quería oírlas. Pensaba: *¡Hombre, quiero volver a mi cuarto! Esto es una estupidez.*

Aún no estaba preparada para oír historias de supervivencia. Solo quería anestesiarse y pelear. Creía que nadie podría hacerle más daño que sus abusadores. Creía que por culpa de ellos estaba arruinada.

La paranoia contra las pandillas desatada por el jefe Daryl Gates no era nueva. Aun así, no supe nada de sus raíces antimexicanas hasta que llegué a la universidad. Desde el jardín de niños hasta la secundaria, lo principal que me enseñaron sobre los mexicanos fue que el justo ejército estadounidense nos había madreado, obligando a México a ceder la mitad de su territorio. Para llenar los vacíos dejados por mis profesores, estudié Historia en la universidad. Quería entender por qué ser joven y mexicano se volvió sinónimo de delincuente. Más concretamente, quería entender por qué le resultaba tan fácil a este país joder a mi prima.

No podía hablar de nada de esto con Desiree. Después del verano en que creamos Pocas Pero Locas, nos veíamos cada vez menos. Ella llamaba de cuando en cuando desde teléfonos públicos en el Este de Los Ángeles, pero esas llamadas se acabaron. Le preguntábamos a Petra cómo estaba Desiree y ella respondía:

«No sé». La abuela acabó confirmando que mi prima se drogaba y que la seguían encerrando. Yo quería escribirle, pero no sabía a dónde enviar las cartas. A veces me preguntaba si mi prima seguía viva. Cuando pasaban en la tele reportajes sobre las cárceles y prisiones de California, los veía con la esperanza de encontrar sus ojos verdes.

La primera casa de mi familia en California, Estrada Courts, se terminó de construir en 1942, el mismo año en que los angelinos incitaron un pánico que se utilizaría para aterrorizar a los niños mexicanos. Era la segunda guerra mundial, y de repente los empleadores estaban desesperados por contratar personas a las que habían discriminado desde siempre. Había demanda de mexicanos y mujeres, y esta necesidad generó preocupación. ¿Recuperarían los blancos sus empleos cuando terminara la guerra? ¿Quién cuidaría a los niños? ¡Las mamás estaban ocupadas construyendo tanques y aviones! En lugar de abordar los problemas sociales de Los Ángeles, los políticos y líderes locales desviaron la atención de sí mismos hacia los jóvenes mexicanos, los «delincuentes juveniles» del barrio.

Aquí entra José Díaz. El 1 de agosto, José, un peón agrícola de veintidós años nacido en Durango, México, se emperifolló para ir a la fiesta de cumpleaños de Eleanor Delgadillo Coronado. Ella vivía con sus padres en un rancho cerca de Sleepy Lagoon, una represa que los adolescentes utilizaban como rincón para enamorados. En la fiesta de Eleanor tocó una pequeña orquesta. Los chicos bailaron, se pelearon y bebieron. José no solía beber, pero lo convencieron de tomar un poco. Acababa de alistarse y sería trasladado. Ligeramente achispado, salió de casa de Eleanor a la una de la mañana. Poco después, Eleanor encontró a José tendido de espaldas frente a su casa. Borboteo. Borboteo. Borboteo. Su boca era una fuente, roja de sangre. El mismo tipo de arma truqueada que se utilizó para asesinar a León Trotski, un piolet, se empleó para apuñalar a José en el estómago.

José murió en el Hospital General del Condado de Los Ángeles. La prensa desató la paranoia en toda la ciudad al hacer sensacionalismo de su apuñalamiento. Culparon de su asesinato a la peor pesadilla de muchos angelinos blancos: jaurías ambulantes de pandilleros mexicanos sedientos de sangre. Para llegar al fondo del asesinato de José, la policía detuvo a seiscientos jóvenes mexicanos. Se convocó a un gran jurado. Ed Duran Ayres, miembro del Departamento del Alguacil del Condado de Los Ángeles, presentó un informe en el que culpaba de la muerte de José a la psicopatología mexicana.

El caucásico, especialmente el anglosajón, cuando se enfrasca en peleas, sobre todo entre jóvenes, recurre a los puñetazos y a veces puede patear al otro, lo que se considera antideportivo, pero este elemento mexicano considera todo eso como un signo de debilidad, y lo único que sabe y siente es el deseo de usar un cuchillo o algún arma letal. En otras palabras, su deseo es matar, o al menos derramar sangre.

La revista *Sensation* publicó un artículo de otro miembro del Departamento del Alguacil, Clem Peoples. Calificó de «gánsteres infantiles» a los adolescentes acusados y los comparó con lobos.

Veintidós chicos, entre ellos Gus Zamora, Smiles Parra, Chepe Ruiz y Hank Ynostroza, fueron acusados de asesinato.

«El Pueblo vs. Zamora», más popularmente conocido como el juicio de Sleepy Lagoon, se convirtió en el mayor juicio colectivo de la historia de California.

El cagadero de Sleepy Lagoon preparó el terreno para los Disturbios de los Zoot Suit, un sangriento episodio de diez días que tomó su nombre de una llamativa tendencia de moda popular entre los adolescentes mexicanos. Vestidos con trajes a medida, los *zoot-suiters* lucían llamativas siluetas. Los pachucos llevaban sacos de hombros anchos y mangas muy largas que se ajustaban a las caderas para crear una forma de V. Los pantalones anchos que se estrechaban en el tobillo y el corte de pelo de cola de pato aportaban otro toque de estilo. Las pachucas también vestían chamarras de hombros anchos y las combinaban con pantalones o faldas a la rodilla. Para reafirmar su orgullo mexicano, algunas pachucas cambiaron los zapatos bajos clásicos por huaraches sin adornos. Coronadas con altos copetes, estas primeras cholas se depilaban las cejas, sustituyéndolas con arcos dibujados a mano. El labial oscuro resaltaba sus bocas deslenguadas.

En 1943, militares y policías fuera de servicio blancos, armados con palos, sogas y otras armas, merodearon por Los Ángeles en coche y a pie, a la caza de *zoot-suiters*. Dejaban ensangrentadas a sus víctimas, las desvestían hasta ponerlas en ropa interior y les cortaban el pelo ante multitudes atónitas.

La revista *Time* informó que algunos de los agredidos no eran *zoot-suiters*, sino «jovencitos mexicanos estadounidenses», y que una turba había golpeado a un niño de doce años, fracturándole la mandíbula. En el hospital, el chico dijo: «Así que nuestros muchachos llevan ajustados los bajos de los pantalones, y esos vagos los usan anchos. ¿Contra quién demonios luchan? ¿Contra los japoneses o con nosotros?». Mientras tanto, el *New York Times* reportó que los militares y policías sublevados actuaron con el ánimo «de una iniciación en una fraternidad universitaria».

Los racistas aplaudieron los disturbios.

Los extravagantes chicos mexicanos necesitaban aprender humildad.

Menos de una década después de los Disturbios de los Zoot Suit, la Navidad Sangrienta volvió a arrastrar a la juventud mexicana a los titulares de los periódicos. En la escuela tampoco me enseñaron esta historia. Me enteré por *L.A. Confidential*, la novela *neo-noir* de James Ellroy. En la Nochebuena de 1951, la policía respondió a una llamada de que había chicos bebiendo en el bar Showboat de Riverside Drive. Detuvieron a siete personas, cinco de ellas mexicanas, y las encarcelaron en la Comisaría Central. Unos cincuenta policías con cara de mierda se turnaron para golpearlos con toallas mojadas y puños envueltos. Cuando acabaron, las paredes estaban cubiertas de sangre.

A continuación, las víctimas fueron trasladadas a la cárcel de Lincoln Heights, un recinto de estilo art déco ya desaparecido que funcionaba a pocos kilómetros del lugar para chicos, el centro para menores Eastlake.

El jefe William H. Parker dirigió la policía de Los Ángeles de 1950 a 1966. Su participación en *Dragnet*, el programa que creó el modelo para toda la propaganda policiaca futura, lo convirtió en el policía más influyente del país. Utilizó el programa para «difundir sus ideas sobre la ley y el orden», y unos asesores revisaban los libretos para asegurarse de que *Dragnet* presentara a los oficiales de policía de Los Ángeles como «éticos, lacónicos, eficientes y blancos». En 1960, Parker compartió sus opiniones raciales con la Comisión de Derechos Civiles de Estados Unidos, declarando que los mexicanos estadounidenses «representaban un gran problema» y que algunos de nosotros estábamos «no muy lejos de las tribus salvajes de las montañas al interior de México».

Algunos chicos mexicanos respondieron al racismo organizándose y crearon el Movimiento Chicano. Sus objetivos iban desde el fortalecimiento del orgullo cultural hasta la mejora de las condiciones laborales. Cuando los muchachos protestaron por la educación inferior que ofrecían las escuelas veladamente segregadas de Los Ángeles, se encontraron con la hostilidad habitual. Los policías molieron a palos a varios de los que participaron en la huelga de 1968 en la Escuela Intermedia Roosevelt. El periódico *Chicano Student News*, surgido a raíz de las protestas, cuenta que dos adolescentes fueron «agredidos por cuatro policías armados, derribados a golpes y estrangulados con toletes».

Los cambios políticos en Washington también influyeron en la persecución local de los chicos mexicanos. En una rueda de prensa celebrada en 1971, el presidente Richard Nixon calificó el consumo de drogas como el «enemigo público número uno». En *The New Jim Crow* [El nuevo Jim Crow], la activista Michelle Alexander señala que, aunque la policía y los fiscales no declararon la Guerra contra las Drogas, asumieron su papel en el conflicto. Con dinero en juego, los agentes de policía se preguntaron: «Si vamos a librar esta guerra, ¿dónde hay que librarla y quiénes serán los prisioneros?». La policía de Los Ángeles respondió esta pregunta convirtiendo barrios como en el que fue detenida Desiree en zonas de guerra.

Desiree es una de las muchas latinas que perdieron más de una década de su vida en prisión gracias a la Guerra contra las Drogas. Al igual que nuestros pares masculinos, a las latinas también las encasillan en el estereotipo de drogadictas perezosas y estafadoras mortales. Estos tópicos se utilizan para justificar nuestra alta tasa de encarcelamientos por delitos de drogas, pero las de consumo de sustancias no son muy diferentes a las de la población general de Estados Unidos. Consumimos drogas por las mismas razones que los demás. En primer lugar, pueden ser muy divertidas. Segundo, son medicinales, y en lo que respecta a la medicina, seamos realistas: ¿qué otras opciones tenemos muchos de nosotros? El racismo y el sexismo limitan en gran medida el acceso de las latinas a una atención sanitaria decente, y las estadísticas relacionadas con el suicidio demuestran que muchas de nosotras nos hallamos en estado de crisis. En 2019, una de cada diez latinas intentó suicidarse, dos de cada diez planearon quitarse la vida y la mitad de nosotras reportamos sentirnos desesperanzadas.

Desiree consumía porque cuando se drogaba, el dolor ya no le dolía.

«Empecé con la hierba al principio de la adolescencia. Me

metí coca durante un tiempo. Tomé PCP durante años. También crack. Lo que fuera que me anestesiara de la mierda por la que había pasado. Luego me enamoré de las metanfetaminas. Esa droga fue la más adictiva de todas. Nunca tuve que vender mi cuerpo, pero cometí muchos delitos para conseguirla. Las drogas no son gratis, así que hice lo que hiciera falta para conseguir la siguiente dosis. No me importaba lo que me pasara si vendía drogas. Vendía drogas para poder comprar más droga, y adivina qué. ¡Me convertí en mi principal cliente!».

Lo que mi prima necesitaba del gobierno era atención sanitaria y vivienda. En lugar de eso, la encarcelaron por automedicarse. El centro para menores fue su campo de entrenamiento, y los compas le contaban historias sobre la cárcel. La prepararon para los retos que encontraría ahí.

«No quería vivir más allá de los veinticinco o treinta años. Y me enamoré del negocio. Del juego. El dinero. Me enamoré de las cosas que tenía que hacer para sobrevivir. Llamémoslas mi "kit de supervivencia". Con ese kit venían consecuencias por involucrarme en actividades ilegales. Sybil Brand fue la primera cárcel a la que fui».

Antes de cerrar en 1997, el Instituto Sybil Brand era el principal centro de reclusión femenil del condado de Los Ángeles. Supe de él por primera vez cuando leí *Helter Skelter*, el libro de crímenes reales escrito por Vincent Bugliosi, fiscal en el juicio de 1970 de Charles Manson, líder de una secta sexual. En 1969 Susan Atkins, seguidora de Manson, le contó a su compañera de celda en Sybil Brand, Virginia Castro, que había participado en el asesinato ritual de la actriz Sharon Tate. Castro rajó y su revelación condujo a la detención de Manson y otros miembros de la secta. Como muchas mujeres que mueren en prisión, Atkins abandonó los estudios en secundaria. También había sufrido de niña abuso sexual. Desarrolló cáncer cerebral y, en el momento de su muerte, Atkins llevaba más tiempo recluida que ninguna otra mujer en California. Su vida terminó en el Centro para Mujeres de California Central en Chowchilla, la primera prisión a la que enviaron a Desiree.

Desiree mintió cuando la llevaron a Sybil Brand. Le dijo a la policía que tenía dieciocho años cuando en realidad tenía diecisiete. No se molestaron en revisar su identificación; así fue como llegó al recinto para adultos. Cuando cumplió dieciocho, se peleó con la policía y la volvieron a enviar a Sybil Brand. Para su vigésimo cumpleaños fue a Twin Towers, otra cárcel de Los Ángeles. Luego siguió la cárcel de Lynwood y al final Chowchilla, donde se encuentran las condenadas a muerte en California.

Cuando Desiree fue condenada a su primera pena en el CMCC, la mayor prisión femenil del país, le cayeron dieciséis meses.

—¿Cómo se supone que pueda con eso? —le preguntó Desiree a su abogado de oficio.

Respondió:

—Haz lo que puedas y deja que el estado se encargue del resto.

Desiree se puso una máscara muy dura. No iba a dejar que nadie le hiciera daño y no iba a la cárcel a hacer amigos.

Viajó de Los Ángeles a Chowchilla en un abarrotado autobús para ganado. Las mujeres llevaban feos muumuus florales y grilletes durante su recorrido de cuatro horas. Tomaron la autopista 5, que atravesaba el Valle de San Joaquín, ofreciendo nubladas vistas de huertos de almendros, viñedos y campos de ajo. El autobús tenía un solo baño, y las mujeres rogaban a Dios que nadie cagara.

Una vez en la cárcel, fueron conducidas a la recepción, donde se desnudaron. Las funcionarias les ordenaron que se pusieran en cuclillas y tosieran. Les revisaron cavidades. A continuación, recibieron vasos de plástico y candados para sus casilleros. Cuando les entregaron sus colchonetas, esperaron que les asignaran buenas compañeras de habitación. Si no, habría peleas.

Esperaron.

Siempre había algo que esperar.

Esperar ropa. Esperar libros. Esperar el correo. Esperar dinero.

Las mujeres permanecían en jaulas durante veintidós horas al día.

Esperando.

Esperando.

Poder ducharse, sentir agua tibia sobre la piel, puede ser el momento más importante de la semana para una mujer.

Desiree habló con un consejero. Los consejeros decidían el siguiente destino adonde serían enviadas las mujeres.

La comida de la prisión estatal era mejor que la de la cárcel del condado, pero las porciones eran más pequeñas. Mucho más pequeñas. Como comida para niños. Las mujeres aprendieron a agradecerlo. La comida del condado era un castigo. Bazofia. No se podía saber lo que era.

Desiree se centró en la comida y la lavandería.

La vida se convirtió en comida y lavandería.

Comida.

Lavandería.

Comida.

Lavandería.

Comida.

Lavandería.

Se volvió experta en quedarse en blanco. Tenía que hacerlo. La prisión era como la cárcel era como el reformatorio era como los cuidadores. ¿Recuerdan la clase de patio de recreo que era Eastlake? La prisión era el mismo tipo de lugar. El personal quería «favores». Digamos que, si querías tabaco, tenías que darles a los guardias lo que querían. Y no podías esconderte. En prisión no existen la intimidad ni las partes íntimas.

Desiree recuerda a una mujer mayor, cuyas partes íntimas se hicieron públicas.

Había una mujer, probablemente de unos ochenta años, a la que le estaban haciendo revisión de cavidades. Después del primer intento, le dijeron: «¡Tose otra vez! ¿Qué más tienes ahí?».

Encontraron un labial. Luego de que se expusiera por segunda vez, encontraron delineador de ojos. Hay muchas cosas que nos podemos meter ahí dentro, así que algunas vienen preparadas de la cárcel del condado. Todavía había más dentro de esta señora, así que le preguntaron: «¿Qué más tienes ahí?».

Ella dice: «Bueno, rímel...».

Finalmente dijeron: «Bueno, cualquier otra cosa que tengas, quédatela. ¡Ahora LÁRGATE!».

Las cárceles las manejan hipócritas. Angela Davis lo señaló al escribir que «la amenaza de violencia que emana de las jerarquías carcelarias es tan ubicua e impredecible que algunas mujeres han advertido las sorprendentes similitudes estructurales entre las experiencias de prisión y de maltrato [en las relaciones]». Desiree me hizo la misma observación, diciéndome que la cárcel no la salvó de la violencia. Al contrario, se convirtió en su nuevo agresor.

Cuando llegué a Chowchilla, me encontré con personas que habían estado viviendo lo mismo que yo. Es como una reunión con toda la gente con la que has andado. Y hay gente que nunca volverá a casa.

«¡Volveré!», decíamos. Después de un tiempo me sentí como en casa. No quería volver, pero aceptaba tener que hacerlo. Hubo un tiempo en mi vida en que pensaba: *Nunca voy a tener éxito. No tengo licencia de manejo. Ni siquiera tengo una cuenta bancaria.* Lloraba porque pensaba que nunca tendría una vida normal. Sentía que mi vida no tenía arreglo.

Estuve en la Institución para Mujeres de California en Chino, la Prisión para Mujeres de State Valley en Chowchilla y en el Centro de Rehabilitación de California en Norco. Básicamente he estado por toda California. Lo más que estuve fueron mis cuatro años en PMSV. Te ponen donde haya lugar. Puede que tu compañera sea una asesina de bebés, hasta donde sabes. Y puede que también dirija el programa para padres de la prisión.

Trabajé en la cocina. Ganaba unos ocho o nueve centavos por hora. No recibí capacitación. Simplemente nos metieron allí. También trabajé en la enfermería. Puedes trabajar en el patio. También puedes ir a la escuela. Depende. Una prisión es una pequeña ciudad. El restaurante es la cafetería. Tienes una lavandería. Tienes un economato, que es el mercado. Tienes tu patio, donde vas a correr todos los días. Tienes un gimnasio. Tienes una biblioteca.

Te centras en cumplir tu tiempo. Si te centras en el mundo exterior, te destroza. No puedes sentarte y llorar por tu familia. No puedes sentarte y llorar por tus hijos. Eso será lo peor. Es triste decirlo, pero tienes que levantar un muro. Si mi condena fuera larga o perpetua, tal vez vería las cosas de otra manera, pero estaba de paso. Las festividades eran muy malas para algunas. Siempre había llamadas a la línea de suicidio en esa época.

Vi morir a gente ahí dentro. Vi a gente recibir palizas. Vi a mujeres con otras mujeres. Debes tener presente que éramos un montón de mujeres enojadas a las que habían metido juntas. Lo pasé lo mejor que pude. Tuve buenos cumpleaños allí. Forjas lazos con la gente. Todas estamos pasando por lo mismo, pero no hablamos al respecto.

A diferencia del centro para menores, harán lo que sea para prolongar tu estancia. El estado afirma que te envía allí para rehabilitarte, pero creo que nos mandan

por el todopoderoso dólar. Todo es cuestión de dinero.
Es caro mantener a la gente enjaulada. Y sobrevivir allí
también cuesta dinero. Si no tienes dinero en la cárcel,
estás jodido.

La Prisión para Mujeres de State Valley fue la última donde Desiree cumplió condena. Se construyó en 1995, y tres años
después de su inauguración, una delegación de Amnistía Internacional halló que había un hacinamiento grave. Las mujeres
denunciaron que era habitual que agentes varones las vieran
desnudarse. También denunciaron que, durante los cacheos, los
guardias les tocaban los pechos y los genitales. El personal de
PMSV estaba compuesto en su inmensa mayoría por hombres, y
las mujeres que necesitaban atención médica solo podían acudir
con médicos varones, denunciados por realizar exámenes pélvi-
cos innecesarios. El personal les dio acceso a un buzón de quejas,
pero nadie lo utilizaba. ¿Para qué molestarse en denunciar a un
agresor consigo mismo?

«Las penas de prisión eran una puerta giratoria. No era nada
volver de visita. Pero ese último viaje a PMSV fue diferente. Me
afectó mucho. Un par de amigas en perpetua me pidieron que no
volviera. Me hicieron una sencilla petición: "Cuando salgas, có-
mete una hamburguesa o un filete por mí"», dice Desiree. Cuando Desiree salió, se comió ese filete, pero PMSV no habría de ser
su última jaula.

California no se merece su reputación de estado progresista. Si
fuera tan condenamente progresista, no dependería de las cárceles locales y prisiones para solucionar sus problemas. En *Golden
Gulag: Prisons, Surplus, Crisis, and Opposition in Globalizing
California* (El gulag dorado: Prisiones, excedentes, crisis y oposición en la California de la globalización), la geógrafa Ruth

Wilson Gilmore se pregunta por qué California se embarcó en el mayor proyecto de construcción de prisiones de la historia mundial. En su opinión, «las prisiones son soluciones geográficas parciales a crisis económico-políticas».

Mi prima entiende la prisión como Gilmore.

«Digamos que tienes un rayón en el coche», plantea Desiree. «Si pintas encima, sabes que el rayón sigue ahí. Cuando el sol dé en esa zona, verás el rayón y tendrás la tentación de volver a pintar encima. En lugar de arreglar el conjunto, estás tomando un atajo para ocultar el problema. Así funcionan las cárceles. Sirven para ocultar problemas».

Cuando Desiree fue detenida por su último cargo, enfrentaba que la volvieran a esconder, esta vez por quince años. Mientras esperaba en la cárcel, oyó hablar del Programa de Reinserción de la Corte para Mujeres Segunda Oportunidad, una alternativa a la prisión basada en el tratamiento para mujeres no violentas con problemas de adicción. El juez Michael Tynan, antiguo abogado de oficio, dirigía el programa. De niñas, Desiree y yo lo habíamos visto en televisión. Presidió el imperdible juicio del asesino en serie Richard Ramirez, el Acosador Nocturno. Aunque la silla que ocupó Ramirez seguía en la sala de Tynan, el trabajo que ahora se realizaba allí era muy diferente. En 2010 Tynan habló con *Los Angeles Times* sobre las mujeres que habían pasado por su sala: «Muchas de ellas han sido muy, muy agobiadas y golpeadas, principalmente por los hombres en sus vidas».

Al principio, el interés de Desiree por el programa era una artimaña de adicta. Se imaginó que podía salir de la cárcel y volver a consumir. Se inscribió en el programa y al salir, empezó a escabullirse y a hacer sus cosas sucias. Un consejero del programa la confrontó y volvió a la cárcel.

Cuando Desiree compareció ante Tynan, este le preguntó:

—¿Por qué no aprovechas este programa? Podríamos suspender tu sentencia.

Desiree miró la silla de Ramirez. Empezó a calcular la duración de su condena, pero Tynan interrumpió sus pensamientos.

—Quiero saber por qué haces lo que haces. Veo en ti algo que no puedes ver en ti misma.

Tynan le pidió a Desiree que le escribiera una carta contándole la historia de su vida. Así lo hizo.

Tras leerla, Tynan le dio una segunda oportunidad.

«Por aquel entonces, estaba harta de cumplir condena. Me estaba haciendo vieja. Decidí hacer como el juez: me di una oportunidad. Empecé a enfrentarme a lo que me pasó de niña. Empecé a pelar las capas de la cebolla y llegué al centro. Hice mucha terapia y me lo tomé muy en serio», dice Desiree.

Rodeada por su consejero, mentor, agente de libertad condicional, abogado y compañeras de Segunda Oportunidad, Desiree se graduó del programa en una sala del cuarto piso del edificio de tribunales penales en el centro de Los Ángeles. En una foto tomada ese día, mi prima resplandece de alegría. Lleva un vestido negro y, con una amplia sonrisa, muestra su certificado de graduación. Tynan, un hombre bajito con anteojos, camisa formal, corbata, toga negra y botas Ugg, está de pie junto a ella. Le dice: «Estoy orgulloso de ti. Creí en ti cuando no creías en ti misma. Eres una de mis estrellas». En su sala, Desiree recibió lo que tanto le faltó: elogios y abrazos. El programa le enseñó a llorar sin miedo ni vergüenza, a soltar su verdad y su dolor. Los delitos de los que fue acusada en un principio fueron desestimados y retirados.

«Cuando salí aquel día, me dije: "No tienes que volver a la cárcel nunca más, siempre que afrontes la vida un día a la vez"».

Sin embargo, a Desiree le entró pánico cuando se enfrentó a un reto desconocido.

«Me dijeron que tenía que buscar trabajo. Yo pensaba: "¿Quién va a contratar a una puta exconvicta con mi historial?"». Su preocupación era legítima. Aunque los empleadores suelen negarse a aceptar a solicitantes con antecedentes penales, se ha comprobado que estos trabajadores son más productivos y tienen menos rotación. También ascienden más rápido.

Afortunadamente, presentaron a Desiree con un empleador que, como Tynan, le dio una oportunidad. Desiree lleva casi ocho años trabajando para esta persona. «Me dieron lo que necesitaba. Necesitaba gente que me diera oportunidades», dice.

Al principio le costaba mucho ir al trabajo y asistir a reuniones. Caminaba. Tomaba el autobús. Tomaba Uber. Lo que fuera necesario. Estuvo en una casa de rehabilitación. Tenía dificultades. Ahorraba dinero. Pagaba restitución. Muchos piensan que la cárcel es tu pago, pero además de cumplir condena, la gente como Desiree tiene que devolverles a otras personas. Tienen que reintegrar el dinero que robaron. ¿Y los abogados gratuitos? También tienen que pagar por ellos.

Cuando le pregunto a mi prima qué podría haber evitado todo esto, me responde que, si de niña alguien la hubiera escuchado y tomado en serio, no habría tenido que cargar con el peso de tanta vergüenza y culpa. «No habría necesitado tantas máscaras. No habría tenido que fingir ser alguien que no quería ser. Descargué mi rabia, dolor y frustración en la sociedad y en otras personas. Asumo la responsabilidad por mis actos. Y también creo que, si me hubieran escuchado y respetado, las cosas hubieran sido muy diferentes».

Desiree y yo seguimos siendo tan leales una a la otra como el Papa al pecado.

Seguimos contándonos las cosas, a veces en voz alta.

Cuando la gente intenta callarnos, nuestras locas interiores saltan.

Estábamos sentadas en la mesa de un restaurante sobre un patio enlosetado de la calle Olvera, una atracción turística de Los Ángeles que imita un mercado mexicano. Este falso México no está lejos de donde Desiree se graduó de Segunda Oportunidad.

También está frente a Union Station, donde la abuela pisó California por primera vez. Mientras Desiree me hablaba de cosas de familia, yo comía unas enchiladas. Mi prima miró molesta por encima de mi hombro izquierdo. Fulminó a alguien.

—¿Qué onda? —pregunté.

En voz baja, me dijo:

—La señora blanca sentada detrás de ti tiene un problema de mirada fija.

Me di vuelta. Una mujer pálida con sandalias de velcro me miró con desprecio. Miré a mi prima y alcé las cejas, ladeando la cabeza. Desiree dijo:

—Si vuelve a hacerlo, aprenderá a no hacerlo.

Por el calzado con velcro de la mujer supe que iba a hacerlo de nuevo, y cuando lo hizo, Desiree gritó:

—¡Oye! ¡Karen! ¿Tienes algún puto problema?

Me volví para mirar a la señora.

Había pasado de blanca a más blanca. Sacudió la cabeza.

—¡Bien! —gritó mi prima—. ¡Porque no somos turistas!

Nos carcajeamos.

De cuando en cuando yo miraba por encima del hombro para vigilar a la señora del velcro.

Estaba encorvada sobre su plato. Solo lo miraba, y a la pared.

Bueno.

Hace poco visitamos a nuestro tío Henry, veterano de Vietnam, en la residencia para mayores donde vive. Dormía profundamente, y la televisión estaba encendida pero silenciada. Durante horas Desiree y yo nos sentamos al pie de su cama, intercambiando nuestras propias historias de guerra, relatos de violencia doméstica y prisión. Hablamos de palizas. Puñaladas. Fugas. Pequeñas torturas. Pequeñas formas de venganza, como escupir en la taza de café de tu agresor. De repente, la cortina que separaba el lado de Henry en la habitación del de su compañero se descorrió. Sobresaltadas, Desiree y yo nos volvimos para mirar al hombre que se asomó.

Con la cara radiante, el compañero de cuarto de Henry dijo:

—Llevo toda la tarde escuchándolas y debo decir que son mejores que la tele. —Tras reírse con sinceridad, nos dio las gracias y volvió a correr la cortina.

Desiree y yo nos partimos de risa. Henry abrió un ojo de iguana y nos miró. Luego lo cerró y volvió a dormirse.

MITOTE

No pudo saber más, porque ha venido
un mitote solemne celebrado,
y cien mil invenciones diferentes,
con diversos regalos y presentes.
Donde la trompa, el cuerno y atambores,
el caracol, sonaja, y la bocina,
la flauta, los cantares, y dulzores
suenan con invención muy peregrina.
—Antonio de Saavedra Guzmán

Antes de destruir mis ídolos, pongo flores a sus pies.

Siempre les doy flores.

Prefiero rosas silvestres y cempasúchil, pero otras flores
sirven también. Mis dedos tatuados escriben violetas, camelias,
dalias rojas, florecitas de calabaza, pétalos de hikuri, kieri, alca-
traz y nube. Erato, musa de la poesía, riega este jardín. A la par
cosechamos, reuniendo una ofrenda que colocaremos junto a los
gastados huaraches de mi abuelo Ricardo Serrano Ríos.

La última vez que vi a Abuelito con vida, su machismo ardía.

Era diciembre, y tres generaciones habían acudido a la casa
donde moriría nuestro patriarca, una caja de concreto mohosa en
el vecindario de Mezquitán Country de Guadalajara. De niña, mi
madre se apostaba descalza en el pequeño patio delantero para

ver a los caballos negros que jalaban las carrozas fúnebres hacia el panteón de Mezquitán, uno de los más antiguos de la ciudad. Las paredes del cementerio están decoradas con murales que representan el más allá, y hoy mis abuelos cuchichean en una de sus tumbas a la sombra de una palma. Mi tío Álvaro descansa con ellos. Como mi tío cuidó de su madre y de su padre hasta el último aliento, la palabra «solterón» es la que mejor describe en lo que se convirtió. Suelen ser las hijas, no los hijos, quienes renuncian al matrimonio y cuidan de los padres que se marchitan y encogen, regresando al polvo.

Para honrar el amor que Álvaro dio, con mis palabras materializo una taza. A continuación, la lleno de tejuino: la bebida de los dioses. Antes de ordenar que entreguen esta bebida al espíritu sediento de mi tío, permítanme añadir algo de hielo picado, un twist de limón y tres caballitos del mejor tequila.

Ahora pasen la taza a mi tío solterón...

Gracias.

Pero volvamos a diciembre. Celebrábamos el Año Nuevo haciendo mitote en la sala comedor de mis abuelos, un espacio desnudo y blanquecino amueblado con un gabinete de pino y dos estantes. Encima del sofá cubierto de plástico colgaba un retrato pintado por Abuelita. El tema: una perra rubia y melancólica, muerta hacía tiempo.

Yo estaba cerca de la mesa, esperando para tomar una torta de la charola que llevó mi tía. Contemplando el retrato canino, admiré cómo mi abuela había captado la tristeza de la sedosa perra. Abuelita adoraba a los perros callejeros, los pájaros y los seres humanos, y antes de enfermar, sus amigos emplumados gorjeaban en la sala comedor, llenando su jaula, y la nuestra, con su canto.

Llegó mi turno.

Me abalancé sobre las tortas, arrebaté una y luego la metí en el tazón de salsa roja más cercano, ahogándola. Con el plato parecido a un baño de sangre, llevé mi cena sobre el suelo de piedra en dirección a la preciada posesión de Abuelita.

Encorvada sobre el taburete, comí.

Frente a mí, Abuelito le contaba sus penas a su nuevo mejor amigo. Detrás de mí, el piano de Abuelita, un regalo de bodas. (Una vez oí por casualidad una discusión sobre el intento de robo de ese instrumento. Mi tía abuela se enteró de que Abuelito planeaba venderlo, y para protegerlo, intentó secuestrarlo. No llegó muy lejos, y ahora estaba aquí, convertido en un imán de polvo).

Abuelita no podía armar mitote con nosotros. El alzhéimer le había robado la memoria. Ya no tenía dientes y solo podía mover la cara y las manos. Su cama era su mundo. El vocabulario que le quedaba se reducía a dos palabras. Dependiendo de la cadencia que utilizara, las dos adquirían significados diferentes.

Quiero agüita.

Quiero agüita.

Quiero agüita.

Un retrato manchado de agua de la Virgen de Guadalupe velaba por ella.

La ausencia de mi abuela flotaba pesadamente en el ambiente de la sala comedor. Abuelito no parecía darse cuenta. Estaba ocupado siendo el centro de atención. Habíamos arrastrado los asientos para formar un óvalo, y él nos presidía desde un sillón con margaritas talladas en la madera. A pesar de las flores, el asiento resultaba imponente. Era un trono digno de un cacique, y después de cruzar delicadamente las piernas, Abuelito levantó la torta hasta su bigote gris. Mordisqueó.

La salsa goteó sobre el plato que tenía en el regazo.

Abuelito odiaba el frío, y aquella noche era helada, con una temperatura por debajo de los veinte grados Celsius. Para evitar una neumonía, Abuelito se envolvió la cabeza con una bufanda de lana que se anudó en la barbilla. Para asegurar que no se le escapara el calor por su vieja fontanela, un gorro gris le sujetaba la bufanda.

Su atuendo evocaba el *Cuento de Navidad* de Dickens.

En una adaptación cinematográfica que vi, el cadáver fantasmal de Jacob Marley llevaba una venda enrollada alrededor de la cabeza y anudada en la barbilla. La visión me perturbó, y me volví hacia mi padre para preguntarle por la envoltura del empleado inglés.

—Es para que la boca del muerto no se abra —explicó.

—La boca se les puede... ¡¿ABRIR?!

Mi padre asintió, bajando la mandíbula lenta y cadavéricamente.

Para mantener caliente el resto de su cuerpo, Abuelito se había envuelto como tamal. Llevaba una camisa blanca abotonada debajo de un suéter cubierto por un sarape decorado con un águila. Unos pantalones de poliéster cubrían sus piernas de pollo, y bajo sus huaraches, unos calcetines blancos gruesos bien subidos.

En lugar de pedir a sus parientes que se sentaran a su lado, mi abuelo invitó a un desconocido a ocupar el lugar de honor.

—Yo soy el Vaquero —anunció el elegido.

El anciano sonrió, mostrando amplios espacios entre sus dientes amarillentos.

A diferencia de Abuelito, el Vaquero parecía demasiado arreglado. Mirando su traje de charro de color crudo, murmuré: «¿Adónde se fueron los demás mariachis?».

Una corbata de seda con borlas le colgaba del cuello.

Unas botas de reptil acunaban sus pies.

¿Cuántas serpientes de cascabel tuvieron que morir para que el Vaquero pudiera pavonearse con su piel?

Bastantes.

El Vaquero era invitado de mi prima Verónica. Salía con el hijo del Vaquero, un policía con menos dientes que su padre, y Abuelito estaba fascinado con ambos. Cuando nuestro patriarca se volvía para hablar con el resto de nosotros, actuaba como un niño que hiciera un encargo. No veía la hora de volver a lo realmente importante, su güiri-güiri con un par de vaqueros.

Aunque yo ansiaba la amabilidad y el respeto de mi abuelo, no esperaba nada de él. Sabía lo que Abuelito pensaba de las chicas por lo que me había dicho cuando era una preadolescente. Era por la tarde y estaba sentada a la mesa de la sala comedor, que en aquel momento estaba cubierta de tortas, tacos, tostadas, salsas bien picantes y Coca-Cola.

Un periquito enjaulado trinó. Pasé la página de una novela juvenil.

Y la siguiente...

Y la siguiente...

Y la siguiente...

El sonido de los zapatos de vestir de Abuelito.

Levanté la vista, esperando que me preguntara qué libro tenía en las manos.

En cambio, me preguntó:

—¿Cuándo te vas a casar?

Tenía doce años.

—¡Nunca! —solté. Abuelito pareció horrorizado.

—¿Por qué nunca te vas a casar?

—¡Porque soy feminista!

Abuelito se inclinó hacia mí. Su mano huesuda me acarició la cabeza.

—No pienses tanto —gimoteó en mi cara.

Quise arrancarle el bigote del labio de un manotazo, pero antes de que pudiera, se alejó arrastrando los pies y desapareció por el pasillo.

La puerta principal se abrió.

La puerta principal se cerró.

Probablemente iba a visitar a una señora de la que oí hablar mucho, pero a la que nunca vi.

La otra mujer.

Le di un mordisco a la torta y observé cómo mi abuelo y su nuevo amigo nos ignoraban. ¿Qué hacían todos los que pertenecían a la otra familia de Abuelito? ¿Con quién celebraban el Año Nuevo? Con su padre no. Estaba aquí, prácticamente tocándose los pies con el Vaquero, y para joder a su camarilla, solté:

—¡Oigan, OIGAN! ¡Juguemos a algo!

Álvaro se animó.

—¿A qué?

—¡Dos verdades y una mentira! —Al oído de mamá, le susurré—: Tu papá va a ser bueno en esto.

Se tragó la risa.

Álvaro preguntó:

—¿Cuáles son las reglas?

—Están en el nombre del juego. Vamos en el sentido de las manecillas. Cuando es tu turno, dices tres cosas en total. Dos de ellas deben ser verdades sobre ti, pero una tiene que ser mentira. Las personas a cada lado tienen un turno para señalar qué de lo que dijiste creen que es mentira. Si alguno lo descubre, gana un punto. Si ninguno lo logra, el mentiroso se lleva el punto.

Álvaro miró a su padre.

Abuelito se encogió de hombros.

Todos aceptaron jugar.

Los mayores nunca acabaron de entenderlo.

Primero olvidaron cuántas mentiras contar.

Luego olvidaron cuánta verdad compartir.

La mayoría de las veces hacían tercias, diciendo tres verdades o tres mentiras. A veces decían dos mentiras y una verdad. Álvaro, por ejemplo, dijo que había salido con las dos bonitas del programa *Friends*, la Yennifer Aniston y la Kurtni Cox. Luego añadió que había desayunado un bolillo.

Las cuentas eran un caos. Era imposible recordar los puntos.

Resultó que a Abuelito no se le daba tan bien el juego, y como protesta pasivo-agresiva, nos sacó de él encendiendo un debate político. Él y el Vaquero se escabulleron de nuestro intento de diversión familiar, discutiendo en cambio sobre el origen de la corrupción mexicana durante casi una hora. En algún momento, mamá dejó perplejos a los hombres al citar un fragmento de *La república* de Platón. Alguien más gritó que la Coca-Cola es el dulce pero nefasto petróleo de Norteamérica, y para sorpresa del Vaquero, Abuelito salió disparado de su trono y exigió:

—¡¿Alguien tiene una grabadora?! ¡Creo que hemos encontrado algunas soluciones a los problemas políticos más graves de México! ¡Deberíamos grabar esta conversación y enviarla a... Los Pinos!

—¡Sí! ¡Excelente idea! —coincidió el Vaquero.

Miré a una prima. Se reía con los ojos.

Nuestro abuelo quería enviarle una grabación de audio de nuestro mitote al presidente.

Clásico.

Tras echar un vistazo a su teléfono, el policía se levantó. Anunció que él y su padre tenían que ir a otra fiesta, y comenzó el lento proceso de las despedidas. Hubo abrazos. Besos. Apretones de manos. Bromas. Palmadas en la espalda. Bromas. Risas. Bromas. Más besos y un intento muy peligroso de tragarse una torta en tres bocados.

Cuando el Vaquero y Abuelito se dirigieron al vestíbulo, mis primos y yo los seguimos.

—Mencionaste que eres escritor —dijo el Vaquero—. ¿Qué has escrito?

Abuelito estaba recitando títulos de poemas inéditos cuando una prima lo interrumpió para decir:

—¡Myriam también escribe!

—Sí —convino Abuelito—, pero las mujeres no pueden ser

buenas escritoras. Las mujeres tienen demasiada fibra moral para escribir bien. Les falta la inclinación pecaminosa necesaria para el genio. Las mujeres no practican suficientemente el vicio. Para escribir bien, hay que comprometerse a toda una vida de fechorías. —Abuelito hizo una pausa. Luego golpeó el aire con el índice y anunció—: ¡Gabriela Mistral! Es la única buena poeta que ha producido América Latina. Y no sé cómo lo hizo.

Quería enojarme con mi abuelo.

Pero no podía.

Parecía tonto preguntándose cómo era posible que una mujer escribiera poesía decente. El talento de Mistral trastornaba su mente machista, haciéndola capirotada, y me dieron ganas de reír. Abuelito se había entregado a muchos vicios, pero nadie podía saberlo por leer su poesía. Sencillamente no era tan buena.

Mi abuelo pasó la mayor parte de su vida trabajando como reportero y publicista. Se sentía muy orgulloso de esta última profesión. Con los beneficios que le dejó compró su casa cuadrada, y aunque Abuelito desarrolló campañas de relaciones públicas para varias figuras y empresas tapatías, lo que más le gustaba era promocionarse a sí mismo. Abuelito se ponía como una leyenda, ensalzando sus dones y su magnetismo, e insistiendo en que una vez tuvo que protegerse de los coqueteos de María Félix, la *sex symbol* más célebre del cine mexicano del siglo xx. Según su versión de los hechos, visitó la casa de la actriz para entregarle unos documentos. Vestida con un caftán apenas perceptible, la ebria seductora lo invitó a pasar a su salón.

Fue como si hubiera estado esperando a... Ricardo.

El pobre hombre tuvo que defenderse de sus insinuaciones de devoradora.

Semejante cuento habría sido ideal para nuestro juego de Año Nuevo.

Mi abuelo había predicho que sobreviviría al título de una

novela escrita por uno de sus conocidos colombianos, *Cien años de soledad*. Pero un infarto cerebral acabó con su vida tres años antes de lograr este sueño. A los noventa y siete, Ricardo Serrano Ríos exhaló su último aliento en la cama que compartía con su hijo solterón.

Pienso en la mañana de abril en que su espíritu abandonó su cuerpo como el día en que mi abuelo se despertó muerto.

No fui a su funeral. No pude. Tenía que trabajar. Tenía una hipoteca que pagar. Una esposa que mantener.

Vi el velorio en video, mi familia musitando un rosario al unísono.

Mi tío Ricardo apuntó la cámara a su padre y tomó una fotografía *post mortem* de su tocayo; una fotografía que, de nuevo, me recuerda *Cuento de Navidad*.

Con los brazos cruzados, el cadáver de Abuelito descansa sobre una cobija color durazno.

Una venda de gasa le rodea la cabeza para mantener cerrada su boca.

Los medios hermanos de mamá, los hijos de «la otra mujer», también asistieron al funeral. Vástagos que llevaban décadas negando su mutua existencia estaban ahora reunidos en torno al cascarón del hombre que los había engendrado y lastimado. Me quedé mirando esas extrañas fotos de familia, un montón de dolientes con sonrisas forzadas alrededor de un ataúd, y no debería haberme impactado que esos rostros desconocidos resultaran tan familiares. Vi a Abuelito en sus ojos y barbillas. Sobre todo, se asomaba en sus narices.

Algunos villaguerrerenses llegaron de improviso al funeral. Elogiaron a Abuelito, afirmando que era un gran hombre, el orgullo de Villa Guerrero. Se enorgullecían tanto de él que querían darle a una calle el nombre de vía Ricardo Serrano Ríos. Por supuesto, tendríamos que pagar para registrar la calle, y pagar por las señales, y pagar por su instalación, y pagar por el mantenimiento de la calle, pero ¡qué manera de honrar a nuestro patriarca!

Rechazamos la oferta.

«En las tierras que ahora ocupa el municipio de Villa Guerrero... se extendían las casas, casuchas y chozas de gente humilde... el pueblo más cercano era Totatiche, y cada quince días, más o menos, los piadosos anhelaban arrodillarse a los pies del Señor».

La vida de Ricardo Serrano Ríos no comenzó en Villa Guerrero. Antes de que Villa Guerrero fuera Villa Guerrero, era El Salitre de Guadalupe, una referencia a los depósitos de salitre de la región. El Salitre estaba a días de Guadalajara, y mis bisabuelos vivían al oeste de este asentamiento mestizo, donde era improbable que los misioneros, los antropólogos y otras plagas los molestaran; la suya era una casa excavada de estilo tepecano al borde de una barranca. El padre de Abuelito, Gumersindo, reforzó las paredes con ramas de árbol, piedras y barro. Recogió hierba, la secó y trepó al tejado expuesto, cubriendo con heno su forma de A. La casa tenía dos habitaciones, una para dormir y otra para todo lo demás, y a la madre de Abuelito, Magdalena, le tocaba cuidar ese mundo hecho a mano.

Afuera, la burra rebuznaba.

Magdalena le tiraba una tortilla dura.

La burra bajaba la cabeza y abría la boca, sus dientes grandes mordisqueaban las sobras.

Un cigarrillo colgaba del labio de Magdalena. Sus fosas nasales exhalaban una niebla reconfortante.

Todos los días se ocupaba del fuego, de sus hijos, de su ropa, del maíz, de su marido y de su animal. Su infancia había terminado a los trece años, con el matrimonio. Gumersindo pasaba la mayor parte del tiempo en la milpa. Poco después del amanecer, tomaba su machete o su coa, se dirigía a las «tres hermanas» —maíz, frijol y calabaza— y les rogaba que sus cultivos crecieran en las laderas rocosas y poco hospitalarias. Cuando llegaba a casa, se acurrucaba en su banco y comía. Sorbía. Chasqueaba.

Los niños pequeños gateaban bajo sus pies.

Mientras intentaban mantenerse erguidos, los pequeños olisqueaban la tierra, inhalando su historia. Para evitar que sus hijos levantaran polvo, Magdalena regaba el suelo, alisándolo con una escoba hecha de hierba seca. Hay que cuidar diligentemente los suelos de tierra, y el de Magdalena estaba impecable. El suyo les indicaba a los alacranes que no eran bienvenidos.

La vida al borde de la barranca olía a mezquite, niebla, pitaya, ruda, rosa de Castilla, hierba de san Antonio, venado, verbena, conejo asado, sangre y tabaco silvestre. También olía a salitre, un ingrediente de la pólvora.

Nadie me ha compartido un recuerdo donde Magdalena no estuviera fumando.

Como mi bisabuela era una chimenea, mi imaginación huele su tabaco antes de verlo.

Cuando mi fantasía se va afinando, el ojo de mi mente rastrea el contorno de un cigarrillo que cuelga de su labio.

Sigo su brillo naranja. Su cereza.

Magdalena camina, como en trance, en la oscura mañana.

Al llegar a un árbol centenario, se detiene.

Bajo las ramas, se levanta la falda.

Se pone en cuclillas.

La primera luz del alba penetra, iluminando largas bellotas. Hojas puntiagudas.

Este roble será su comadrona.

Ella puja y puja y puja y puja y puja, el charco debajo de ella crece y crece y crece y crece y crece.

Con Gumersindo, espera a ver si este sobrevive.

El bebé dura hasta el día siguiente. Bebe de Magdalena y bebe de Magdalena y bebe de Magdalena. Cumple una semana. Mama mama mama. Gumersindo se acaricia la mandíbula con alivio. Tiene un niño que es fuerte, que no tendrá que reunir con los otros bebés enterrados cerca.

Doce días después del nacimiento de mi abuelo, mi bisabuelo desciende de su barranco.

Dos ancianos, Cruz y Julián, lo acompañan.

Caminan hasta llegar a una entrada.

Gumersindo llama a la puerta. Los tres campesinos esperan. Adolfo Llanos Valdés, encargado del Registro Civil de El Salitre, es quien confirma la existencia de cada recién nacido. Además de censor, Adolfo es el cacique de la región. El soborno, el fraude, la extorsión y el asesinato son algunas de las estrategias de estos funcionarios para despojar, aterrorizar y controlar, y aunque estos hombres fuertes de la vida real son temibles, se sabe que los narradores a veces recurren al caciquismo para hacer avanzar tramas que sin ello resultarían flojas.

El cacique literario más conocido es, quizá, *Pedro Páramo*, de Juan Rulfo.

Titulada con el nombre del villano, la novela gótica se desarrolla en un no lugar, un imaginario pueblo fantasma mexicano. Juan Preciado, uno de los incontables hijos de Pedro, introduce al lector a este pueblo aparentemente abandonado: «Vine a Comala porque me dijeron que acá vivía mi padre, un tal Pedro Páramo. Mi madre me lo dijo». La madre de Juan, apropiadamente llamada Dolores, ansía venganza. Pedro los trató espantosamente a ella y a su hijo, y Juan promete encontrar a su padre y hacerlo pagar. Mientras el pródigo narrador lucha por cumplir su promesa, los muertos se convierten en sus guías.

Le enseñan a Juan que es imposible sacar un kilo de carne de un esqueleto.

Sombrero de paja en mano, Gumersindo se remueve ante el cacique.

Imagino a mi bisabuelo observando en silencio a Adolfo mientras escribe sobre él en el registro. Adolfo anota que es 1915, 12 de abril. Se ha presentado un campesino que vive con su esposa en un rancho más cerca de Azqueltán que de Coculitén. Once días antes, la mujer de este campesino dio a luz a un niño. La criatura llegó por la mañana. Marido y mujer han llamado Ricardo al infante, y tiene una abuela viva, Dámasa. El cacique taxonomiza, clasificando a Gumersindo y Magdalena como «progenitores de raza indígena». Con esa frase, inscribe al infante Serrano en una casta jodible.

El clan Valdés y Llanos, una familia de hacendados, lleva generaciones jodiendo a tepecanos, wixáritari, mexicaneros y campesinos.

La codicia de estos clanes ha provocado un levantamiento.

Los fantasmas de esta rebelión siguen rondando a Comala.

Abre *Pedro Páramo* para encontrarlos descendiendo sobre la casa de su cacique espectral.

«Nos hemos rebelado contra el gobierno y contra ustedes», le dice a Pedro un hombre armado con una carabina llamado Perseverancio. «Ya estamos aburridos de soportarlos. Al gobierno por rastrero y a ustedes porque no son más que unos móndrigos bandidos y mantecosos ladrones».

Siempre un estratega, Pedro pregunta: «¿Cuánto necesitan para hacer su revolución?».

«Tierra y Libertad» fue el lema de la Revolución mexicana, y uno de sus objetivos era derrocar a Porfirio Díaz, un presidente que consiguió, con ayuda de Estados Unidos, mantenerse en el poder durante treinta y cinco años. Mi abuelo nació en el centro de esta revolución, justo a su bastante mortífera «mitad» (si es que algo amorfo puede tener una mitad), y como la mayoría de los mexicanos durante aquel conflicto, su padre no sabía leer. Claro que Gumersindo podía garabatear una firma. Podía identificar un sustantivo aquí, un verbo allá. Pero no una preposición. ¿Y un adverbio, o una conjunción? Imposible. Si mi bisabuelo hubiera tomado y hojeado la Biblia, habría pasado página tras página de garabatos sagrados.

Los tiranos se deleitan en el abismo que separa a los instruidos de los analfabetos.

Acaparar la educación les da el poder para definir, defraudar y destrozar.

En Comala, la división entre los que saben y los que no saben leer separa también a los culpables de aquellos a los que arruinan. Cuando Miguel, el hijo bastardo favorito de Pedro, asesina al hermano del cura, es Gerardo, el abogado de Pedro, su falsificador de documentos de confianza, quien interviene.

Gerardo acomoda la escena para que el asesinato parezca un suicidio.

El abogado también hace limpieza tras las violaciones de Miguel.

El bastardo acosa chicas.

Las espía.

Se cuela por las ventanas de sus habitaciones.

Se mete en las camas.

Sorprende.

Cuando las víctimas de Miguel protestan, cuando se quejan de monstruos indeseados que patalean dentro de ellas, de que sus tetas se hinchan de leche maligna, llega el abogado.

«¡Date de buenas que vas a tener un hijo güerito!».

Lanza monedas a sus pies.

Comala se llena de locas.

Ninguna sabe leer.

En cambio, murmuran para sí mismas.

Por toda la eternidad.

• • •

«El campesino leyó el registro y está conforme con su contenido. Firmado, Adolfo Llanos Valdés».

La gente con un sentido rígido y poco imaginativo del tiempo dice que la Revolución terminó en 1917, con la creación de una nueva constitución. Los que prefieren marcar el tiempo mediante el ascenso y la caída de los grandes hombres dicen que terminó en 1920, cuando el general Álvaro Obregón, un sonorense que perdió el brazo derecho en una batalla contra Pancho Villa, rindió protesta como presidente. Una explosión voló la extremidad del general, que se perdió de vista. Anduvo buscándola a tumbos, maldiciendo. Al final, un compañero sacó una moneda. La levantó en el aire. Atrapó la luz y brilló.

El brazo codicioso se materializó en el horizonte.

Volando hacia el objeto brillante, la mano desprendida se lo arrebató.

La lesión del general Obregón le valió el apodo de Manco de Celaya, y su extremidad voladora inspiró canciones, poemas y chistes, incluido uno del candidato presidencial Manuel de Jesús Clouthier del Rincón. Durante su campaña, los periodistas le preguntaron:

—¿Cuál es su presidente mexicano favorito?

—¡Obregón! ¡Solo tenía un brazo para robar!

La presidencia de Plutarco Elías Calles, otro sonorense de bigote, siguió los pasos de la de Obregón. Acérrimo anticlerical, Calles se esforzó por aflojar el dominio que el catolicismo ejercía sobre México. En 1926, su administración puso en marcha una legislación secularizante.

Las iglesias empezaron a cerrar.

Los fieles entraron en pánico.

Y conspiraron.

El Vaticano miró hacia otro lado.

Obregón fue reelecto en 1928. Al igual que Calles, también él tenía aversión a la eucaristía.

(Le falta sabor).

El 17 de julio, en San Ángel, el presidente electo Obregón asistió a un almuerzo en el restaurante La Bombilla. También José de León Toral, un artista de veintisiete años que parecía el hijo perdido de James Dean y Sal Mineo.

Una orquesta popular amenizaba, ofreciendo una serenata a los revolucionarios. Toral se acercó a la barra y pidió una cerveza. Bebió y rezó, bebió y susurró: «Ave María, llena eres de gracia, el Señor es contigo...». Le hizo una seña a un mesero, que lo hizo pasar al salón principal, y Toral le dijo a uno de los revolucionarios que era artista; ¿querrían esos grandes hombres que les hiciera una caricatura? El revolucionario asintió.

En la mesa del general, Toral dibujó a los VIP disfrutando de sus platos típicos.

Sonó «El limoncito», la canción favorita de Obregón.

«El limón ha de ser verde, para que tiña morado, y el amor, para que dure, debe ser disimulado: limoncito, limoncito...».

Toral se acercó lo suficiente para mostrarle al general un boceto de su perfil. Con una mano, el artista levantó el dibujo. Con la otra parecía sujetar un lápiz.

Obregón sonrió aprobatoriamente, pero su sonrisa desapareció pronto.

Toral sacó un revólver español y lo disparó al rostro del presidente electo.

A continuación, le disparó por la espalda.

Cuando le preguntaron por qué había asesinado al Manco de Celaya, Toral explicó que quería poner fin a la persecución de los católicos.

El asesino odiaba que México estuviera perdiendo su religión.

«¡Nuestros hijos no pueden ser bautizados, y los sagrados últimos sacramentos no pueden ser administrados!».

Los fantasmas también pueden perder su religión. Cuando el cura de Comala, el padre Rentería, huye para unirse a los rebeldes religiosos, hordas de hombres en franca rebeldía como José de León Toral, no queda nadie para bautizar a los recién nacidos en Comala. No queda nadie para ofrecer a los campesinos los últimos sacramentos.

El calor endemoniado de Comala siempre aludió al infierno.

La ausencia de un cura en el pueblo lo confirma.

Los rebeldes con escapularios y rifles Winchester coreaban: «¡Viva Cristo Rey!». En ningún lugar su fanatismo era más pronunciado que donde creció mi abuelo, Jalisco.

Campesinos devotos le juraron lealtad a Jesús.

La sangre se regó y corrió.

El diablo sonreía.

Durante su juicio, Toral celebró esa violencia.

«¡Los rebeldes católicos en hostilidades abiertas contra las tropas federales en el estado de Jalisco son héroes! ¡Todos los que perezcan son mártires!».

Toral se hizo tan famoso que, durante su juicio, cuando el abogado principal llegaba al tribunal, la multitud lo aclamaba y lo colmaba de rosas.

Cuando mi abuelo tuvo edad suficiente para comprender la muerte, El Salitre de Guadalupe ahora se llamaba Villa Guerrero. La educación había quedado bajo control laico, lo que enfureció a muchos padres católicos, y su furia pudo tener algo que ver con la desaparición de Manuel Leyva, director local de escuelas. El 12 de febrero de 1925 Leyva se despidió de su esposa, montó a caballo, abandonó su rancho y nunca más se supo de él. La irreligiosidad de Leyva no molestaba a Magdalena. A ella no le

importaba si sus hijos aprendían a leer con una Biblia o una car-
tilla, siempre y cuando aprendieran. Y su hijo más flaco, Ricardo,
aprendería a leer y escribir. No lo parecía entonces, pero estaba
destinado a la grandeza.

Entre el zumbido de las balas, campos en llamas, vacas ajenas
a lo que pasaba y monjas que huían, mi abuelo iba y venía de la
escuela a pie. Bueno, quizá no fuera tan dramático, al menos no
todos los días, pero me imagino a Abuelito pasando encima de
cuerpos de sacerdotes de camino a aprender el abecedario.

A de Ateo.

B de Benito Juárez.

C de Chamuco.

D de Demonio.

E de Ejecución.

F de Filial.

G de Guerrero, Villa Guerrero.

La escuela del pueblo tenía una sola aula y, por supuesto, un
solo maestro. Todos los alumnos, independientemente de su
edad o capacidad, seguían el mismo plan de estudios. Aprendían
los números. Aprendían a sumar, restar, multiplicar y dividir.
Aprendían a leer. Aprendían sobre los grandes momentos y los
grandes hombres de la historia de México. (No había grandes
mujeres en la historia de México, excepto la Virgen de Guadalupe, pero en ese momento estaba en la lista negra). Los niños
aprendían que México era un gran país con un gobierno glorioso
y que algún día ellos podrían ser grandes hombres.

Se sentaban según sus logros.

Los que obtenían las calificaciones más altas se sentaban al
frente del salón.

Los que obtenían las más bajas se sentaban al fondo, cerca de
la puerta.

A esos tontos los llamaban «burros».

Mi abuelo encontró a su primera némesis en este entorno.

Lo llamaremos Juan.

Juan era el compañero más precoz de Ricardo.

Sus talentos le valieron un asiento cerca de la mesa del profesor.

Ricardo envidiaba la posición de Juan. Como un pequeño cacique, conspiró para ocupar su puesto.

El aula se convirtió en el tablero de juego de Ricardo, y se enfrentaba verbalmente a sus compañeros, venciendo a sus oponentes en duelos académicos. Asiento tras asiento, fue llegando al frente.

El día que el profesor le ordenó a Juan que se sentara detrás de él, Ricardo resplandecía.

Era un rey.

Un conquistador con un lápiz recién afilado.

Esa, al menos, es la historia que cuenta mi abuelo.

Mi abuelo le contó a mi madre que sus padres dejaron Villa Guerrero por él, que Magdalena sabía lo talentoso que era, que no entendía que sus dones se desperdiciaran en un rancho. Mamá describe el descenso de sus abuelos de la región como «al estilo Joad», a la manera de *Las uvas de la ira*, con su burro en lugar de un Modelo T, cargado con el peso de sus pertenencias.

Tras varios días de viaje, la familia llegó a Guadalajara y se instaló en el barrio de Aranzazú.

Cerca del Teatro Degollado, Ricardo veía a los chicos jugar futbol.

Su piel ardía de envidia.

Algunos de los jugadores se parecían a él. Ninguno se vestía como él.

Un sombrero tejido a mano cubría el pelo negro de mi abuelo. Un paliacate anudado le rodeaba el cuello. Se alisaba la camisa blanca de algodón y los calzones, se frotaba los huaraches. Los jugadores de futbol usaban camisas abotonadas y pantalones. Algunos llevaban saco y corbata.

Un pañuelo naranja asomaba del abrigo de un pequeño caballero.

Ricardo juró que algún día se vestiría como el chico del pañuelo. Se convertiría en un dandi.

Con ayuda del burro de la familia, Ricardo puso en marcha su plan fashionista.

Los niños del barrio admiraban al animal, y por un módico precio, Ricardo los dejaba subir y dar una vuelta sobre él. Magdalena y Gumersindo recurrieron al azúcar para ganar dinero, y se dedicaron a vender refrescos en un puesto de carretera. Lo llamaban «la isla», y sus clientes se endulzaban el paladar con las botellas de cuello largo, disfrutando de la sombra que proyectaba el modesto toldo del puesto.

Al dar su último trago, el cliente le entregaba su botella vacía a Gumersindo.

Gumersindo la colocaba en una caja de madera procurando no hacer ruido, ni siquiera un tintineo.

Tenía una resaca que le duró treinta años, una resaca que acabaría curándose con la muerte.

La mano de Magdalena sujetaba su escoba. Barría la basura de su puesto. De su labio colgaba un faro, un cigarrillo sin filtro endulzado con papel de arroz. Que te ofrecieran un faro antes de enfrentar al pelotón de fusilamiento se había convertido en un rito postrero durante la Revolución.

Los que sobrevivieron al conflicto exhalaban el humo con aire sombrío.

Como tenía intención de continuar con su educación, de cumplir la profecía de Magdalena de que se convertiría en uno de los grandes hombres de México, Abuelito fingió amar a Cristo, su rey. El intento de secularizar a México había fracasado, y con la Iglesia de nuevo en operación, Ricardo se inscribió en el Seminario Conciliar de San José, una institución colonial establecida en 1699.

En clase, Ricardo se sentía minúsculo. Sus calificaciones eran de las más bajas y envidiaba a los chicos que lo superaban. Uno de ellos era Juan. Este Juan, de apellido Rulfo, destacaba en geografía e historia, pero era tan malo en latín que tuvo que cursar dos veces la asignatura. Cuando Juan tenía seis años, un asesino mató a su padre, Juan Nepomuceno Pérez Rulfo. María, la madre de Juan, lo envió al Instituto Luis Silva, un orfanato en Guadalajara. Ese mismo año Juan se enteró de que su madre había emprendido el viaje para reunirse con su padre.

Los libros consolaban a Juan. También Ricardo, que bien podría haber sido huérfano. No les decía nada sobre sus padres o Villa Guerrero a sus compañeros de grupo.

Durante mis visitas infantiles a Guadalajara, oía a mi abuelo contar una historia tras otra sobre Juan. Se sentaba en la mesa de la sala comedor y no paraba de hablar de su eneamigo.

Su parloteo ahogaba el canto de los pájaros. Mezclada con resentimiento, su nostalgia era irritante y yo ponía los ojos en blanco cuando acusaba a Juan de robo. Lo primero que lo acusó de haberse robado fue un manuscrito de poesía que le mostró. Juan nunca se lo devolvió y Abuelito insinuaba que Juan había saqueado su lenguaje, ideas y estilo. Eso me parecía raro. Juan escribió cuentos y novelas, no poesía. La poesía era lo de mi abuelo. La otra forma en que Juan presuntamente timó a Abuelito fue al venderle unas enciclopedias incompletas por doscientos pesos. Todavía le guardaba rencor por aquellos tomos perdidos.

Aprendí a esconderme en el momento en que Abuelito pronunciaba la frase: «Pues mi amigo Juan...».

Quería oír historias de fantasmas, no historias de Juan.

. . .

Pocos días después de que Abuelito me acosara con el tema del matrimonio a los doce años, me atrapó en la sala comedor y me dio un sermón espontáneo sobre Juan. Había ido a la habitación donde no se permitía entrar a las mujeres, la que Abuelita llamaba su «guarida», a buscar un retrato. Yo lo había visto antes. Todos lo habíamos visto. En la foto, Abuelito aparece junto a Juan.

Está etiquetado «Estudiantes de tercer año de propedéutico, Sección A, 1933-1934».

En el retrato se ven tres filas de seminaristas, algunos de tan solo doce años.

Vestido de traje, mi abuelo luce beatífico. Su mirada está fija en el brillante futuro que Magdalena le había augurado.

Juan se ve perdido. Deprimido. Quizá su espíritu ya vaga por las ruinas de Comala.

Al final, fue Juan quien alcanzó el estatus de gran hombre que Magdalena había profetizado para su hijo, y este error le dejó un mal sabor de boca a Ricardo. Con una prosa que detallaba la clase de vida que tuvieron mis bisabuelos, la gente de la que mi abuelo tanto se avergonzaba, Juan se convirtió en una celebridad literaria, catapultado a la órbita de Carlos Fuentes, Octavio Paz y Mario Vargas Llosa. Su fama se cimentaba en la genialidad de *Pedro Páramo*, un libro que, según muchos rulfistas, inauguró el género del realismo mágico.

En teoría, mi abuelo publicó algunos ensayos sobre Juan. En realidad, estas obras se centran en la persona a la que más le gustaba a mi abuelo hacerle publicidad. Él mismo.

En una de estas piezas, Abuelito describe un encuentro con una mujer llamada María Elena, «una de las mujeres más bellas de Guadalajara, Jalisco, y de México». Al diablo con la Iglesia: esa belleza se volvió su nueva vocación. La persiguió y le leyó poesía.

La engatusó para que lo amara, pero Ricardo quería que María Elena le demostrara su lealtad.

Esperaba un sacrificio.

Las amigas de María Elena habían inscrito su nombre en un concurso, nominándola para ser la reina de la celebración del cuarto centenario de Guadalajara. La ganadora sería coronada el Día de San Valentín y los festejos incluían un concurso literario. En este concurso sería elegido el poeta del centenario que se dirigiría a la reina.

Ricardo rezó para que fuera coronada cualquiera, menos María Elena.

Ella era su reina y solo su reina.

Solo él podía rendir culto en su altar.

—¡Renuncia a tu candidatura y me caso contigo! —amenazó.

—¡Espera! —apremió María Elena—. ¡Quizá no gane! ¿Puedes, por favor, simplemente esperar?

Ricardo negó con la cabeza.

María Elena se negó a hacer el sacrificio.

Dejó al poeta.

La noche de la coronación, don Aurelio Hidalgo subió al escenario para leer a la reina sus versos.

Ni modo.

Como Willy Loman, Ricardo se puso a trabajar como cansado vendedor de puerta en puerta, perfeccionando su facilidad de palabra. Mamá dice que no tiene idea de lo que vendía su papá, así que imaginemos que vendía misterio. Caminaba sobre los adoquines, tomaba las aldabas de Mano de Fátima, las golpeaba y seducía a quien abriera, convenciéndole de que comprara su enigmática mercancía.

En su tiempo libre, escribía poesía que nadie quería leer.

Pensó en ser periodista, pero cuando se enteró de cuánto ganaban los reporteros, se echó a reír.

Cuando supo cuánto ganaban los publicistas, supo que había encontrado su vocación.

¡Podía anunciarse él mismo como un exagerador de primera y los clientes le pagarían por sus habilidades!

Fundó una agencia de un solo hombre e inició múltiples campañas publicitarias. La más elaborada se centró en María Elena.

Enviaba arreglos florales no pedidos a su lugar de trabajo, Fábricas de Francia.

Pagaba mariachis para que cantaran afuera de la ventana de su cuarto.

Noche tras noche, las trompetas le arruinaban el sueño.

Noche tras noche, las guitarras rasgueaban, arruinando su sueño.

Noche tras noche, la música acosaba a la mujer más bella de México.

Sus ojeras eran la consecuencia de la obsesión de Ricardo.

La campaña de mi abuelo era desesperada, aterradora y cara. También era adúltera. Tras ser botado por la mujer más bella de México, Ricardo se casó con una adolescente a la que había embarazado. Esa chica era la señorita Arcelia García de Alba, mi abuela.

Abuelita no era de Villa Guerrero. Hija «natural» de una costurera, nació en Guadalajara y pasó parte de su infancia en un orfanato. Nunca se quejó del tiempo que permaneció ahí y decía que una maestra le enseñó a leer y escribir. También decía que, mientras estuvo encerrada, descubrió un talento.

Sabía dibujar y pintar.

Ricardo empezó a incorporar los diseños de Arcelia a sus campañas publicitarias. Sus apuestas más exitosas incluían el arte de su mujer.

Ricardo no le pagaba nada a Arcelia por su trabajo.

• • •

Algunas personas de mi familia mencionan la misoginia de mi abuelo como si fuera una peculiaridad encantadora e inofensiva. Algo para reírse.

Ricardo hacía que Arcelia le suplicara por dinero para comprarse ropa interior nueva. Se veía obligada a usarla hasta que se desintegraba.

La contagió con gonorrea.

Cuando un hombre deja a su mujer e hijos subsistir a base de agua durante siete días, es lo opuesto a encantador.

Mi madre, la Bebé, cumple años dos veces. Esto es común en América Latina.

Está el día en que nació, el día en que su madre la echó al mundo.

Luego está el día en que su padre fue al Registro Civil para asentar su nacimiento.

No tenía prisa. Mi madre era una niña. No era para emocionarse.

Un niño lo habría hecho correr al registro.

Celebramos el primer cumpleaños de mi madre en agosto y el segundo en septiembre.

Ella es Leo y Virgo.

Mi fotografía favorita de la infancia de mi madre es de ella con su vestido de Primera Comunión. La Bebé está de pie en la iglesia, una novia diminuta. Sostiene una vela grande como su brazo. Está lista para alancear a una foca con ella.

Ricardo proclama un decreto doméstico. Ya no quiere comer tortillas compradas, solo las quiere hechas en casa, así que ordena a las mujeres de su hogar que se dediquen a hacer tortillas. Antes de irse, les dice a Arcelia y a sus hijas:

—Cuando regrese, espero verlas a todas haciendo tortillas.

Arcelia va a la cocina.

Prepara la masa y se sienta en el suelo del departamento a hacer tortillas con sus hijas.

Cuando Ricardo vuelve, se encuentra con un espectáculo agradable, una esposa embarazada flanqueada por hijas obedientes.

—Mira —dice Arcelia—. Estas son las tortillas que hizo la Bebé.

El padre examina las tortillas de la hija.

Son las más feas que ha visto.

Huaraches deformes.

—¿Las hiciste tú? —pregunta.

La Bebé asiente.

—Ya no vas a hacer tortillas.

Cuando él le da la espalda, la Bebé sonríe.

Su plan funcionó.

Es una tarde húmeda en Guadalajara. Ricardo sueña despierto con su segundo tema favorito, las mujeres. Dobla una esquina y camina por una acera ancha, a lo largo de la avenida donde sus padres llevan más de una década vendiendo Coca-Cola.

Cuando Magdalena gira la cabeza, él cruza la calle.

Sus ojos evitan los de ella.

Esos campesinos. No son su gente.

¿Quiénes son?

Son pobres.

Él no.

Viste de traje.

Su mujer se lo plancha.

Le almidona los cuellos.

Y también tiene otra mujer. Y está embarazada. ¡Otra vez!

Tiene dos familias. Dos mujeres.

¿Cómo podría ser pobre?

Ha ganado suficiente dinero para comprar una casa y ni siquiera ha tenido que vender el piano de su mujer.

Magdalena observa a su hijo.

El humo sale de sus fosas nasales.

Desaparece, igual que él.

Ricardo camina hacia el Templo de Nuestra Señora de la Merced.

Está rodeado de mendigos.

Uno de esos mendigos, el que estira la mano, el que cojea
más, es hermano de Ricardo.

Ricardo cruza la calle.

En marzo de 1955, aparece *Pedro Páramo*.

El periodista Edmundo Valadés escribe su primera reseña.

Desconcertante, lista a inquietar a la crítica, está ya en los
escaparates la primera novela de Juan Rulfo, *Pedro Páramo*,
que transcurre en una serie de transposiciones oníricas,

ahondando más allá de la muerte de sus personajes, que uno no sabe en qué momento son sueño, vida, fábula, verdad, pero a los que se les oye la voz al través de la «perspicacia despiadada y certera» de tan sin duda extraordinario escritor.

El poeta Alí Chumacero también reseña la novela.

Describe la estructura como desordenada y carente de núcleo.

También recuerda a los lectores ser amables. *Pedro Páramo* es la primera novela del autor.

Arcelia da a luz a un bebé en la habitación donde un día despertará muerta.

El bebé está muerto.

Arcelia niega que Miguelito haya nacido así.

Es un arcángel.

Puede volar.

Ricardo no soporta oír el llanto de Arcelia.

Sale de casa.

Vuelve con una pequeña caja de pino.

«Dámelo».

Arcelia camina en círculos, cargando a Miguelito.

Camina en círculos.

Camina en círculos.

Camina en círculos.

Al tercer día, cae de rodillas.

Sueña con Comala.

Ricardo le quita el cadáver de los brazos.

Coloca al niño en la caja.

Asegura la tapa de la caja.

Con el ataúd bajo el brazo, va hacia la puerta principal.

La Bebé oye que se abre.

La Bebé oye que se cierra.

La Bebé sabe que no habrá funeral.

«Lo que pasa con estos muertos viejos es que en cuanto les llega la humedad comienzan a removerse. Y despiertan…».

La Bebé debería estar en la escuela.

En cambio, sale de paseo por Guadalajara.

Intenta disfrutar de su niñez.

Ve a un hombre con un traje de color tostado que pasa frente a una zapatería. Gira ligeramente la cabeza.

¡El cuello almidonado!

¡La corbata cosida con telarañas de seda!

¡Es su padre!

Debería estar trabajando.

La Bebé lo sigue.

Ricardo camina a un barrio que la Bebé nunca ha visitado.

Se acerca a una puerta.

Se para en el umbral.

Toca.

Con un bebé en brazos, una mujer extraña abre.

Ricardo se inclina hacia delante. Besa a la mujer en los labios, tal como besa a Arcelia.

Abuelito,

Me contaron que, ya de viejo, conseguiste novia nueva.

Me lo dijo Álvaro.

Dijo que, aunque tu novia tenía ochenta y siete años, podía pasar fácilmente por una de ochenta y tres.

• • •

Abuelito,
Te busco.
Tengo flores.
Tenemos flores.

Abuelito,
La última vez que te vi con vida, tu machismo ardía con fuerza.
La última vez que te vi muerto, me diste un susto del carajo.

—Educar a las mujeres es tirar el dinero —le dice Ricardo a la Bebé—. Te pago el boleto del camión para que vayas a la iglesia. Pero no a la universidad.
Se ríe de pensar que su linda hija cumpla sus sueños.
Una mujer, química. Ja.

La Bebé y su hermana mayor visitan a una médium.
La médium le dice a la hermana mayor que se casará con un hombre rico.
La médium le dice a la Bebé que se enamorará de un gringo y se irá de México.
La Bebé lo encuentra divertido hasta que se enamora de un gringo y se va de México.

Abuelito,
No te odio.
En absoluto.

Escribo esto porque te quiero.

Esta es una carta de amor diferente.

Es un homenaje a quien eras en realidad, no a quien nos querías hacer creer que eras.

Es un homenaje a la verdad.

No podemos honrarte sin conocerte.

Y yo soy tú.

No por completo, pero sí en parte.

¿Qué se siente renacer como niña?

¿Que una niña continúe tu legado?

Querías que la gente pronunciara tu nombre.

Ahora lo harán.

Gracias a mí.

Mi abuela trabajaba como costurera para poder permitirse las clases de arte.

La única actividad que le gustaba más que alimentar animales callejeros era hacer arte.

Le pagó a una mujer a la que formó Diego Rivera para que le enseñara a pintar el cuerpo humano.

Cuando mi abuelo se enteró de estas clases semanales, se encolerizó.

Le dijo a mi abuela que le prohibía tomar más clases de arte.

—Cuando estás detrás de un caballete, mirando a un modelo desnudo, ¡eso es infidelidad!

Ricardo le ordenó que pintara a la familia.

Así fue como se quedó pintando a gente como yo.

Y perros.

Hay un retrato mío pintado por mi abuela que cuelga en casa de mis padres.

Mi tía afirma que los ojos siguen a los visitantes, pero te aseguro que, aunque mis ojos se muevan, no ven nada.

—Dile a tu padre que es hora de comer —le dice Abuelita a mamá.

—Sí.

—¿Puedo ir contigo? —pido.

—De acuerdo.

Mi abuelo está en su guarida.

Su guarida es la única habitación del desvencijado segundo piso.

El único camino es una escalera oxidada que cuelga del techo.

Tiemblo de emoción y trepo detrás de mamá.

Me han dicho que en su guarida domina un solo olor.

El del papel.

Si escuchamos con atención, podemos oír a dos mexicanos que discuten.

Están sentados en una casa entre Pedro Loza y Santa Mónica.

Juan sostiene el manuscrito de Ricardo, su primer poemario.

Como no sabe cómo decirle a su amigo que es malísimo, comienza por el título.

—¿Por qué no mejor *Sollozo oculto*? —pregunta Juan.

Ricardo siente grima. No ha venido por consejos.

Ha venido por elogios.

—¿Por qué? —exige—. ¡Es imposible ocultar un sollozo! Además, no tengo nada por qué llorar. Si pierdo a una mujer, suelen aparecer en su lugar diez aún más hermosas.

Juan no oculta su suspiro.

Salmos.

Alegría íntima.

A través de las praderas del sol.

Mis manos en tu corazón.

Antes de morir.

Jalisco en la poesía.

Hermano presidente.

Estos siete poemas componían *Ausencia iluminada*, el manuscrito que Abuelito alega que Juan le robó.

«Hermano presidente» debía asegurarle la inmortalidad a mi abuelo. Ricardo estaba seguro de que por él sus paisanos harían vallas para arrojar flores a sus pies.

«Una cosa es absolutamente cierta», escribió Ricardo Serrano Ríos. «Soy más humilde que Juan Rulfo».

Tras sufrir un ataque al corazón, Juan fijó su residencia en el pueblo fantasma de Comala.

Era 1986.

Como mi abuelo tenía maña para la mercantilización, encontró la manera de monetizar haberlo conocido. Durante el ocaso de su vida, mi abuelo recorrió el estado dando conferencias sobre su amigo muerto.

Álvaro era el chofer que lo llevaba a sus charlas. Iban y venían en un Volkswagen Sedán verde cuyo motor amortiguaba la conversación.

Una tarde, Ricardo y Álvaro asistían a otra conferencia. Abuelito habló ante un público de rulfistas de sus años en el seminario con Juan, destacando que de no haber sido porque él le presentó a Juan al cuentista Juan José Arreola, el novelista no habría tenido la carrera literaria que disfrutó. Al concluir su conferencia, dijo:

—Ahora pueden hacer preguntas.

Inmediatamente se arrepintió.

Estaba cansado y necesitaba sentarse. Una mano se levantó.

—¡Sí!

—¿Qué opina de los alegatos de Rulfo de que no hay autobiografía en su obra? ¿Es cierto? Usted lo conoció. ¡Fue su compañero de clase! ¿Qué hay de cierto?

Ricardo conocía muy bien esta pregunta. La había respondido una y otra vez. La había contestado dormido y despierto. También era una pregunta que Álvaro había escuchado a su padre responder una y otra vez.

—Señor —respondió Ricardo—, esta pregunta es penosamente elemental. De hecho, es tan básica que mi chofer puede responderla. ¡Chofer!

—¡Sí, a sus órdenes, señor!

—Ven acá. ¡Contesta la pregunta de este señor!

El chofer y el rulfista intercambiaron posiciones, mi tío tomó su lugar en el podio y mi abuelo se sentó en la silla de su hijo. Con la boca abierta, el público escuchó al chofer disertar, con pasión y humor, sobre epistemología y autobiografía mexicana.

El público lo ovacionó de pie.

«Qué chofer tan brillante», murmuraban.

La última vez que vi a mi abuelo, habíamos venido a ayudar a mi abuela a morir.

Mi abuelo había muerto en abril.

Ahora era agosto.

Nuestra ayuda funcionó.

Arcelia murió.

La enterramos en la tumba familiar a la sombra de la palma.

En su velorio, comimos manitas de puerco mientras los mariachis nos daban serenata.

Cantamos «El rey».

Mi madrina organizó un rosario en honor de Abuelita.

A la hora del crepúsculo, todos se fueron a la iglesia.

Yo me quedé. La pata de cerdo estaba haciendo de las suyas.

Sentí el golpe. Era potente. Lo suficientemente fuerte para arruinar el rosario.

Vi a mi abuelo esa noche.

Al menos, creo que era mi abuelo.

Se veía... diferente.

La luz ámbar llenaba la casa cuadrada.

Sentí a mi abuela.

Me llevó a su lecho de muerte, aún cubierto con las sábanas entre las que había muerto.

Me acosté en su cama.

Miré el ventilador del techo.

Miré a la pared.

El retrato de la Virgen de Guadalupe, manchado de agua, seguía velando.

En su cama, ella me abrazó.

En su cama, la Muerte me abrazó.

La luz cambia.

Se atenúa, una advertencia.

Me levanto aprisa de la cama.

• • •

Plim. Plim plim plim...

Lluvia.
　Está diluviando.

Rayos.

TRUENO.

Me siento en la sala comedor.
　Las lámparas se encienden y apagan.

Me siento a la mesa, intentando leer.
　No puedo.

Paso una página...

Y la siguiente...

Y la siguiente...

Levanto la vista de mi libro.

Encima de la silla bajo el retrato canino flota una mano, una mano derecha.

Es vieja.

Está muerta.

Es la suya.

Escribimos con las manos.

Escribo con su mano.

Mis manos sostienen flores.

Las puse en su asiento.

La mano. Escribe: «Dejo aquí un testimonio sobre mi inquietud literaria. Gracias por permitirme este placer y esta libertad. Gracias por tolerar esta especie de broma, mi contribución de hecho. En el futuro seré conocido, la gente sabrá el nombre de Ricardo Serrano Ríos, oriundo de Villa Guerrero, Jalisco, la capital del mundo. A menos que publique bajo seudónimo, o seudónimos, también tengo derecho al misterio».

La mano sigue sin descanso.

LA CEBOLLA BLANCA

Amado Vázquez, un horticultor mexicano, bautizó a una orquídea en homenaje a Joan Didion. Aunque fue un gesto elegante, a mí ella no me parece una orquídea. Me parece una cebolla. Era muy blanca, muy crujiente e incluso después de muerta hace llorar a la gente.

Didion irrumpió en mi conciencia durante el último año de secundaria, cuando nuestro profesor de inglés nos arreó a mis compañeros y a mí a la biblioteca para hacer un examen de Ubicación Avanzada. Sentados en sillas de madera leíamos, rechinábamos los dientes, hacíamos anotaciones y pasábamos las páginas del examen. Al final del cuadernillo, ojeé un ensayo cuya frase inicial me agarró por los ovarios: «Esta tarde hay algo que produce incomodidad en el aire de Los Ángeles». El ensayo, «Cuaderno de Los Ángeles», describía un lugar que realmente me importaba: California. Cuando leíamos para inglés, a menudo «viajábamos» a lugares para los que yo no quería pasaporte. El Senado romano. Winesburg, Ohio. Barcos.

Pero aquí estaba en casa. Y esa casa era lo importante. ¡Y entendía el clima sobre el que escribía esta señora blanca! Describía los vientos regionales, los Santa Ana. Mi familia los conocía de primera mano. Los Santa Ana habían despeinado los mechones del pelo largo de hippie de mi papá, pero ahora papá era calvo, así que en lugar de ello sacudían las ventanas del negocio que la abuela manejaba con su segundo marido, Bob. La Mueblería Hertneck's estaba en el bulevar Artesia. Con ayuda de la perra menos amistosa del mundo, una yorkie llamada Mitzi, la abuela dirigía su fría sala de exhibición. Las cataratas habían vuelto opalescentes los ojos de Mitzi. Se escondía bajo los sofás provenzales franceses y los roperos de nogal, gruñéndoles a clientes, primos y repartidores. Mitzi odiaba a todos, menos a la abuela. Acurrucada en su regazo, dejaba que la abuela acariciara su cabeza plateada y le acomodara su suéter tejido.

El comportamiento de nuestros vientos era tan endiablado como el de los del «Cuaderno de Los Ángeles». Mientras caminaba hacia la oficina de papá desde la parada del autobús escolar, las ráfagas me escupían arenilla y bichos en los ojos. Alojados en mi esclerótica, los mosquitos se iban al cielo. Sus cadáveres ardían. Los vendavales arrancaban hojas de sicomoro, colillas de cigarrillo y envolturas de dulces, y los mezclaban con tierra, pelo y plumas de paloma. Los residuos se arremolinaban en pequeños ciclones de basura a lo largo de los colectores de cemento. Algunos de estos remolinos se elevaban bastante más de medio metro. La mitad de mi tamaño desde sexto grado.

El clima resultó un pervertido. Durante una tormenta de viento, unas manos invisibles me agarraron la falda. La arrojaron por encima de mi culo con estrías. Luego la levantaron por delante. Parecía un paraguas invertido con forma de chica. Las manos agarraban mi pelo negro y lo enrollaban alrededor de mi cuello. Me estrangulaban.

Que el clima nos agreda es el precio que pagamos por vivir en California.

Quería leer más de la autora a la que ya había empezado a considerar como la cabrona del viento, pero llegué a la última frase del extracto: «El viento nos muestra lo cerca que estamos del abismo». Exhalando por las fosas nasales, me acaricié el callo de escritura del dedo medio y garabateé un análisis vehemente que hubiera preferido escribir en primera persona pero que redacté en tercera.

Dudo que mi abuelo leyera a Joan Didion. Su estado actual, finado, complica preguntarle si conoce su obra. Mi abuelo mexicano era un nacionalista, bibliófilo y machista que evitaba decididamente la prosa escrita por mujeres. Estoy segura de que la aseveración de Michiko Kakutani de que «California le pertenece a Joan Didion» lo habría hecho reír. Habría sacado aprisa un lápiz de debajo del sarape y corregido la frase: «California le pertenece a Joan Didion porque sus ancestros se la robaron».

En mi imaginación, la interpretación de Abuelito de la historia lucha con la de Didion. La presencia mexicana que merodea en su obra realmente podría hacerlo si los que vivimos fuera de su prosa le echáramos una mano a quienes se quedaron atrapados dentro.

El establishment literario blanco le entregó California a Didion.

Propongo que se la quitemos. Darle un descanso. Está muerta. ¿No merece el lugar un embajador vivo?

No estoy sugiriendo amotinarse porque odie a Didion. Al contrario. Su obra me guía y me ridiculiza, y lo admito: su voz ha sido instructiva. Me enseñó ironía, desapego y condescendencia. Me invitó a experimentar con frescura de gringa, me hizo aprender a narrar en primera persona omnisciente y a ser una esnob de las palabras. El regionalismo de Didion hizo de California, un lugar al que amo tanto y que a veces siento el impulso de llevarme a la boca (y lo hago), una musa digna. Los ritmos de la prosa de Didion están en la música con la que me gusta dar largos paseos, música que sería un delito bailar. Didion ejemplificó que escribirse a una misma en la historia de un lugar convence

a quien lee de que el lugar es tuyo. Tú, la autora, te fundes con la
retórica y los hechos. Tu cuerpo se vuelve parte del paisaje.

Lo que irrita es la gramática racial de Didion.

Metáfora conceptual desarrollada por el sociólogo Eduardo
Bonilla-Silva, la gramática racial es lo que le otorga al racismo
su cualidad elemental, el sentido de que es natural, igual que la
tierra, el viento o el fuego: «La dominación racial genera una
gramática que ayuda a reproducir el "orden racial" como sencillamente la forma en que son las cosas». La socióloga Karen
Fields y la historiadora Barbara Fields hacen observaciones similares en *Racecraft: The Soul of Inequality in American Life* [*Racecraft*: El corazón de la desigualdad en la vida estadounidense]. Las
Fields comparan el *racecraft* con la hechicería y lo definen como
«una especie de evidencia dactilar de que el *racismo* ha estado en
la escena». Escriben que el racismo «hace del lenguaje un campo
minado» y, para ilustrar cómo contamina la comunicación, exa-
minan la palabra *bienestar*. El término «evoca a afroamericanos
holgazanes e inmigrantes tramposos», pero deja de tener ese efecto cuando los blancos hacen cola para recibir dinero del gobierno.

No se puede racializar sin racismo. La geógrafa abolicio-
nista Ruth Wilson Gilmore formuló mi definición preferida de
este fenómeno. En *Golden Gulag: Prisons, Surplus, Crisis, and
Opposition in Globalizing California* [El gulag dorado: Prisiones, excedentes, crisis y oposición en la California de la globa-
lización] lo describe de un modo que enfatiza en el asesinato:
«El racismo... es la producción y explotación, sancionada por el
Estado o extrajurídica, de la vulnerabilidad a una muerte pre-
matura diferenciada por grupo». Cuando hacen *racecraft*, los
racistas tienden a recurrir a «los sospechosos habituales» —el
color de piel, la ascendencia y el lugar de nacimiento, por nombrar algunos—, pero tienen todas las diferencias terrenales a su
disposición. Si se cuenta con la ayuda de las personas adecuadas, es posible inventarse la raza de las chicas con bigote.

En un importante experimento social realizado en 1968, la profesora de Iowa Jane Elliott utilizó diferencias visibles para ayudar a sus alumnos blancos de tercer grado a aprender sobre el racismo. Elliott diferenció aún más a sus alumnos de ojos azules de los de ojos castaños haciéndolos llevar brazaletes verdes. Les dijo a los de ojos castaños que eran mejores y mucho más listos que los chicos de ojos azules. Añadió que los niños de ojos azules «se sientan y no hacen nada. Si les das algo bonito, solo lo destrozan».

Caracterizó a los niños de ojos azules de la misma forma en que había oído describir a los mexicanos cuando era niña.

Elliott vio cómo se desataba el racismo.

Así de fácil se conjura su hechizo.

El primer libro de Didion, *Río revuelto*, establece su gramática racial californiana. Según Bonilla-Silva, esta gramática «determina cómo vemos o no vemos, cómo encuadramos e incluso lo que sentimos acerca de los asuntos relacionados con la raza». Ambientada en el Valle de Sacramento, la gramática racial que sustenta a *Río revuelto* es idéntica a la gramática racial que sentó las bases de mi educación en el Valle de Santa María.

Nací en el que era el único hospital de Santa María. El Hospital Mariano sigue allí. También el lugar de donde procedían todos los huevos que comí de niña, la Granja Rosemary. En alguna época, la granja avícola se veía desde el hospital. A cinco kilómetros de allí, más allá de los campos de brócoli y coliflor, y las vías de tren, había pollos, pollos y pollos. George Allan Hancock, el millonario propietario del Ferrocarril del Valle de Santa María, le dio a la Granja Rosemary el nombre de su única hija. Los niños de las escuelas públicas conocíamos bien a los pollos de Hancock. Los autobuses escolares nos trasladaban del plantel a la granja. La olíamos antes de verla. Los profesores nos llevaban a una habitación blanca llena de gallinas enjauladas. Sus vidas consistían en poner el desayuno, cloquear y morir. En la Feria del Condado de Santa Bárbara, la Granja Rosemary siempre instalaba una exhibición viva. Esperaba todo el año para visitarla.

Esta exhibición no formaba parte del corredor. Estaba dentro de una galería sin ventanas donde las empresas locales instalaban mesas plegables y entregaban regalos y cupones. El personal de la exhibición de la Granja Rosemary eran pollitos. Junto a una mesa repleta de mapas, folletos y llaveros para promocionar a las bodegas y los viñedos cercanos, otra mostraba una feria del condado en miniatura con aves. Era parecida a la que disfrutábamos, con carritos chocones, puestos de comida, un carrusel y una montaña rusa. Había alimento para pollos regado por la réplica y los pollitos, buscando la comida, se subían a las atracciones. Sus picos picoteaban el grano. Un pollo se cayó del carrusel, se levantó y volvió a subirse. Me ponía eufórica ver a las aves en la rueda de la fortuna. En algunos asientos iban tres. Parecían ignorarnos.

Esperaba que los jóvenes pollos se lo pasaran como nunca. Sabía lo que les esperaba.

Yo llamo a Santa María «Fresno junto al mar». La ciudad se extiende en la parte norte del condado de Santa Bárbara, donde el tri-tip es la reina y la fresa el rey. En el mismo recinto donde los pollos tienen su miniferia, la reina del Festival de la Fresa recibe su tiara. Fresas con la cantidad justa de arsénico para no matarte crecen a lo largo de la Costa Central. Incluso en el interior, la tierra del Valle de Santa María bien podría ser arena. Las temperaturas son agradables todo el año. Los folletos turísticos elogian a la región, llamándola «mediterránea».

Las fresas endulzan la reputación de Santa María, pero su recolección es riesgosa. Ataviados con capas de ropa protectora, quienes recogen la cosecha se agachan en la niebla, el viento o el sol. Se doblan por la cintura. Las manos son sus únicas herramientas. Abejas y avispas revolotean. Los turistas que conducen borrachos por la región vinícola ignoran a estos recolectores.

No deberían. Deberían maravillarse ante su agilidad, gallardía y precisión.

Cosechar berries es un ballet.

Un público de cuervos vigila desde una hilera de eucaliptos.

Una tarántula peluda se arrastra por un blando camino rural, esquivando las llantas.

Al atardecer, las serpientes de cascabel salen de sus madrigueras.

La Oficina de Estadísticas Laborales clasifica sistemáticamente el de los labradores agrícolas como uno de los trabajos más peligrosos del país, más que ser policía. Entre los riesgos están el tráfico de personas, el robo de salarios y la servidumbre por deudas. Los pesticidas se filtran en la ropa, la piel y el torrente sanguíneo de los trabajadores. La maquinaria agrícola mutila. Mi padre recuerda a una madre y un padre que no podían permitirse una niñera y llevaban a sus hijos al campo. A uno de ellos lo aró un tractor. Papá también recuerda cuando no había letrinas portátiles en los campos y las mujeres tenían que ir de dos en dos a las arboledas de eucaliptos. Mientras una se ponía en cuclillas, la otra hacía lo posible por ocultar a su compañera detrás de una manta vieja.

En las calles de Santa María, la gente habla en mixteco. Eso se debe a que muchos trabajadores agrícolas del Valle de Santa María son migrantes indígenas de Oaxaca. El Departamento de Seguridad Nacional clasifica a estos empleados como «trabajadores invitados» H-2A, pero nuestro gobierno brinda a estos huéspedes la peor hospitalidad. El DSN hace evidente que el programa H-2A es un asunto de «mi casa es tu casa» hasta que un empresario decide que ya no te necesita: «Los empleadores de Estados Unidos enfrentan a menudo una falta de trabajadores domésticos disponibles capaces, dispuestos y calificados para ocupar puestos de trabajo agrícola de temporada. El programa H-2A se instituyó para satisfacer esta necesidad de mano de obra estacional y temporal, *sin añadir residentes permanentes a la población*». Los dirigentes obreros describen este programa de visas para trabajadores invitados como el hermano menor del Programa Bracero, un plan instituido durante la segunda guerra mundial para traer mano de obra temporal a Estados Unidos. Además de controlar las visas para trabajadores, el programa H-2A da a los empleadores el control sobre dónde viven sus empleados y cómo son transportados hacia y desde los campos. Incluso controlan lo que comen. La supervisión sobre el programa H-2A es mínima.

El informe anual de producción agrícola del condado de Santa Bárbara demuestra que los empresarios pueden permitirse pagar a los recolectores mucho más de 2.10 dólares por caja. En 2021 la industria generó un valor bruto de producción de casi dos mil millones de dólares. Aun así, la mayoría de los trabajadores agrícolas vive en la parte más al norte y pobre del condado. Los barrios elegantes de la ciudad de Santa Bárbara y los alrededores contrastan violentamente con las casuchas que albergan a los recolectores de fresas. Uno de estos vecindarios es Montecito. Después de casarse con el escritor John Gregory Dunne, Didion y su marido se alojaron en el rancho San Ysidro de Montecito, el mismo refugio donde pasaron su luna de miel los Kennedy.

En *El año del pensamiento mágico*, Didion hace una reseña negativa del rancho. Escribe que era tan aburrido que ella y Dunne llevaron sus maletas al sur y se registraron en el hotel Beverly Hills. ¿Qué esperaban de un rancho con el nombre del santo patrón de los agricultores? La Iglesia católica asevera que san Isidro concede milagros, pero no lo creo. Dejó que mi compañero de grupo, hijo de migrantes campesinos, se llenara los pulmones de agua sucia. Fortunato trató de imitar a Huckleberry Finn en la cuenca de Bradley, flotando en una balsa casera. Volcó. Fortunato no sabía nadar. Cuando lo perdimos, la YMCA del Valle de Santa María empezó a ofrecer clases gratuitas a los niños inmigrantes. Mi papá consiguió el financiamiento para el programa. También consiguió fondos para que todos los niños tuvieran un traje de baño.

El título de la primera novela de Didion, *Río revuelto*, alude a las aguas donde aprendió a nadar, el Sacramento. Publicada en 1963, *Río revuelto* comienza en el verano de 1959. Su primera palabra es *Lily*, y el lirio es una flor irremediablemente asociada a la pureza cristiana. Al igual que Didion, la protagonista es una mujer blanca «atractivamente frágil». Recién salida de la regadera, se unta un perfume anunciado como «el Más Caro del Mundo» entre sus «pechos pequeños y desnudos».

Un arma .38, que en su día se utilizó para matar una serpiente de cascabel, no está en su cajón. No vemos al marido de Lily dispararle a su amante. Lo oímos.

Los personajes implicados en este triángulo amoroso son los tataranietos de los colonos anglosajones, un pueblo cuyo encomio siempre provoca que mi padre ponga los ojos en blanco. Cada vez que las carretas Conestoga aparecen en una historia, refunfuña: «Si hay alguien allí para "saludarte" cuando llegas, no puedes llamarte pionero».

Río revuelto reduce a los mexicanos a «jodidos mojados». Si vives al este del Mississippi, puede que este insulto sea nuevo para ti. Es un buen ejemplo de cómo los racistas manipulan la geografía para crear diferencias raciales. Cuando a los mexicanos nos llaman mojados, nos están llamando invasores. El insulto insinúa que para llegar aquí tuvimos que hacer lo que Fortunato no pudo. El periódico de nuestra ciudad, el *Santa Maria Times*, utilizaba mucho el término «espaldas mojadas» (*wetbacks*). El 19 de junio de 1957 publicó el encabezado: «Comenzó la temporada de espaldas mojadas». Un reportero la describe como «cuando los ciudadanos mexicanos intentan colarse a través del río Bravo hacia los trabajos agrícolas *americanos...*». El periodista utiliza el término «espaldas mojadas» once veces.

En 1970, el *Santa Maria Times* publicó un artículo titulado «"Vaquero con perro pastor", estrella de exposición ecuestre nacional». Va acompañado de una foto de un mono montado en un perro que pastorea ovejas. El mono se llama Mojado. Es el «vaquero con perro pastor» programado para actuar en el Earl Warren Showgrounds. El público espera verlo con su atuendo, «chaleco de piel, chaparreras, sombrero, botas...». La actuación de Mojado promete ser única: «Cuando "Mojado" cabalgue por el rodeo dentro del recinto, con capacidad para tres mil espectadores, y ayude a reunir a los rebaños de ovejas, será uno de los espectáculos más singulares en la historia [de la Exposición Nacional Ecuestre de Santa Bárbara]».

La palabra *mojado* me llena de ira.

Un compañero de clase que una vez se refirió así a mi madre recibió más de una patada en el estómago.

Río revuelto, un libro lleno de mojados, se divide en tres secciones.

Tras el asesinato por violencia doméstica, la segunda parte se remonta a 1938, un periodo marcado por la Gran Depresión. Como suele ocurrir durante las calamidades económicas, el nativismo blanco se disparó. Los racistas alegaban que los mexicanos se colaban a Estados Unidos por razones contradictorias. Íbamos a engordar con la caridad de los blancos, mientras que les robábamos sus empleos.

Para detener el supuesto saqueo, la policía realizaba redadas en comunidades mexicanas de todo el suroeste. Las autoridades capturaban a presuntos mexicanos y los repatriaban. Algunos de los «devueltos» a México eran ciudadanos estadounidenses cuyas familias llevaban viviendo ahí mucho más tiempo que cualquier anglo. Se estima a la población repatriada entre 335 mil y 2 millones de personas.

Al inicio de la Depresión, el eugenista Roy L. Garis presentó un informe sobre la inmigración mexicana al Congreso estadounidense. Sus creencias siguen estando de moda.

...sus mentes [de los mexicanos] no van más allá de las funciones animales: comer, dormir y el libertinaje sexual. En cada hacinamiento de chozas mexicanas uno encuentra la misma ociosidad, hordas de perros hambrientos y niños mugrientos con las caras llenas de moscas, enfermedades, piojos, suciedad humana, hedor, fornicación promiscua, bastardismo, holgazanería, peones apáticos e indias perezosas, frijoles y chile seco, licor, miseria generalizada, y envidia y odio hacia el gringo.

Garis pinta a las mujeres «mexicanas de clase alta» con el mismo pincel sucio, llamándolas «furtivas en su adulterio». Y, sin embargo, esta frase no describe a ninguna de las mexicanas de *Río revuelto*. En cambio, describe perfectamente a Lily McClellan.

La segunda parte de *Río revuelto* comienza la mañana del cumpleaños dieciséis de Lily. Conversa en su recámara con su padre, el senador estatal Walter Knight. Lily cree que su padre es un gran hombre. Está destinado a convertirse en gobernador de California. Walter deja caer repelentemente una pila de dieciséis dólares de plata sobre la cama de su hija. Lily rumia «su deseo más inconfesable»: desea interpretar a Scarlett O'Hara, dueña de una plantación, en la gran pantalla.

Walter corta una manzana y educa a Lily en la gramática racial, diciéndole que «si mucha gente no hubiera dicho hace mucho tiempo lo que quería y luego hubiera ido por ello, tú no habrías nacido en California». Con esa afirmación, Walter evoca el cuadro más famoso de John Gast, *Progreso americano*. El espíritu de Columbia, encarnado por una rubia con túnica blanca, flota sobre una pradera. La estrella en su frente guía a los pioneros hacia el oeste. Los búfalos huyen de ella.

Las tradiciones de la hipodescendencia incitan el deseo secreto de Lily de interpretar a Scarlett O'Hara. La adolescente está consagrada por la sangre blanca, que le otorga superioridad sobre quienes no podemos demostrar nuestra pureza racial. «Históricamente, las personas consideradas negras han sido aquellas con cualquier ascendencia negra conocida», escribe Yaba Blay, autora de *One Drop: Shifting the Lens on Race* (Una gota: Cambiar la mirada sobre la raza). Las normas de la hipodescendencia se desarrollaron y codificaron en Estados Unidos para dar a la sangre negra una cualidad aditiva, dotándola con el poder de convertir a cualquier residente con ascendencia negra en miembro de la población negra del país. Conforme a este rasero, el último gobernador mexicano de California, Pío de Jesús Pico IV, se vuelve negro. Conforme a este rasero, yo también. Soy descendiente de afromexicanos que probablemente fueron esclavizados.

Cualquiera que no sea blanco se convierte en una sombra en *Río revuelto*. Nos mezclamos con su paisaje literario, tan importante para el entorno agrícola del libro como las alcachofas, las fresas y los espárragos, mencionados de pasada. La presencia mexicana que susurra en la novela permanece anónima en su mayor parte. Hay «barrios con un notable índice de población mexicana». Está el West End de Sacramento, donde Lily «podía comer tacos con los dedos». Mientras Lily espera sentada en un coche, un mexicano parado en una acera le hace una mueca. Hay «espaldas mojadas borrachos», «bares frecuentados por mexicanos» y mexicanas «putas». Un «autobús Greyhound [está] abarrotado de jornaleros mexicanos y marineros». Está el «restaurante mexicano de Jackson» donde trabaja «mamasita».

El único mexicano que desarrolla más profundidad de carácter que una lechuga es Gómez. A diferencia de los demás personajes de *Río revuelto*, Didion no se molesta en darle un nombre completo. Aun así, Gómez es el eje casi nunca visto ni escuchado del universo del libro. Sin él, Walter Knight habría tenido que trabajar. Mientras el senador literalmente anda jodiendo por allí, Gómez suda. «[Él] llevaba el rancho, y hasta regateaba con los compradores de fruta, y entretanto Walter Knight se sentaba en la penumbra familiar del bar del hotel Senator y hacía visitas a la casa de madera blanca de la calle 38 en la que vivía la señorita Rita Blanchard». Podemos ver de quién heredó Lily sus fantasías de dueña de una plantación.

El narrador omnisciente y despectivo de la novela degrada al administrador del rancho mientras chapurrea en espanglish: «Gómez era el hombre más triste del mundo; daba la impresión de que su único propósito era refutar la idea de que nuestros vecinos del sur de la frontera eran *muy simpatico*». Como los piojos, la gramática racial viaja de persona a persona, *tête-à-tête*. Cuando Walter se queja ritualmente de Gómez, le enseña a Lily cómo debe sentirse respecto de los mexicanos.

[Gómez] ejemplarizaba con tenacidad el argumento de Walter Knight de que solo podía esperarse honradez por parte de los nativos del Norte de California.

—Le pago a ese cabrón más de lo que cobra ningún mexicano del Valle... Y sin embargo me estafa, le parece necesario robarme todo lo que tengo. A ver si tú lo puedes entender. A ver si tú me lo puedes explicar.

La gramática racial enunciada por Walter Knight me recuerda la perorata de un político de Santa María, George Hobbs. Durante toda mi infancia y adolescencia, Hobbs fue nuestro alcalde. Su obituario lo pintaba como «franco» y «directo».

Yo lo recuerdo como un pendejo.

Cuando yo tenía trece años, la Asociación para el Desarrollo Económico del Valle de Santa María celebró un almuerzo en su honor. Los hombres importantes se reunieron en la Far Western Tavern, un asador con temática del oeste situado entonces en la pequeña ciudad de Guadalupe. Probablemente fueron mexicanos quienes cosecharon, prepararon y sirvieron cada bocado que Hobbs y su público comieron. En lugar de agradecer, Hobbs pronunció un discurso de campaña en el que atacó a la gente que ponía la comida en su plato.

En este momento en Santa María tenemos un problema mexicano. Tenemos dificultades con montones de extranjeros ilegales que han llegado por la frontera, y han hecho que nuestros vecindarios ya no se vean como Santa María.

El antiguo cartero proponía una solución: campos de concentración para mexicanos.

Mis padres eran francos y directos en su valoración de Hobbs. Decían que nuestro alcalde tenía un problema de racismo y que no debería sorprendernos si le crecía un pequeño bigote negro.

Mi padre empezó su carrera en el Valle de Santa María dando clases de quinto grado en la Escuela Primaria Robert Bruce. Muchos de sus alumnos eran hijos de recolectores de fresas mexicanos. Cuando los niños llegaban a la escuela con las manos ennegrecidas, él sabía que habían recolectado. Uno de ellos llegó a ser lo mismo que Walter Knight, senador del estado. Uno de los compañeros de grupo del futuro senador, Miguel Ángel, de mayor se hizo conserje. Miguel Ángel nunca dejó de querer a papá. Cuando llamaba a nuestro timbre, yo corría a abrirle. Siempre traía contenedores rebosantes de enormes fresas. Algunas tenían el tamaño y la forma del puño de un hombre fornido. Otras, el tamaño y la forma del corazón de un cerdo. Juro que vi una del tamaño y forma exactos de un delicado pie de mujer. Cuando Miguel Ángel nos visitaba, hacíamos pastel de fresas y horneábamos tartas de fresas. Comí tantas berries que me preocupó que el arsénico pudiera matarme.

El chico que se convirtió en senador estatal nunca nos trajo fruta.

Se hizo republicano.

Mis padres se rebelaban contra la gramática racial californiana que nos rodeaba. A su vez, hacían posible el cambio. Al rebelarnos contra la gramática racial de Didion, podemos desbancarla como la gran dama literaria de labios finos de California. Podemos dar paso a otras cabronas del viento; otras cabronas que quieren soplar.

Joan Didion es más conocida por el tipo de cosas que yo leí al principio, su obra de no ficción. Publicó su primera colección de ensayos, *Slouching Towards Bethlehem* (Arrastrarse hacia Belén), en 1968. En el prefacio pone a los lectores en alerta y nos abofetea antes incluso de llegar a la primera parte: «Casi todos los textos fueron escritos para revistas en 1965, 1966 y 1967, y la mayoría de ellos, para aclararlo de una vez, fueron "idea mía"». El tema que une vagamente a los veinte ensayos es «cosas que se desmoronan» y su prefacio termina con una advertencia: «...una última cosa para recordar: *los escritores siempre están vendiendo a alguien*».

Didion hacía alarde de su nihilismo con un estilo impregnado de nicotina.

«Guaymas, Sonora» es el escrito número dieciocho de *Slouching Towards Bethlehem*. Revela por qué Didion cree que México existe: «Había llovido en Los Ángeles al punto de que el acantilado se desmoronaba en el oleaje y no me apetecía vestirme por la mañana, así que decidimos ir a México, a Guaymas, donde hacía calor». Esto, con la energía desatada de una frase atropellada, nos dice que México es un pasatiempo, algo que los gringos pueden probar en un día lluvioso. El motivo de viajar allá es semejante al propósito de acampar. Los campistas buscan sufrimiento recreativo. En el caso de Didion, lo que quiere es «quedar desorientados, confesos, por el calor...».

La autora y su familia a medio vestir conducen por Nogales, el desierto de Sonora y Hermosillo. Cuanto más al sur van, más moja Didion su pluma en tinta infernal.

Perdidos
Caliente
Grotesco
Claustrofóbico
Limbo
Gemido

Al llegar a su destino, Didion se lanza al exceso gótico, plantando un símbolo de muerte sobre un símbolo de vida eterna: un buitre se posa sobre un crucifijo en la plaza del pueblo. Para ayudarnos a ver Guaymas en nuestra mente, nos ofrece una referencia anglófila: «Por lo que al pueblo respecta, Graham Greene pudo haberlo escrito». Greene escribió *El poder y la gloria*, una buena novela sobre la Cristiada, una guerra religiosa mexicana, pero la referencia me resulta un tanto irritante. He estado muchas veces en México y ni una sola vez he pensado: *¡Ah, México... tal como lo describieron los británicos!*

Didion pertenece a una tradición espiritual bien documentada de pálidos desconocidos que utilizan a México como portal trascendental. «Fuimos para alejarnos de nosotros mismos», explica. Ahora bien, si la autora se abandonó a sí misma y a la mayor parte de su guardarropa en Los Ángeles, ¿quién, o qué, está de vacaciones en Guaymas? Didion responde esta pregunta comparando su viaje al sur con el de la mítica reina Alcestis.

Antes de renacer, Alcestis desciende al inframundo. La transformación paralela de Didion requiere que se escurra por debajo del cinturón de América: la frontera entre Estados Unidos y México.

Cosas terribles viven en los inframundos, y mientras Didion está en Guaymas, se aproxima a una cosa terrible. El sol, la inercia y la liminalidad conspiran. Joan manifiesta una personalidad a la que yo llamo Juana: «Durante una semana nos tumbamos en hamacas y pescamos ocasionalmente y nos fuimos a la cama y nos pusimos muy morenos y holgazanes». La puntuación de Didion sucumbe a la pereza. Al renunciar a las comas, evoca una imagen de control perdurable: el mexicano indolente.

La socióloga Patricia Hill Collins creó el concepto de imagen de control. Es un artilugio que dicta patrones sociales. Las imágenes de control levantan fronteras sociales. Limitan quiénes podemos ser y quiénes no. El académico literario Lee Bebout explica las fronteras marcadas por el mexicano indolente: «Ya sea durmiendo la siesta o trabajando sin cesar, a los mexicanos se les suele definir como carentes de energía emprendedora y de una ética de trabajo independiente, de tipo blanco sajón y protestante».

Como la blanquitud se construye por oposición, Didion se vale de esta imagen de control, igual que Walter Knight se vale de Gómez. Convertirse en una mexicana perezosa la purifica. La hibernación le devuelve su condición de mujer blanca, sajona y protestante. Como Alcestis, rechaza el sueño permanente que le ofrece el inframundo hispanohablante. En el fondo, nunca será tan perezosa como para dejar de preocuparse por el trabajo que la llama desde Hollywood.

Al final de la semana, Joan ha olvidado a Juana. Deseosa de «algo que hacer», regresa al norte. Sacudiéndose su personalidad morena, deja a Juana en ese nido de la pereza tan magistralmente ilustrado por aquel inglés.

• • •

La mención más inquietante e impensada de Didion a lo mexicano aparece en el ensayo que da título a su segunda colección de no ficción, *El álbum blanco*. Esta pieza icónica es un recuento vertiginoso de la vida de la autora a finales de los sesenta. En él, Didion glamoriza la mortífera secuencia de acontecimientos que culminaron en los juicios de Manson.

Al final de «El álbum blanco», Didion demuestra dos cosas.

Uno: que en Los Ángeles en los sesenta, hasta los ricos temían que les arrancaran las entrañas.

Y dos: no había nadie a quien ella no conociera.

Recuerda que el cineasta Roman Polanski arruinó el que fuera su vestido de novia al derramarle encima vino tinto en una cena en Bel-Air. Tras esta ominosa anécdota, hace un esbozo de cómo se convirtió en estilista personal de una chica de Manson.

A petición de Linda Kasabian, Didion fue de compras a Beverly Hills. Su misión la llevó a una tienda departamental de lujo en el bulevar Wilshire, I. Magnin. (La tienda ya no existe, pero el edificio de estilo Hollywood Regency sigue en pie. Se convirtió en el Saks Fifth Avenue donde las cámaras de vigilancia pescaron a la actriz Winona Ryder robando en 2001). Didion echó un vistazo a los percheros. Eligió el vestido que Kasabian llevaría para testificar sobre una atrocidad en la que ella montó guardia: el apuñalamiento de la esposa embarazada de Polanski, la actriz Sharon Tate.

«Una talla nueve pequeña» —me había dicho—. «Mini pero no extremadamente mini. A ser posible de terciopelo. De color dorado o verde esmeralda. O bien: un vestido estilo campesina mexicana, con falda amplia o bordados». Aquella mañana necesitaba un vestido porque el fiscal del distrito, Vincent Bugliosi, había mostrado reservas hacia el vestido que ella tenía planeado llevar, un vestido suelto largo y blanco de tela artesanal. «El largo es para la noche», le había aconsejado a Linda.

¿Qué chica de veintiún años se pondría un «vestido estilo campesina mexicana» para ir a decirle a un juez cómo, presionada por un pequeño proxeneta blanco, esperó en el coche mientras sus mejores amigos apuñalaban a una *sex symbol* a punto de dar a luz? Una hippie desertora de una secta sexual racista y apocalíptica, esa misma. ¿Y qué es un vestido estilo campesina mexicana? ¿Se refería Kasabian a un huipil, como los que mi madre solía combinar con pantalones de pants de terciopelo y mocasines de piel en sus días libres? ¿O se refería a los vestidos con holanes al tobillo de las mujeres que lucharon en la Revolución mexicana?

Mis antepasados eran campesinos mexicanos y me cuesta imaginar a alguien que no sea una rubia deslavada con coletas consiguiendo ir vestida como ellos a un juicio de asesinato de alto perfil. Ellos ni siquiera querían usar esa ropa. Intentaban quitársela. Por eso se rebelaron.

Kasabian se salió con la suya. Cuando se presentó a comparecer, se divulgó que lucía «un casto vestido campesino de manga larga hasta el piso». En una foto tomada el 13 de agosto de 1970, Kasabian sonríe a la cámara detrás de la ventanilla de una camioneta blanca de alguacil. Lleva un huipil blanco con motivos geométricos bordados en verde oliva. Como solo la vemos de la cintura para arriba, no sé si combinaba la túnica de algodón con pantalones de pants de terciopelo.

En el juicio, Kasabian dio una idea de la generosidad de Didion:

La señora Kasabian, a quien el estado le ofreció inmunidad, reveló en su sexto día de testimonio que estaba escribiendo un libro sobre su vida con la ayuda de Joan Didion, escritora de la revista *Life*, y por el que cual recibiría 25 por ciento de las ganancias.

—No tiene que ver con el caso —dijo la señora Kasabian—. Es sobre mi vida, sobre mí y mis viajes. Hablo sobre mi relación con las drogas.

—¿Espera volverse famosa?

—No me importa la fama. Espero que los jóvenes se identifiquen conmigo, que vean el camino que tomé y tomen otro.

Durante el juicio, Didion visitó a Kasabian en el Instituto para Mujeres Sybil Brand. Al igual que I. Magnin, la antigua cárcel ya no existe. Sus instalaciones se utilizan ahora como locación para películas y programas de televisión. (Si han visto la película *Legalmente rubia*, ya conocen el interior de Sybil Brand).

Didion recalca el terror que le produjo la cárcel: «...recuerdo sobre todo la aprensión que sentía al entrar... al abandonar, aunque fuera durante una hora, las infinitas posibilidades que de pronto yo percibía en el crepúsculo estival». Nada resultó de su proyecto de libro con Kasabian, y quizá Didion se escabullera por miedo a que la Familia Manson le hiciera una visita. En 1975, cuando el presidente Gerald Ford visitó la ciudad natal de Didion, la chica pelirroja de los Manson, Lynette «Squeaky» Fromme, le apuntó con una Colt .45. En 1989, la fiscalía de Sacramento donó la malograda arma asesina a la Biblioteca y Museo Ford.

Mi prima Desiree fue enviada a Sybil Brand dos veces. Ni una sola llegó una esquelética escritora de revista en un Corvette con vestidos de Beverly Hills. La primera vez, la policía la encerró tras un incidente que ellos mismos provocaron. Desiree tenía diecisiete años cuando unos policías utilizaron los puños, los pies y toletes contra su amiga embarazada. Ella y otras chicas intervinieron e intentaron protegerla. Los policías golpearon a todas. La chica abortó.

(Los hippies no son realmente la amenaza en que Didion los convierte.

Es la gente con placa la que se sale con la suya).

Antes de que Manson se hiciera líder de una secta, cumplió condena en el condado de Los Ángeles con Danny Trejo. Tras lograr la sobriedad, Trejo se dedicó a la actuación. Protagonizó como Isador Cortez, alias Machete, la serie de películas *Machete*. El director Robert Rodriguez ha dicho que cuando conoció a Trejo supo que tenía en las manos a un Charles Bronson mexicano. Hay fans de Machete por todas partes. Mi optometrista es uno de ellos. Tiene una foto fija de *Machete* autografiada colgada detrás del mostrador de la recepción.

En sus memorias, Trejo pone a Manson en su lugar.

La vida de las pandillas carcelarias eludió a Charles Manson, e incluso si hubiera podido caer en ella, de seguro que no habría sido un jefe. Fue al salir cuando pudo crear la estructura social que quería al encontrar un grupo de hippies perdidos en Haight-Ashbury y convertirlos en una «Familia». Si Manson hubiera intentado hacer esa movida en el Este de Los Ángeles, nunca habría estado al mando de una mierda.

En el pecho de Trejo hay un enorme tatuaje de una soldadera sexy coronada con un sombrero. Su ala llena el espacio entre los pezones. Como Trejo y su tatuador fueron trasladados repetidamente a distintas prisiones, Harry «Super Jew» Ross tardó dos años y medio en terminar la obra maestra.

La soldadera de Trejo presume unas grandes tetas. El pelo oscuro le cae bajo los hombros, arroyos que fluyen a lo largo de su rebozo. Se niega, orgullosa, a sonreír. Si lo hiciera, podría matarte.

Ya quisiera Linda Kasabian.

• • •

Joan Didion bautizó a su única hija, una niña rubia a la que a veces vestía con ropa a juego con la suya, con el nombre de uno de los estados costeros del sur de México. Este lugar semitropical es también uno de los destinos turísticos más populares del país.

Quintana Roo.

Hace diez años fui en avión a la hija de Didion.

No fui a tumbarme en una hamaca.

No fui a pescar ocasionalmente.

No fui a holgazanear.

Fui a un retiro para escritores.

Fui a obligarme a terminar una novela.

Supuse que el lugar del retiro me vendría bien. La novela estaba ambientada en un país imaginario sin nombre que se parecía muchísimo a México.

Cuando llegué al aeropuerto de Cancún, una enfermera vestida de blanco y con cofia estaba apostada junto a un torniquete brillante. Tenía un sujetapapeles y saludaba a los pasajeros, preguntándonos si teníamos gripe porcina.

—Ah... —dije—. ¿No creo?

—¡Bienvenida!

A mi alrededor pululaban angloparlantes ansiosos por abordar vuelos a Cuba. Llevaban camisas hawaianas y en el cuello un lei, informando lo malos que son los gringos en geografía. Afuera, patrullaban las calles unos camiones cargados de soldados armados y uniformados. Una elegante camioneta estaba allí para recogernos a mis colegas escritores y a mí, y nos llevó a Akumal, dejándonos en un barrio que atendía a veraneantes gringos.

Debía de estar emocionada. Pero no lo estaba. La regla me había estropeado otros buenos calzones y con la inflamación me daba pena ponerme el bikini verde, las únicas prendas de baño que había metido en la maleta. Estaba lejos de mi esposa, a la que no soportaba, pero pensar en ella esperándome en California me impedía disfrutar del país que nos separaba.

Me sentía de la chingada, pero me daba vergüenza admitirlo. La vergüenza reforzaba mi sufrimiento.

Me asignaron al condominio ocho, donde compartí habitación con Sara y Thomas. Más íntimamente aún, compartí cama con Sara. La deleité con historias que hacían que mi mujer pareciera cool mientras Thomas me traía té de hierbas para calmar mi melancolía y mis cólicos. No estaba deprimida como para tirarme desde el balcón (lo que habría estado bien, porque eran solo dos pisos de altura y habría aterrizado en arena suave), pero era incapaz de disfrutar del esplendor del azul del Caribe. Más allá de nuestra puerta corrediza de cristal el mar centelleaba, seduciéndonos con sus lentejuelas, y yo no era capaz de ofrecerle una sonrisa o un hola. Ni siquiera podía saludarlo con la mano. Solo podía suspirar. La más insustancial de las brisas.

Escribíamos o mirábamos la pantalla de nuestras computadoras hasta el mediodía. Mientras tanto, el personal se afanaba afuera, rastrillando la playa. Eso me hacía sentir rara. También me sentía rara por ser la única escritora de ascendencia mexicana en el retiro. Me preguntaba si el dramaturgo, un tipo cuir de familia colombiana, se sentiría igual. A veces nuestros ojos se topaban e intercambiábamos miradas, reconociendo telepáticamente que éramos los elefantes en la habitación, los únicos latinos del grupo.

Hicimos algunas excursiones en grupo que parecían salidas escolares, y en un bosque de chicozapotes nuestros anfitriones decidieron que debíamos visitar un cenote. Nos metimos en una palapa, nos pusimos cascos de plástico y caminamos trabajosamente detrás de un guía. El hombre se parecía al señor Gabaldón, amigo de mi papá, un chicano con un burro como mascota que un puma se comió durante la última sequía.

Descendimos. Lo suficiente dentro de México como para que contara, lo suficiente dentro de México para crear la ilusión de que estábamos en otro planeta, nuestro guía iluminó estalagmitas rosas, estalactitas cobrizas y abundantes montones de guano. Dirigió su linterna hacia un depósito mineral de aspecto obsceno y dijo: «A este lo llamamos la lengua de Mick Jagger».

Se parecía al logo de los Rolling Stones. Los otros depósitos parecían alimentos para el desayuno. Tocino. Huevos. Pizza.

De vuelta en la superficie terrestre, la luz del sol me quemaba los ojos. Los entrecerré y me moví como un murciélago, ecolocalizándome hacia un puesto de bebidas. Compré una lata del refresco favorito de Didion, me acuclillé y le di unos sorbos. Una envidiosa mona araña se acercó deprisa por arriba. Estirando sus manos enguantadas entre la alambrada, siseó y me agarró por las greñas. Mostrando los dientes, intentaba arrancarme la Coca-Cola de las manos. Mis nudillos se tensaron y defendí mi lata, expulsando los dedos simiescos de mi pelo.

A pesar de la magnificencia subterránea y el ataque del primate, mi depresión continuó.

En mi melancolía lésbica, recurrí a mi mecanismo de resiliencia: el ejercicio extremo. En el condominio me puse unos shorts y una camiseta maltrecha y salí a correr en el calor, sudando sobre los manglares amantes de la sal. Sabía que probablemente era mala idea, que una carrera larga podría deshidratarme, pero ¿qué más podía hacer? ¿Ir a pelearme con un marlín?

Corrí y corrí y corrí, pero aminoré el paso cuando noté movimiento en mi visión periférica. Por un segundo pensé que un perro trotaba a mi lado, pero los perros no son verdes. Me volví y miré. La iguana levantó ligeramente la cabeza, guiñó un ojo y se escabulló entre los árboles. Me hizo sentir menos sola, y por eso le estoy agradecida a los reptiles de Quintana Roo.

Didion pronunciaba la primera parte del nombre de su hija al modo gringo, a lo Anthony Quinn-tana, y pertenecía a un selecto club de padres que no tienen que preocuparse por el nombre que les ponen a sus hijos. Pueden llamar a sus bebés X Æ A-Xii,

Pilot Inspektor o Apple sin miedo a que estas expresiones de «excentricidad» puedan arruinar el futuro de su prole. Qué lujo poder desplegar un mapa, engancharte a un topónimo extranjero y reclamarlo como tu hija. Así es como fue nombrada Quintana Roo Dunne. La niña era la encarnación viviente de la extracción de lenguaje de Didion en México, y aunque es uno de los países con mayor diversidad lingüística del mundo, las palabras del lugar le eran un misterio. Para ella, los sonidos de México ofrecían un entretenimiento ignorante, un bufé de nombres «únicos» para bebé.

Muchos lectores no saben que hay madera mexicana merodeando en «Cuaderno de Los Ángeles». Para identificar esa madera, hay que saber algo de historia mexicana. También hay que saber de meteorología.

Mis padres solían dejar la televisión sintonizada en las noticias. Por eso me mantenía al tanto del clima en Los Ángeles. Podía recitar el pronóstico para surfear en Malibú, describir las estampidas de delfines avistadas desde la costa de la isla Catalina y anunciar a qué hora estaba previsto que Santa Mónica se nublara. También conocía el tiempo en Santa María, pero no era tan emocionante. Solo tenía que salir a la calle para verlo. Salvo raras excepciones, era predecible. Nos despertábamos con una niebla espesa que el sol disipaba rápidamente. Las temperaturas se mantenían por debajo de los 20 grados Celsius. Después de comer, vientos ligeros agitaban los arbustos del coyote. Al atardecer, las temperaturas bajaban, pero se mantenían lo bastante cálidas como para que las fresas estuvieran a gusto.

La niebla volvía de puntillas.

Todos los años, los meteorólogos de televisión con grandes peinados advertían sobre los Santa Ana. Me sentaba en nuestra alfombra color óxido a reflexionar sobre su nombre. ¿Eran mexicanos estos vientos? ¿Eran católicos? ¿Se colaban en misa para sacudir las vestiduras de los sacerdotes y volcar el peine de la limosna? ¿Alguien los había bautizado arrojando agua bendita en su dirección invisible? ¿Se llamaban así por Santa Ana, la ciudad del condado de Orange, o por el octavo presidente de México, el general Antonio López de Santa Anna? Quizá se llamaban así por el mexicano que tocaba la guitarra en «Black Magic Woman». Nadie parecía saberlo.

Una edición de 1958 de *Western Folklore* (Folclor del Oeste) prueba que los californianos han estado preguntándose por este fenómeno durante décadas.

Pronto llegarán los torbellinos veraniegos, y con ellos las discusiones anuales sobre su nombre. ¿Son Santa Ana por la ciudad del condado de Orange? ¿O Santana? ¿O Santyana, como de pequeños los llamábamos aquí? Anna de Zborowska sostiene que deben su nombre al general Antonio López de Santa Anna, que atrapó a Davy Crockett en El Álamo. Cuando su ejército estaba en marcha era visible desde lejos por las nubes de polvo que levantaba. En años posteriores, cuando los vientos secos levantaban nubes de polvo a la distancia, los mexicanos decían: «¡Por Dios! Parece como si viniera Santa Anna».

He oído a los mexicanos decir camarón que se duerme se lo lleva el corriente.

He oído a los mexicanos decir que los niños y los borrachos siempre dicen la verdad.

He oído a los mexicanos decir este arroz ya se coció.

Nunca he oído a los mexicanos decir esas cosas sobre el viento.

Como me eduqué en California, estoy acostumbrada a que los profesores llamen villano al presidente Santa Anna. En el índice de mi libro de texto de historia de secundaria se le menciona como «Santa Anna (dictador mexicano)». Aparece por primera vez en la página 258, en un capítulo titulado «La Estrella Solitaria de Texas centellea».

Los pioneros individualistas que llegaron a Texas no eran fáciles de someter. Rápidamente aumentaron las fricciones entre mexicanos y texanos por cuestiones como la esclavitud, la migración y los derechos locales... Cuando Stephen Austin fue a la Ciudad de México en 1833 para negociar esas diferencias con el gobierno mexicano, el dictador Santa Anna lo encarceló durante ocho meses. La explosión llegó finalmente en 1835, cuando Santa Anna revocó todos los derechos locales y empezó a reunir un ejército para reprimir a los texanos advenedizos.

Una litografía en blanco y negro en la página 259 retrata la batalla de El Álamo.

Desde que vi la película *La gran aventura de Pee-Wee* no puedo tomarme en serio nada que tenga que ver con El Álamo. Así es como *The American Pageant* (La caravana americana) describe lo que ocurrió allí:

A principios de 1836, los texanos declararon su independencia e izaron la bandera de la Estrella Solitaria, con Sam Houston como comandante en jefe. Santa Anna, al mando de unos seis mil hombres, se lanzó ferozmente sobre Texas. Aprisionó a una belicosa banda de casi doscientos texanos en El Álamo de San Antonio y los aniquiló después de trece días de asedio. Su comandante, el coronel W. B. Travis, había declarado heroicamente: «Nunca me rendiré ni me retiraré... Victoria o muerte». Entre las víctimas estuvieron Jim Bowie, al que le dispararon mientras yacía enfermo y lesionado en su catre, y Davy Crockett, cuyo cuerpo se halló acribillado a balazos y rodeado de cadáveres enemigos...

Mi papá y uno de sus primos visitaron El Álamo en los setenta. Siguieron a una guía que dirigía una visita grupal. Cuando llamó a Crockett y Bowie «mártires americanos», los primos empezaron a reírse.

—¡Señor! —dijo la guía—. ¡Señor! ¡Usted y su amigo tendrán que irse! El Álamo es un lugar sagrado. No se puede reír en El Álamo.

Los primos se fueron con sus pantalones acampanados ondeando.

(Al cantante Ozzy Osbourne también lo echaron de El Álamo. Aunque eso fue un poco distinto. Orinó en el suelo).

Los mexicanos mataron a Crockett, pero unos soldados estadounidenses se robaron la pata de palo de Santa Anna. El general perdió la extremidad original en 1838 cuando la metralla disparada por un cañón francés se la destrozó. Creyendo que perecería, Santa Anna lanzó una última petición: «¡Que todos los mexicanos, olvidando mis errores políticos, no me nieguen el único título que quiero dejar a mis hijos, el de buen mexicano!». Santa Anna sobrevivió. Su pierna no. Se organizó un funeral de Estado para la extremidad amputada. Santa Anna reanudó su carrera militar con una prótesis de corcho y madera con una bota de vestir negra. Peleó en lo que los libros de historia mexicanos llaman «la Guerra de Estados Unidos contra México», pero huyó a caballo de la batalla de Cerro Gordo. En su retirada, Santa Anna dejó la cena sin terminar y una alforja con dinero. También dejó su pata de palo. La infantería estadounidense se comió su cena y capturó su extremidad, llevándose el trofeo a Illinois. Un museo la tiene prisionera.

En 2016, un grupo de estudiantes viajó en autobús de Texas a Springfield. Uno de ellos, Andre Grajeda, de dieciocho años, dijo a unos periodistas que su misión era recuperar la pierna del general. Cuando los estudiantes le pidieron al curador Bill Lear que les entregara el trofeo, explicando que le pertenecía a México,

Lear se negó. Les explicó por qué la pierna tenía que quedarse en Springfield.

...la pierna no es tanto la historia. Es la historia de los soldados de Illinois y la batalla. Lo que es, es un vehículo para la conversación de modo que podamos educar. Ustedes probablemente han aprendido más sobre la historia de Illinois gracias a esta pierna que si no la tuviéramos.

Tengo la sensación de que, si mi papá hubiera estado presente durante el sermón de Lear, habría dicho: «¡No se puede reír en Springfield!». También me imagino a un guardia del museo tomando los anteojos de papá como trofeo de guerra, una herramienta didáctica que permitiría a los docentes de Illinois ilustrar la amenaza permanente que suponen los nerds mexicanos.

Didion escribe que sabemos cuando vienen los Santa Ana «porque lo sentimos». Sé que los mexicanos están en «Cuaderno de Los Ángeles» porque nos siento. Somos Los Ángeles. Somos el viento. Somos California. Somos playas y palmeras. Somos piernas invisibles.

En una anécdota de «Cuaderno de Los Ángeles», Didion hace un guiño a la existencia mexicana. Es una tarde calurosa y con esmog. Una vez más, el clima le impide vestirse. Se dirige al Ralph's Market vestida con «un bikini viejo». Una «mujer corpulenta vestida con un largo vestido de algodón» que desaprueba el atuendo de Didion la persigue. La cacería sigue el formato y el ritmo de un chiste: «Me sigue por toda la tienda, a la sección de comida infantil [EN SUS MARCAS...], a la de productos lácteos [LISTOS...], a la de delicias mexicanas [CHISTE]...».

Esta es la única vez que la palabra *mexicano* aparece en este emblemático ensayo. Dado lo primitivo que a Didion le resulta

México, y los mexicanos, parece que el placer cómico que siente es un oxímoron.

¿Cómo algo mexicano puede ser una delicia?

Los niños criados en California heredan una historia macabra.

Algunos adultos disfrutan contando este pasado, compartiendo con ellos la sombría historia del grupo Donner, los pioneros que se dirigían hacia el oeste, se quedaron sin comida, se helaron y se comieron unos a otros. Como en mi infancia desarrollé un gusto por lo morboso, el final de los Donner me incitaba. Era un antídoto contra las narrativas triunfales de los colonos que la televisión, los políticos y los profesores me recetaban. Los libros de texto también imponían estas historias. Uno de ellos era *A Child's History of California* (Historia de California para niños).

Encontré el delgado volumen naranja en una repisa metálica en una tienda de segunda mano del Ejército de Salvación. En la portada aparecía un logo que combinaba un pico, una pala, una cuerda y un costal de pepitas de oro. Agarré la áspera encuadernación rígida, y la abrí para ver si era antiguo.

Lo era.

El Departamento de Educación de California lo publicó dos años antes de que naciera papá.

Con curiosidad por saber lo que Enola Flower, la autora de *A Child's History of California*, tenía que decir sobre mi hogar, le entregué unas monedas al cajero y me llevé el libro. Lo metí en la cesta de la bici y pedaleé hasta casa.

Aquella noche, acostada en mi litera leyendo el «Capítulo 17: Los americanos vienen en carromatos cubiertos», casi podía oír a mi padre y a mi abuelo gritar, cuestionando cada palabra.

Muchos americanos empezaron a venir a California. Vinieron a establecer sus hogares aquí. Oyeron hablar del clima agradable y soleado, de los muchos animales, de los kilómetros y kilómetros de tierra que serían tan buenos para la agricultura.

Muchas familias viajaron al oeste. Viajaron por llanuras, montañas y desiertos. Tuvieron que cruzar muchos ríos y subir muchas montañas altas. Tuvieron que atravesar el territorio de los indios y la tierra de los búfalos.

No había caminos. Ni siquiera había senderos en la mayoría de los sitios. Los únicos hombres que podían mostrarles la ruta eran los tramperos. Era un viaje largo y peligroso. Muchas veces tenían que viajar sin agua. A menudo, había poca comida. A veces eran atacados por los indios y los mataban.

A estos valientes se les llamó emigrantes. Los emigrantes son aquellas personas que abandonan sus antiguos hogares y se establecen en otra tierra.

Era cierto que los colonos habían dejado sus hogares. Flower omitió la parte de que se metían en el de alguien más. Los anglos no eran los únicos que tomaban los hogares de la gente. Los españoles y los mexicanos también. Todos usurparon tierras indígenas.

Entre los ladrones que llegaron a las costas americanas estaban algunos de mis antepasados españoles, y cuando utilizo la palabra *americanas*, no me refiero solo a Estados Unidos.

Me refiero a América.

Toda ella.

Pasé buena parte de mi infancia preguntándome a qué sabían los colonos californianos del siglo XIX. Me preguntaba cómo se habrían preparado los del grupo Donner entre sí para comerse. Me preguntaba si sería capaz de comerme a mi familia. Supuse que sí. Me masticaba las uñas y a veces me las tragaba.

Didion hace un escándalo de lo ocurrido en la Sierra Nevada, pero California no fue el primer lugar donde los blancos se comieron unos a otros. Cuando estudié Historia en la Universidad de California, Berkeley, el mismo lugar donde Didion estudió Literatura, leí sobre gente que se comía a otra gente en Europa. El monje benedictino Raoul Glaber documentó el canibalismo emprendedor. En respuesta a una hambruna, una carnicería ambulante en una feria de Borgoña vendía gente precocida. En mi cabeza, la escena es como de una feria del Renacimiento del sur. En lugar de piernas de pavo, siervos quemados por el sol mastican un fémur humano.

A Child's History of California dedica un capítulo entero al grupo Donner. Venían del lugar que no entregaría la pierna de Santa Anna.

En la primavera de 1846, un grupo de personas abandonó sus hogares en Illinois para dirigirse a California. Codiciaban las buenas tierras de cultivo de las que habían oído hablar... Durante los primeros meses todo iba bien... Algunos decidieron tomar [un atajo]... Fue un gran error para ellos tomar este atajo... Pronto, el Grupo Donner se vio atrapado en la nieve... El aire se hizo más frío. Comenzaron a soplar helados vientos invernales... Llegaron a un lago donde había una cabaña tosca... Sabían que tendrían que pasar el invierno ahí, en la gélida y espesa nieve... Comían lo que encontraban. Masticaban pieles. Incluso las hervían e intentaban comerse el espeso pegamento que se formaba. Comían cortezas y ramas de pino. Pero esto no era comida de verdad... Solo cuarenta y ocho de ellos vivieron para llegar al Valle de Sacramento.

«La historia del grupo Donner atormenta a Didion», escribe Michiko Kakutani.

Una tatarabuela de Didion, Nancy Hardin Cornwall, viajó

al oeste con el grupo, pero ella y sus compañeros se separaron antes de que los colonos establecieran lo que se conoció como el Campamento de la Muerte. Didion celebra la valentía de Cornwall, glorificándola como hija de la Revolución americana «que nunca pareció tener miedo de los indios ni rehuir las penurias».

Como he dicho en repetidas ocasiones, y volveré a decir, los pioneros no tenían nada de pionero. California era tierra indígena cuando la invadieron los españoles. Ejercieron el poder desde 1781 hasta 1821. Después de que Nueva España se convirtiera en los Estados Unidos Mexicanos, California experimentó la ocupación mexicana. Duró de 1821 a 1848. Había colonos aquí al menos sesenta y siete años antes de que los antepasados de Didion asomaran la cabeza al Valle de Sacramento.

El gobernador Pico aborrecía su llegada.

Nos encontramos amenazados por hordas de inmigrantes yanquis que ya han comenzado a inundar nuestro país y cuyo avance no podemos detener. Las carretas de ese pérfido pueblo ya han escalado las cumbres más inaccesibles de la Sierra Nevada, cruzado todo el continente y han penetrado en el fructífero Valle de Sacramento.

En 2003, Didion publicó *De donde soy*, un libro de no ficción que explora tímidamente sus confusiones californianas. En su momento más prometedor, nos provoca con su ignorancia, admitiendo que tal vez entienda a «América» tan mal como a California. Desafortunadamente se refugia en la cobardía, escribiendo que estos «malentendidos y malinterpretaciones... forman parte de quien soy en tanta medida que todavía hoy solo les hago frente de refilón».

Al igual que Enola Flower, Didion mezcla la palabra *emigrante* con *colono*. Repasa las «tumbas recientes, [las] carretas destrozadas» y los «huesos humanos y de animales» del lago Donner. Insinúa la sombra de la «ambigüedad moral» que invade la búsqueda de los pioneros, pero no llega a sumergirse en ese abismo, indagando qué podía haber de malo en una aventura que desencadenó un genocidio. Didion se regodea en las «penurias» que sus antepasados se vieron en la necesidad de soportar. Dice poco sobre las penurias que infligieron.

Didion heredó la receta del pan de maíz de su tatarabuela junto con su «moral de caravana». Con respecto a esta última, medita en el ensayo titulado «Sobre la moral».

...mi propia infancia estuvo iluminada por letanías gráficas del dolor que aguardaba a quienes traicionaban sus lealtades mutuas. El grupo Donner-Reed, hambriento en las nieves de la Sierra, con todos los vestigios de la civilización perdidos salvo ese tabú vestigial, la disposición de que nadie debía comer de su propia sangre.

Heredé la receta de chile relleno de mi bisabuela, pero no tengo mucho que contar sobre ninguna de mis tatarabuelas. Sobre mi tatarabuela Micaela Carrión puedo recitar un puñado de cosas. Sé que no era colona ni emigrante. Era nativa. Murió en Sayula, México, más o menos cuando terminó la Revolución.

Estos son los hechos de su muerte, registrados por un funcionario.

El 22 de junio de 1918, a las nueve de la mañana, compareció ante mí, Arturo Gálvez, presidente municipal a cargo del Registro Civil de Sayula, un rebocero de treinta y ocho años, Rosalío Quintero Jicasado. Dijo que a las cinco de la mañana, en una casa de la calle Cuauhtémoc número 42, falleció de senilidad a los cien años la indígena viuda Micaela Carrión. Esta mexicana era hija de Julián Carrión y Petra Casillas. Su cadáver será sepultado hoy en el cementerio municipal.

Espero visitar algún día el lugar donde está enterrada mi tatarabuela. Solo lo conozco por los libros. Los historiadores literarios dicen que Sayula inspiró el escenario de una novela, *Pedro Páramo*. Su autor, Juan Rulfo, la convirtió en un pueblo fantasma, cambiándole el nombre por el de Comala.

Sobre los campos del valle de Comala está cayendo la lluvia. Una lluvia menuda, extraña para estas tierras que solo saben de aguaceros. Es domingo. De Apango han bajado los indios con sus rosarios de manzanillas, su romero, sus manojos de tomillo. No han traído ocote porque el ocote está mojado, y ni tierra de encino porque también está mojada por el mucho llover. Tienden sus yerbas en el suelo, bajo los arcos del portal, y esperan.

El testimonio de Eliza Poor Donner Houghton, sobreviviente del grupo Donner, afirma que «ochenta y una almas» intentaban llegar a California. Tras listar el nombre y apellido de cada pionero, concluye con «Antonio (un mexicano) y Lewis y Salvador (los dos indios...)».

Lewis y Salvador eran miwoks que sabían que no debían confiar en el grupo. Huyeron, pero los colonos los encontraron y les dispararon, convirtiéndolos en los únicos seres humanos cazados y canibalizados deliberadamente. Cuando los colonos vieron morir congelado a Antonio, también se lo comieron. La meditación de Didion sobre la moral de caravana nunca nombra a Lewis, Salvador o Antonio, pero su presencia impregna la meditación acerca de las caravanas. Los colonos que Didion rememora llevaban a esta trinidad humana en sus cuerpos. Los intestinos blancos fueron las tumbas de los tres hombres.

Hoy en día, encuentro más interesante lo que Didion no muestra que lo que cuenta. La crítica literaria, junto con la historia, me proporciona un bisturí que me permite abrir los estómagos de los temas que su prosa hace visibles. Puedo hurgar en los contenidos expuestos, olfatearlos, aprender de ellos y darles sepultura apropiada. ¿Podemos hacer del grabado de sus lápidas un esfuerzo colectivo?

Hace algunos veranos, fui a una fiesta en Los Feliz. Después de sentarme en una tumbona en el patio trasero, intenté sin éxito evitar quedarme mirando la casa de mi anfitriona. Un compañero de fiesta se dio cuenta de mi esfuerzo.

Se inclinó hacia mí y me susurró:

—Es preciosa. Creo que es de Frank Lloyd Wright.

Asentí con la cabeza.

También luchaba por no quedarme mirando pechos. Se movían y colgaban por todas partes. El patio trasero era Lesbos. Mujeres sin nada arriba se recostaban junto a la piscina. Otras se congregaban en el agua poco profunda. Algunas flotaban solas, con los brazos extendidos y los ojos cerrados. Una mujer musculosa con un bikini se balanceaba en una dona inflable de plástico cubierta de glaseado y chispas.

Una viuda, Lynn Harris Ballen, me había invitado a esa fiesta. Dejaré que su esposa, Jeanne Córdova, la presente. Jeanne nos sigue hablando en los libros que nos dejó. En *When We Were Outlaws* (Cuando éramos forajidas), sus memorias, explica que Lynn es la hija sudafricana del revolucionario Frederick John Harris.

«El hecho de su paternidad me llevó a investigarla más a fondo, y en el proceso me casé con ella», escribe Jeanne.

Jeanne, nombrada así por sus padres en honor a la santa marimacha francesa, era hija de una madre irlandesa, Joan, y un padre mexicano, Federico. El rol de Jeanne en su gran familia católica le ayudó a conseguir uno de sus primeros trabajos. Había visto un anuncio en un tablero de la UCLA. Una pareja buscaba a alguien que cuidara a su hija. Cuando se presentó, Jeanne los convenció de que ella era la mejor opción. ¿Cómo no iba a serlo? Había ayudado a criar a diez hermanos.

Jeanne trabajó en casa de la pareja, y al principio el acuerdo la desconcertó. Ella cuidaba a su hija pequeña, aunque la pareja se quedaba en casa. Pronto se dio cuenta de que ambos trabajaban, cada uno en su propio despacho tapizado de libros y equipado con máquina de escribir. La pareja se comportaba como hacen a menudo los escritores en presencia de otros, ignorando su mutua existencia, cruzándose en el pasillo sin saludarse, con los ojos distantes, los rostros absortos y la mente ocupada en el lenguaje.

Esa pareja eran los Didion. (Así es como pienso en Joan y su marido. Todo mundo sabe que ella es más grande que él).

La niña que Jeanne cuidaba era Quintana.

Trabajar para los Didion le permitió a Jeanne asomarse a la vida de los escritores, lo que avivó sus ambiciones. Se convirtió en activista, organizadora, jefa de redacción, editora, periodista y escritora de memorias. Puedo proclamar que soy una chicana cuir libre gracias al trabajo de Jeanne. El trabajo de Jeanne también le permitió a Didion crear su visión canónica de California.

Para cuando yo nadaba de perrito en Lesbos, el cáncer se había llevado a Jeanne.

Nos dejó en 2016.

Didion heredó de sus antepasados una moral de caravana. Yo heredé de los míos otro tipo de moral: la que me impulsa a escribir por Lewis, Salvador, Antonio y Jeanne. En este momento, California les pertenece. Esta frase es su título, su hazaña.

NAVAJAZO

Celebro la veneración de Lorena Leonor Gallo, una heroína popular quizá destinada a convertirse en la intercesora por excelencia: una santa popular. Su aliento es necesario. Las esposas maltratadas ya tienen una patrona y protectora, Rita de Casia, santa de las causas imposibles. Cuando Rita tenía doce años se casó con Paolo, un aristócrata. La torturó durante seis años.

Una noche, cuando Paolo volvía a casa sigilosamente, un asesino con una hoja afilada salió de las sombras del siglo XIV. Dejó viuda a Rita. Ya libre, abandonó el mundo secular y se unió a una comunidad de monjas agustinas que practicaban la automortificación. Puede parecer ilógico que Rita pasara de sufrir las indignidades de su marido a golpearse a sí misma, pero tras un hombre como Paolo, la autoflagelación puede resultar curativa. Permite reconciliarse con una misma. Es un ritual de autoapropiación.

Los atributos de santa Rita bien podrían ser accesorios que yo habría combinado con un vestido negro andrajoso cuando tenía diecisiete años.

Un flagelo.

Una herida supurante en la frente.

Rosas.

Un enjambre de abejas blancas.

Espinas.

El Papa León XIII la canonizó en 1900, y el 22 de mayo, día de su fiesta, quienes buscan la protección de Rita pueden ofrecerle miel, cilicios y cadenas. Rita protege y consuela a las esposas maltratadas, pero pienso que necesitamos a una espada, una santa patrona del contraataque, para complementarla. Para ese puesto propongo a Lorena.

Los números que se le asocian son el siete y el once.

El símbolo que se le asocia es un cuchillo de mango rojo.

Al contemplar la famosa arma de Lorena, oigo un metrónomo con un péndulo muy afilado.

Acuchilla el pasado y perfora el presente.

Señorita del navajazo,

ella misma se vuelve la navaja.

Como mi madre, Lorena nació al sur de una ficción, la frontera México-Estados Unidos. Ambas inmigrantes acabarían viviendo como esposas a este lado de ese corte. Cuando Lorena iba a cumplir quince años, sus padres le dieron dos opciones. Podía disfrutar de una fiesta o viajar a la Costa Este para visitar a sus primos. Eligió Virginia y quedó deslumbrada por el suburbio de Washington, DC, que recorrió. Era «otro planeta, otro lugar».

Lorena nació en Ecuador en 1969. A los cinco años se trasladó con su familia a Venezuela. Su padre trabajaba como técnico dental en Caracas. Su madre era madre. La familia, de clase media, con dos hijos más, era igual que la mía: de cinco. Lorena prefirió Virginia a Venezuela, y tras obtener una visa de estudiante, se inscribió en una universidad comunitaria cerca de un campo de batalla de la Guerra Civil. A pesar de la nostalgia, la vida le parecía en general «hermosa y color de rosa». Lorena soñaba con caries y novocaína; fantaseaba con superar a su papá.

Quería ser dentista.

Cuando la vi en la televisión, me sorprendió su parecido con mi madre. Lorena medía un metro cincuenta y siete, y aun así era siete centímetros más alta. Ambas tenían pelo negro, pómulos altos y bien formados y ojos oscuros y melancólicos. Sus mandíbulas eran afiladas y sus labios finos se arqueaban con un pronunciado arco de cupido. Se pintaban la boca con labial llamativo, y cuando los labios de Lorena se movían, aparecía otra similitud. Su laringe, lengua y dientes le hacían al inglés lo que la laringe, lengua y dientes de mi madre también le hacían. Los inmigrantes pulían la tosquedad de nuestra lengua franca, haciéndola, por fin, melódica.

El público no se cansaba de Lorena. Yo tampoco.

Yo olfateaba el aire cuando los presentadores pronunciaban su nombre. Lorena era aromática, el árbol en su raíz evocaba el alcanfor y la lavanda con bergamota. Las hojas de laurel representan la victoria, el ganador, y como una de las niñas más lindas de mi escuela primaria bilingüe había sido una Lorena, asocié el nombre con la belleza aun antes de conocer a la menuda esposa y su cuchillo de cocina. La Lorena de mi infancia era mexicana. Llevaba el pelo negro recogido en trenzas anudadas con estambre de colores brillantes. Las doblaba por la mitad y las sujetaba con lazos. Cuando Lorena se estiraba para tomar el endurecido aplicador de pegamento, las cartulinas, bolas de algodón o sus tijeras para zurdos, los lazos sobre sus orejas bailaban.

Las trenzas de la Lorena mexicana me recordaban a la Princesa Leia, una señora a la que disfrutaba mirar. Mi pelo carecía de nobleza. Nadie me lo trenzaba. En lugar de ello, mi padre se apresuraba a recogerlo en coletas, asegurando una a cada lado de mi cabeza con una liga. Tomaba el pelo sobrante y me hacía una tercera coleta encima. En la escuela, los profesores y sus ayudantes se apiadaban de mí. Me deshacían el desorden y me arreglaban para que pareciera menos hija de mi padre.

En 1988, Lorena asistió a un baile de oficiales del Cuerpo de Marines celebrado en un club para reclutas cerca de la base de los Marines en Quantico, Virginia. Un marine de veintiún años se fijó en la tímida latina. El soldado interesado compartía nombre con un vaquero de Hollywood, un actor nacido en Iowa que había tenido no una, sino tres esposas latinas. John Wayne Bobbitt se sintió atraído por la timidez de Lorena. Se acercó a ella y entabló conversación. Aunque pensó que ella «apenas hablaba inglés», John le ofreció su número de todos modos. Salieron varias veces. A John le encantaba el «lindo acento» de la sudamericana. Cuando se enteró de que su visa estaba a punto de expirar, le propuso matrimonio.

«Ojos azules», reflexionó Lorena más tarde. «Un hombre de uniforme, ¿sabes? Era casi un símbolo: un marine luchando por su país. Yo creía en este hermoso país. Me fascinó. Yo quería mi sueño americano».

En el verano de 1989, un juez de paz del condado de Stafford casó a Lorena y a John. La pareja se mudó a un pequeño estudio. Para celebrar su primer mes de casados, John llevó a Lorena a cenar. Se emborrachó. La cena se puso fea. Durante el trayecto de vuelta a casa, John daba volantazos que aterrorizaban a Lorena. Manejaba como un suicida.

Ella se agarró al volante.

Él le dio un puñetazo en el pecho.

Su castigo continuó en casa. John se abalanzó sobre ella y la agarró por el pelo. Después de abofetearla, la estampó contra la pared.

John gastó dinero que no tenía en una antena parabólica, una computadora y dos coches. La pareja compró una casa, pero se retrasaron en el pago de la hipoteca. El banco ejecutó la hipoteca. John y Lorena volvieron a vivir en un departamento.

Después de que John fuera expulsado de los Marines, metía mano a la bolsa de Lorena y le robaba el dinero que ganaba como manicurista y niñera. Mientras ella trabajaba diez horas al día seis días a la semana, John pasó por diecinueve trabajos y se dedicaba a ir de bar en bar. Utilizaba técnicas militares para disciplinar a Lorena. Ella estaba harta, molida y asustada. A pesar de ser católica, sentía que no podía confesarle su dolor a nadie.

Mientras Lorena luchaba por sobrevivir a John, mis compañeros y yo soportábamos la Escuela Intermedia Orcutt. Todas las noches rezaba para que alguien incendiara el lugar. Estaba en un distrito escolar diferente al que había ido con mi primera Lorena, y el comité de bienvenida lo formaban chicos que me preguntaban de dónde venía. Sabía que no hablaban de mi escuela primaria. Me preguntaban qué masa de agua había tenido que cruzar para venir a «América».

Cuando le dije a un chico que mi mamá llegó de México, me soltó:

—¡No-o! No es cierto.

Otro dijo:

—Te pareces a esas chicas que hacen esto encima del radio.

Me dolía verlo girar sus rígidas caderas. Me preocupaba que se fracturara mientras hacía su imitación de una chica hula de tablero de coche.

La erudición de mis compañeros respecto a mi ascendencia era desconcertante.

Los mayores eran aún más arrogantes.

En la clase de Historia, me senté a hojear las páginas de mi libro de texto. El capítulo sobre la «expansión hacia el oeste» contradecía lo que había aprendido en casa. El periodista John L. O'Sullivan, principal propagandista del Destino Manifiesto, describía Estados Unidos como un proyecto anglosajón. Calificaba a México de país «imbécil y despreocupado».

Pasé la página haciendo ruido. Duro.

Mi profesora me miró desde su mesa. Me fulminó.

Fruncí el ceño. Yo descendía de gente en quienes O'Sullivan

pensaba que no se podía confiar ni para vigilar una olla de frijoles. Estados Unidos tuvo que ocupar California para salvarnos de nuestra propia estupidez. Deseosos de «extender el continente designado por la Providencia», el oeste se vio invadido por colonos anglosajones. Sus descendientes nos hacían jurar lealtad a un rectángulo de poliéster y correr una milla cada viernes.

Con pluma, garabateé un ensayo crítico del manifiesto de O'Sullivan. Me lo devolvieron con una pregunta escrita en la parte superior.

¡¡¡¿Qué tiene de malo querer tierra?!!!

Me pusieron un ocho.

En la clase de Arte observé a mi profesor, el maestro White, esbozar a un hombre que perseguía a un búfalo. A menudo incorporaba personas y motivos indígenas en los dibujos que hacía mientras debería estar enseñando. Siempre se le podía encontrar en su mesa dando los últimos toques a otro tocado de plumas. Las lecciones sobre los pueblos indígenas eran poco comunes en la escuela, pero la televisión me había enseñado que muchas de las imágenes del maestro White eran estereotipos de los indios de las llanuras. No parecía interesado en los chumash. Nuestra escuela estaba asentada en sus tierras.

—¿Por qué dibuja tanto nativos americanos y cosas de los nativos americanos? —le pregunté.

—Los admiro. Así es como los honro —dijo el maestro White.

—Creo que la mejor manera de honrar a la gente a la que le hemos robado cosas es devolviéndoselas.

Sus mejillas se sonrojaron.

—¿Qué quieres decir?

—Quiero decir que hay que devolverles la tierra.

—¿Qué tierra?

—¡América!

El maestro White quedó como si lo hubieran golpeado en la cabeza.

—¿Y dejar nuestros hogares?

Medio bromeé:

—Estoy segura de que queda un poco de espacio en Europa.

—¡Qué estupidez! ¡Este es mi hogar! No puedes hacer que la gente... ¡se vaya! —Recordé a Andrew Jackson reubicando por la fuerza a la gente que mi profesor tanto admiraba. Luego me hizo mi pregunta menos favorita—: ¿Tú qué eres?

—Mi familia es mexicana. México se hizo como Estados Unidos. Un montón de europeos llegó y se apropió de lo que no era suyo.

El maestro White sonrió burlonamente. Parecía sentir un placer libidinoso cuando dijo:

—Los aztecas y los españoles eran salvajes. Tuvieron lo que merecían. Estaban hechos unos para los otros.

De vuelta a su búfalo, el profesor se negó a seguir hablando.

Viajaba en el autobús escolar de vuelta a casa con una chica tímida y racialmente ambigua que se sentaba sola. De camino a la parte trasera del autobús, un grupo de chicos blancos tenían la costumbre de arremeter contra ella. Como nadie los detenía, el más feo de ellos emprendió a toserle la palabra *coño*. Un chico de ojos maliciosos le escupió en el pelo. Después de eso ella se sentó en la parte delantera, detrás del conductor del autobús.

A mí nadie me escupió, pero los chicos me llamaban zorra. A muchas chicas las llamaban zorras. Ser llamada así no tenía nada que ver con la sabiduría sexual. Yo, por ejemplo, era una zorra que aún no había visto un pene. A las zorras se nos llamaba así en dos sentidos. Las chicas que se rebelaban contra las costumbres asumidas o que se aferraban apenas a peldaños más bajos del escalafón social eran arrojadas al cajón de las zorras. Se daba por sentado que los chicos podían tocar a las zorras y que no nos molestara ese acoso. Parecíamos existir para ser degradadas.

Para ir de una clase a otra, las zorras tenían que enfrentar las encerronas de los chicos. Yo corría por caminos de tierra mientras me asediaban, estiraban la mano para levantar mi falda, me tocaban donde querían. Sustituir las faldas por shorts no ayudó. Los chicos seguían acechándome, sus manos me pellizcaban y palmeaban, los dedos como papas fritas, listos para penetrar.

Los adultos lo veían. No hacían nada. Perdí la fe en los mayores. Desarrollé una fe en las zorras.

En clase de arte, un violador incipiente me vio garabatear una rosa.

—¿Tu mamá trabajaba en tia wanna? —me preguntó.

Yo ya había estado en Tijuana. Mi tío, el de las patillas largas, trabajaba para uno de los periódicos de la ciudad.

—No. Mi mamá trabajaba en Guadalajara. Para una agencia que gestionaba el agua. Recursos Hidráulicos.

—¿Estás segura?

—Sí. ¿Por qué?

—Porque he oído que las mexicanas cogen con burros en tia wanna. Seguro que podrías trabajar en los shows de burros. Apuesto a que tu mamá trabajaba en los shows de burros.

Mientras consideraba la logística de su insinuación, el chico me metió mano en el pecho plano. Me eché atrás.

Esa noche, estaba junto a mamá en el fregadero. Ella lavaba. Yo secaba. Intrigada por la pregunta de mi compañero, le pregunté:

—¿Es cierto que las mexicanas se acuestan con burros en un escenario en Tijuana?

Su bofetada húmeda me ardió.

Las chicas de trece años también necesitan héroes populares, y el cielo bendijo a las zorras de la Escuela Intermedia Orcutt con una de las nuestras.

Nuestra Lorena era la chica más chola del plantel. Se alborotaba el pelo castaño en un girasol desgreñado que enmarcaba su cara de niña enfurecida. Vestía de negro y llevaba los pantalones ajustados como salchichas.

El caminado de Lorena era lo mejor. Primero movía el coño, y yo me imaginaba su clítoris como la nariz de un sabueso olfateando en busca de líos. Los personajes de los cuentos de hadas usan capas, y Lorena también. Se envolvía en una chamarra Starter de los Raiders en cualquier estación del año.

Yo viajaba en el autobús con Sandra, la némesis de Lorena. Las malas lenguas rumoraban sobre el origen de su enemistad. Lorena estaba enamorada del novio de Sandra, Jeremy. A Sandra esa atracción le parecía ridícula. Decía que Jeremy nunca se interesaría por alguien tan basura como Lorena.

Es peligroso insultar a las cholas.

Es especialmente peligroso llamar «basura» a las cholas. Inténtalo si quieres acabar en un vertedero.

Una mañana de niebla, estaba sentada en clase esperando a que sonara el timbre. Una compañera zorra se volvió hacia mí y me dijo:

—¿Supiste lo que le va a pasar a Sandra?

—¡No! ¿Qué le va a pasar a Sandra?

Emocionada, explicó que Lorena se la iba a cobrar haciendo lo que Dalila a Sansón. Destrozaría la fuente del poder de Sandra. Sandra era conocida por su gran melena, especialmente por la alta garra que sobresalía de su frente.

Lorena se la iba a cortar.

El plan de Lorena nos parecía emocionante. Las zorras rezaron por ella toda la mañana. Cuando el sol disipó la bruma, el día primaveral adquirió un aire de Pascuas. Bien podría haber sido Navidad.

Las zorras entendimos que formábamos parte del plan de Lorena. Nos encargaron mantenerlo en secreto máximo, y al hacerlo nos convertimos en conspiradoras. Estábamos contraatacando a quienes se habían reído de nosotras desde arriba. La gloria que coronaba a Sandra sería un trofeo.

Tendríamos que esperar hasta el almuerzo para presenciar su ruina.

Era imposible concentrarse en clase. Mi imaginación se disparaba con visiones de violentos tajos de pelo. Me preguntaba si Lorena acuchillaría «accidentalmente» a su enemiga, si tasajearía a esa esnob. El tiempo pasaba volando. Sonó el timbre del almuerzo. Salí corriendo de álgebra para reunirme con las otras zorras. Formando una turba, nos apuramos para ir al gimnasio. Jeremy estaba allí, botando una pelota de basquetbol por la cancha. Sandra estaba sentada en las gradas animándolo, rodeada de un séquito de no zorras. Llevaban chalecos de mezclilla combinados con shorts del mismo material, con las narices estrechas al aire. Su despiste era apasionante.

Lorena entró al gimnasio. Las zorras jadearon. Ella y su séquito caminaron por la orilla de la cancha y subieron a las gradas, sentándose unos metros por encima de Sandra. Sandra se asomó por encima de su hombro. Miró a Brooke, su mejor amiga. Las dos intercambiaron miradas de «huele a mierda de perro». Volvieron a concentrarse en el partido.

A Lorena se le marcó una línea en la frente. Sabía que había atraído un público. Para provocarnos, sonrió. Se abrió la chamarra y metió la mano. Sacó su arma. Atrapó la luz del sol del mediodía que entraba por la ventana detrás de ella.

Tijeras.

Grandes, de esas con que mamá cortaba tela.

Vaya.

Señorita del navajazo,

ella misma se vuelve la navaja.

Lorena volvió a esconder las hojas, pero enseguida las volvió a sacar. Lo hizo repetidamente, abriéndonos el apetito.

Sandra se levantó. Brooke también. Las amigas se dirigieron al baño cercano.

Lorena se levantó.

Era el momento.

Hora de cortar.

Lorena y su séquito siguieron los pasos de Brooke.

Contuvimos la respiración.

Estaba demasiado ansiosa para moverme. Estaba a punto de mearme encima. Apreté los muslos.

Lorena salió corriendo del baño con energía de fugitiva. Su frente se arrugó con más líneas. Como siempre, su entrepierna la impulsaba hacia la salida del gimnasio.

Brooke salió a trompicones del baño y se lanzó hacia un profesor que llevaba una camiseta de árbitro a rayas. Hablaba con la boca, las manos y las piernas, señalando, sacudiéndose, agitándose. El árbitro se puso el silbato entre los labios, sopló y ambos corrieron hacia el baño. Nos desbaratamos. Debía de haber ocurrido una decapitación para que un profesor se atreviera a entrar en un lugar donde podría encontrar tampones.

La huida de Lorena del gimnasio fue la última vez que la vimos.

Desapareció después de convertirse en Dalila. Creo que la expulsaron por apuntar unas tijeras al lóbulo frontal de su enemiga, pero no olvidamos a nuestra heroína. Su historia sigue repitiéndose y espero que las zorras de la Escuela Intermedia Orcutt sigan cantando la canción de Lorena la peluquera, la bandida del fleco.

Mis padres desaprobaban mi nuevo entusiasmo por las zorras. Para asegurarse de que cortara lazos con las muchas con que me había relacionado en la escuela intermedia, me enviaron a la secundaria católica más al norte de la arquidiócesis de Los Ángeles, fundada por las Hijas de María y José. Nuestro plantel contaba con una instructora que, al igual que las fundadoras de la secundaria, era de Bélgica.

Sœur J era una monja pequeñita con un velo gris y encrespado. Olía a tabaco y a clavo, y compartía una casa en serie y un Chevy Citation con la hermana Angela, una monja enamorada de Robert Redford que enseñaba inglés. Sœur J y la hermana Angela llevaban una vida consagrada pero moderna. En lugar de hábitos, usaban vestidos hasta la rodilla, suéteres con botones, pantimedias y zapatos de piso. Los fines de semana iban al centro comercial y se las podía ver comiendo yogur helado junto a las escaleras eléctricas. En un lado del cuello de encaje de Sœur J brillaba un amuleto Chai, para reconocer que había nacido de padres judíos.

Tras el nacimiento de Sœur J, su madre subió a sus hijos a un tren. Su padre ya había salido de Polonia y se reunieron con él, instalándose en un barrio ortodoxo de clase obrera de Amberes. Él y los hermanos de Sœur J trabajaban cortando y tallando diamantes. Sœur J fue a la escuela hasta que el antisemitismo interrumpió su educación.

En 1940 Alemania invadió Bélgica y la puso bajo el dominio de la Wehrmacht, el ejército nazi. A la casa de Sœur J llegó una carta. En ella se ordenaba su traslado a Malinas. Sus padres se prepararon para cumplir, y esto aterró a Sœur J. Malinas era un campo de concentración situado a medio camino entre Amberes y Bruselas. Desde allí salían trenes con destino a los campos de exterminio. En lugar de esperar a que sus padres obedecieran las órdenes, Sœur J escapó con otros cuatro niños judíos. Peregrinaron hasta Suiza, a veces durmiendo en graneros y otras, bajo la Estrella Polar. En la frontera suiza, los funcionarios les dijeron que volvieran a casa. Al no ver otra opción, dieron media vuelta. Se subieron a un tren.

Habiendo oído rumores sobre lo que les harían los alemanes, los fugitivos hablaron de hacerlo ellos mismos. Uno sugirió que se pusieran delante de un tren. A Sœur J no le gustó esa opción. Dijo que prefería morir gaseada y sumirse en un sueño eterno. Una mujer oyó su conversación y le pidió al desesperado grupo que la siguieran fuera del tren. Fueron tras ella, y al final, les entregó a cada uno un papel con un nombre y una dirección.

La nota condujo a Sœur J hasta un dentista católico de Jodoigne. Él la llevó a casa de su madre y se escondió allí, conmovida por la generosidad de su protector. En la fiesta de la Transfiguración, que conmemora el momento en que Jesús llevó a unos amigos a la cima de una montaña para mostrarles que era capaz de brillar, Sœur J se hizo católica.

Esta historia me pasmaba, sobre todo cuando veía a Sœur J cojear por el plantel entre casilleros abiertos, jugadores de americano con pintura untada bajo los ojos y pendejos que con el microondas disparaban burritos al aire. Alguno se acababa disculpando por casi darle un codazo o pisarla, y yo pensaba: *¿Sobrevivió al Holocausto para... esto?* Cuando las chicas hablaban mientras ella daba clase y le gastaban bromas, pensaba lo mismo. La divinidad había protegido a esta mujer, y ahora supervisaba un aula donde se privilegiaba a las blancas y que tenía un crucifijo colgado junto al pizarrón. Sobrevivió al genocidio para pasar sus días organizando colectas de alimentos enlatados, enseñando a adolescentes vocabulario del francés y ordenándonos conjugar verbos.

Cuando perdía los estribos con nosotros, nos acusaba de payasos y amenazaba con cambiar el acomodo de los asientos.

Nunca lo hizo.

Yo escribía y dibujaba en un cuaderno que llevaba de clase en clase. En su papel rayado consignaba verbos del francés y sentimientos románticos. Me había enamorado de una de mis compañeras, *une fille masculine*, y mi deseo era una tortura. Me había enamorado y le tenía ganas a una chica de grandes pechos, y me aterrorizaba decirlo. Menos aterrador era expresarme mediante la poesía. Componía versos ambiguos, odas sin pronombres de género, y dibujaba labios, ojos y largas, larguísimas navajas. A la compañera de la que estaba enamorada le encantaban los filos. Los coleccionaba. Mi vocabulario se había ampliado recientemente e incluía las palabras *bull dyke* y *bull dagger**, y aunque no sabía por qué a las lesbianas se les llamaba así, pensaba que mi amor secreto probablemente era una *bull dagger*; que su atracción por las cosas afiladas la calificaba como tal.

Señorita del navajazo,

ella misma se vuelve la navaja.

La biblioteca pública me enseñó que había *bull daggers* por todo el planeta. Me pasaba el tiempo investigando cosas prohibidas, pero me preocupaba que mis padres se enteraran de mis intereses si me ponían una multa. Me costaba devolver los libros a tiempo, y llegaban avisos a nuestro buzón. Para mantener en secreto mis estudios cuir, utilicé un arma que contaba con la bendición accidental de mi madre.

Mamá y yo preparábamos la cena en la cocina. Yo estaba junto a la estufa, usando una cuchara de madera para revolver el arroz en una sartén. El aroma del aceite de maíz caliente me hacía sonreír. Después de abrir una lata de pasta de tomate, mamá tomó un cuchillo para doblar la tapa. Todavía pegado, el círculo metálico parecía ensangrentado. Con nostalgia, mamá dijo:

—Cuando tenía tu edad, cargaba un cuchillo.

La revelación de que mamá era uno de esos niños que se te echan encima con cuchillos me dejó tiesa.

—¿En serio? ¿Qué cuchillo?

—Uno pequeño.

—¿Lo sabía tu madre?

—Mi madre me dijo que lo hiciera.

---

*Términos del argot cuir. Traducidos literalmente y sin contexto, *bull dagger* sería «daga de toro», como puntilla o descabello. (N. de la t.)

Estaba intrigada. Me costaba creer que mi abuela le ordenara a mi madre que se armara.

—¡¿Para qué?! ¿Por qué llevabas un cuchillo?

—Por la misma razón que la mayoría de las muchachas cargan uno. Para protegerse.

—¿De quién necesitabas protegerte?

—De la gente. Un extraño intentó llevarme una vez.

—¿Cuándo?

—Cuando era pequeña. Vivíamos en el centro. Estaba jugando en un patio. Sentí que alguien me levantaba y me ponía una mano en la boca. Le di una patada y lo mordí, me soltó y me dejó caer, y mi madre vino a ver qué pasaba. Él salió corriendo.

—¿Qué le pasó?

—Quién sabe. Sabía a petróleo.

—¿Puedo cargar un cuchillo?

—Sí.

Le di la cuchara de madera y salté al cajón de los cubiertos. Elegí como arma un cuchillo de carne no muy afilado y lo guardé en la lonchera. En los noventa, utilizar las loncheras como bolsas era una práctica habitual.

En la biblioteca, deambulaba por los estantes y sacaba libros de las repisas. Haciendo caso omiso del cartel que prohibía la entrada de libros en el baño, los metía en la mochila y los contrabandeaba a un reservado. Sentada en el escusado, esperaba a estar sola y sacaba mi cuchillo. Lo clavé en *Crazy Cock*, de Henry Miller, violentándolo para arrancar la etiqueta magnética oculta que activaría la alarma. Las novelas de Miller estaban prohibidas en nuestra casa, pero yo guardaba una pila de ejemplares que me había robado junto con un libro de fotografía lésbica debajo de mi cama.

Crazy Cock [Pito loco], titulada originalmente *Lovely Lesbians* [Adorables lesbianas], presentaba a un personaje que era mi homónimo: Miriam, la titiritera dyke (de nombre butch

Vanya). A la luz de las velas, leí el relato apenas velado de un triángulo amoroso de la vida real.

Se precipitó una escena en la que la palabra *zorra* sonaba de un lado a otro. Él las escuchó con asombro. ¡Hildred llamando zorra a su querida genio depravado, su princesa! Al final, Vanya se retiró a su habitación, le cerró la puerta en las narices a Hildred y se encerró. Al cabo de un rato, la oyeron sollozar.

—Por el amor de Dios, entra ahí y cállala —dijo Tony Bring—. No soporto ese ruido... pensarías que la están degollando.

Pero Hildred no se movió. Había algunas cosas, como dejó bien claro, que eran imperdonables.

Por fin, un novelista que reconoce el ingenio de las zorras, ¡que somos personas que contribuimos a la cultura! ¡Producimos drama! ¡Producimos poesía! ¡Enloquecemos a la gente! ¡Hacemos marionetas! Yo quería ser como las zorras de Miller. Quería hacer arte y probar la heroína y la trementina y las mujeres. Inspirada por *Crazy Cock*, cortejé a mi *bull dagger* católica con versos. Intercambiábamos cartas de amor en la capilla y me invitó a su casa a dormir. Nos sentamos en su recámara, hablamos hasta pasada la medianoche. Para impresionarla, le confesé que era una ladrona de libros y que había robado uno de arte lleno de fotografías tomadas por lesbianas.

Mi compañera se reclinó, sonrió y metió la mano debajo de la cama. Yo estaba emocionada. ¿Qué iba a sacar? ¿Una pistola? ¿Un consolador? ¿Una bolsa de Cheetos?

Sacó una bolsa de terciopelo y aflojó el cordón. Desenvainó un puñal. Pensé en la *Lucrecia* de Rembrandt, un retrato barroco del suicidio. Tras la violación de la joven romana por Tarquino, el hijo menor del último rey de Roma, Lucrecia se puso en el más allá.

—¿Puedo tocarla?

Me entregó su daga. Me la llevé a la boca y exhalé, observando cómo mi aliento empañaba la plata.

Estaba en un estado de éxtasis, torturada por un amor cuyo nombre no podía pronunciar, pero que quería aullar desde el tejado de la capilla.

«¡Me encantan las chicas con cuchillo!», quería gritar. «¡Una *dagger*!»

Tener que mantener mi amor en secreto era cruel. Me encorvaba sobre mi cuaderno de francés dibujando huesos, convirtiendo una página en blanco en una necrópolis.

Sœur J me había hecho una pregunta. Tan perdida estaba en la creación de mis catacumbas que no oí nada. De repente, estaba en mi mesa, con los brazos cruzados sobre el pecho. Fruncía el ceño.

Gritó mi nombre, volviendo gutural, francesa, la «r». Su mano buscó mi cuaderno. Lo aparté. No había forma de que ninguno de mis profesores metiera mano en mis secretos, ni siquiera ella.

—¡Dámelo!

—¡No!

—¡He dicho que me lo des!

—NO. —Hundí el cuaderno en la mochila. Sabía que Sœur J no se iba a poner a forcejear conmigo por él, pero no contaba con que se burlara de mí.

—¡Buaa! —lloró—. ¡Pobrecita! ¡Estoy tan triste! ¿Es eso lo que escribes en tu diario? ¿«Mi vida es tan terrible»? Pues no lo es. Tienes una buena vida.

Al recordar su vida en Europa, sentí vergüenza. Tenía razón. Comparada con lo que le había pasado a los quince años, mi vida de lesbiana adolescente de clóset era el paraíso. Volvió cojeando a su estrado, se apoyó en él y dijo:

—Voy a repetir lo que estaba diciendo. Estoy conmocionada

y horrorizada por los resultados del último examen. ¿Cuántas veces tengo que enseñar el subjuntivo?

Se acercó al pizarrón y escribió.

Il n'est pas evident que...

Il n'est pas certain que...

Il n'est pas clair que...

Saqué una hoja de papel y copié las frases. En la parte superior escribí «*Je regrette rien*» y luego lo taché.

Salía a toda prisa de la vagoneta cuando la lonchera se me escapó de las manos y cayó al suelo del estacionamiento. El broche se soltó. La tapa se abrió, dejando al descubierto las plumas, los lápices, el cuaderno de notas, el rosario, los chicles de fresa, las monedas, los pasadores y un cordón. Papá ignoró esos tesoros. Lo que atrajo su mirada fue el cuchillo de cocina que brillaba bajo el sol del sábado.

Me quedé mirando a papá.

—¿Por qué hay un cuchillo en tu lonchera?

Como no quería meter a mamá en un lío, le dije:

—No sé. Pensé que era buena idea. Para protegerme.

—¡N-n-n-NO! —tartamudeó—. Cuando lleguemos a casa, lava ese cuchillo y regrésalo al cajón. Nada de cuchillos. Son peligrosos, cariño.

Suspiré en silencio.

Cuando llegamos a casa, llevé mi cuchillo al fregadero de la cocina, lo enjaboné, lo enjuagué, lo sequé y lo devolví a su cajón. Me sentí decepcionada. Al igual que mamá, me había sentido más segura con él a la mano. La hoja me había dado valor y me empoderó para caminar con los hombros atrás y sacando pecho. Ahora solo era un *bull*, sin *dagger*. Fui a enfurruñarme a mi cuarto.

Para consolarme, encendí dos velas y me quedé mirando unos cardos blanqueados que había metido en un florero. De rodillas, me arrastré por la alfombra y metí la mano bajo la cama. Busqué el libro de arte lésbico y lo puse sobre mi regazo. Al hojearlo, llegué a una foto tomada por Del LaGrace Volcano. Una mujer con arnés de cuero y gorra estaba detrás de otra con corsé y velo. Las novias eran dolorosamente románticas.

Quería mi cuchillo de nuevo. Supuse que papá estaba en la cocina, contando los cubiertos.

Sabía por qué la visión de mi exigua arma lo había hecho tartamudear.

Era 1993 y Lorena Bobbitt se había vuelto un nombre muy conocido.

Papá temía los poderes de Lorena.

Muchos hombres en este país también.

Habíamos visto por televisión cómo los fotógrafos la acosaban al entrar al tribunal. Su rostro aparecía en periódicos y portadas de revistas. Los comediantes varones se burlaban de su violencia. Supongo que la autodefensa es divertida para quienes creen que no tienes nada que defender.

Me parecía una blasfemia reírse de Lorena. Me impresionaba. Nunca se me habría ocurrido cortar un pene hasta que ella lo hizo, y dio una razón de peso para hacerlo. Testificó que la mañana del 23 de junio su marido había llegado borracho a casa. Entró tambaleándose en su dormitorio y se lanzó encima de ella. Lorena le dijo: «No quiero tener relaciones». Él la violó y se quedó dormido.

Ida, Lorena se dirigió a la cocina. Tomó un cuchillo y se lo llevó al dormitorio. Sosteniéndolo del mango rojo, pasó la hoja por la piel rosada, y fue cortando carne y venas hasta seccionar la uretra. Se llevó el pene a su Mercury Capri, giró la llave en el encendido y se fue. Cuando Lorena se dio cuenta de lo que había sacado a pasear en coche por Manassas, gritó. Lanzó el pito por la ventanilla, a un campo cubierto de hierba frente a un 7-Eleven. Es una pena que un policía lo encontrara tras pisarlo antes de que los mapaches pudieran huir con él. Los polis lo llevaron hasta el 7-Eleven, llenaron una bolsa para hot dogs con hielo picado y deslizaron el pito dentro. En el mismo hospital donde Lorena se sometió al examen con el kit para casos de violación, los médicos volvieron a pegarle a John su arma.

En clase de religión, los chicos hablaban de Lorena como si fuera el mismísimo Satanás. El hecho de que fuera una inmigrante de Sudamérica la hacía aún más villana para esos xenófobos. Imitando a Speedy Gonzales, caricaturizaban: «¡Mi marido no mi hace venir, así que le corto el pipí!».

Yo intercambiaba miradas con otras chicas, con ojos como dagas.

Otros chicos proclamaban que ese tajo había sido el peor crimen en la historia de la humanidad. ¿Cómo se atrevía una inmigrante a provocar el divorcio entre un marine y su pene?

—Lo que le hizo es peor que la muerte —se lamentaban—. Deberían condenarla a la pena capital.

Los periodistas que solicitaron la opinión de otros hombres sobre el caso se encontraron con extrañeza. Lo que los dejaba perplejos era la insistencia de Lorena en que su marido la había violado.

Repetidamente. En casa. En su recámara.

—¿Cómo puede un hombre violar a su propia esposa? —suplicó un hombre, dejando claro con su incredulidad que pensaba que *violación conyugal* era un oxímoron. Sí, la policía había visitado la casa de la pareja seis veces y detenido a John por pegarle a Lorena. Pero le había pegado a su mujer. Ten en cuenta el posesivo.

Su mujer.

Suya.

Quienes se reían de la idea de violar a la propia esposa encarnaban el espíritu del jurista inglés sir Matthew Hale. Este *creep* del siglo XVII desarrolló lo que llegó a conocerse como la «doctrina Hale», el precepto legal según el cual «el marido no puede ser culpable de una violación cometida por él mismo en su legítima esposa, ya que por su mutuo consentimiento y contrato matrimonial la mujer se ha entregado de este modo a su esposo, y no puede retractarse».

Cuando pienso en la doctrina Hale, me viene a la mente «Saturno». El cuadro de Goya representa a Cronos, el titán que engendró a uno de los violadores más prolíficos de la mitología griega, Zeus. Cronos llegó al poder castrando a su padre, Urano, pero se negó a echarse sobre sus laureles. Temía que uno de sus hijos le hiciera lo mismo. Para evitar su perdición, hizo como un hámster. Se comió a sus bebés.

Contra un fondo negro, el Cronos de Goya parece un *muppet* monstruoso. Está desnudo y su tosco rostro aparece enmarcado por una melena y una barba grises. Tiene los ojos saltados y la boca abierta. Embutido entre sus fauces, se ve un brazo ensangrentado. Cronos sujeta los restos de su hijo por la cintura. Ha devorado la parte pensante, la cabeza. La sangre mana del cuello, enrojeciendo los hombros. El culo y las piernas cuelgan. A esto tienen derecho los maridos, según Hale. La esposa se rinde. Consumida por su marido, se convierte en él. La doctrina Hale hace del sexo conyugal un acto masturbatorio. No hay él o ella. Solo existe lo que le pertenece a él.

Los amigos de John declararon en el tribunal que él presumía de que «le gustaba hacer que las chicas se retorcieran y gritaran... hacerlas sangrar y suplicar ayuda». Otros testigos dijeron que habían visto a John pegarle, empujar y menospreciar a Lorena, castigándola por su forma de vestir y de cocinar. John negó haber hecho la mayoría de estas cosas. Negó haberse declarado culpable de agresión y maltrato a Lorena en 1991. Dijo que de lo único que era culpable era de burlarse un poco de Lorena porque se le hacía grande el trasero. Dijo que ella tenía mal genio. Rasguñaba y clavaba las uñas. Era tan brusca que tuvo que decirle: «No creo en la violencia. No es propio de una dama».

En el librero de nuestra sala estaba la biografía de Frida Kahlo de Hayden Herrera. Una tarde, cuando no había nada bueno en la tele, bajé el libro y me lo llevé a la recámara. Me acosté en la cama, hojeando las páginas, buscando lo que Herrera describe como la obra más sangrienta de Kahlo. Me detuve en la reproducción brillante y volví a examinarla. Mi abuela utilizaba paletas de color como las de Kahlo. Me había pintado retratos cuando era niña y me contaba historias para que me quedara quieta. Uno de sus cuentos era sobre una esposa desesperada. Cuando se enteró de que su hermana tenía una aventura con su marido, se obsesionó con matarlos a los dos. Entró su cocina, tomó un cuchillo, lo envolvió en su rebozo y salió en busca de su marido y su hermana. Mientras caminaba por el bosque, se le apareció un ángel. Era verano y yo estaba cubierta de ronchas de mosquito, así que me imaginaba a tal entidad como las que me atacaban, con alas translúcidas que revoloteaban.

El ángel le dijo: «No lo conseguirás. No eres capaz de matarlo. Probablemente tampoco de matarla a ella. Solo los apuñalarás un poco. Y entonces irás a la cárcel. Y ellos estarán juntos, riéndose de ti desde afuera mientras te marchitas y mueres. Vete a casa. Regresa el cuchillo. Haz las paces con tu horrible vida».

La aspirante a asesina se soltó a llorar.

El cuadro que contemplaba era una versión diferente de esta historia, la cotidiana. La habitación es rosa y azul. Sobre el único mueble, una cama de madera, revolotean una paloma blanca y un gorrión negro. De sus picos cuelga un rótulo. Unas letras verdes anuncian: «UNOS CUANTOS PIQUETITOS». Un signo de exclamación acuchilla el espacio inmediatamente después de *piquetitos*.

Un hombre con sombrero de fieltro está de pie junto a la cama. Parece no tener ojos. ¿Tiene bigote? La oscuridad sobre el labio podría ser una sombra, un poco de hollín o una arruga. Lleva una camisa blanca abotonada metida en el pantalón café.

No hay forma de que pueda quitarse las manchas. Su mano derecha sostiene un cuchillo ensangrentado, la izquierda un pañuelo empapado. Una gama de rojos mancha la cobija, las sábanas y la almohada. La sangre salpica el suelo (¿Está mal que este cuadro me recuerde a una toalla sanitaria muy usada? El subconsciente hace lo suyo).

La violencia rebalsa la habitación rosa y azul. Se derrama y alcanza el marco de madera, manchado de rojo en algunas partes. Hay marcas de dedos. La madera está mellada. Me pregunto si Kahlo apuñaló el marco con un cuchillo y luego se metió el dedo en la nariz y se arañó, dejando fluir el líquido caliente. ¿Goteó de su bigote a la madera? Probablemente no. Probablemente mojó el pincel en pintura, simulando sangre de forma conservadora.

La mujer de la cama tiene que estar muerta. Su rostro es una versión delicada y derrotada del de su asesino. Una media rosa con liga le rodea un tobillo. El pelo en la almohada, el triángulo entre sus piernas y su zapato de tacón bajo son de un negro idéntico. Sangra por las heridas en su cara, cuello, pecho, senos, estómago, caderas, piernas, brazos, muñecas y manos. Los tajos más profundos llegan hasta el corazón y el útero.

«Unos cuantos piquetitos» fue uno de los dos cuadros que Kahlo realizó en 1935. Según Herrera, Kahlo leyó en un periódico que un hombre había asesinado a su novia. Cuando fue llevado ante el juez, el asesino dijo que solo le había dado unos cuantos piquetitos. Sintiéndose asesinada por la vida, Kahlo se juzgó obligada a apropiarse del feminicidio, a morir indirectamente por medio de su recreación.

«Unos cuantos piquetitos» se reproduce constantemente.

La noche del 8 de febrero de 2020, los vecinos de Ingrid Escamilla Vargas, de veinticinco años, oyeron gritos procedentes de su casa en la Ciudad de México. Lo que parecía una discusión pronto se convirtió en silencio. Los vecinos se alegraron. A menudo oían discusiones y era difícil ignorarlas. El domingo, el novio de In-

grid, Erik Francisco Robledo Rosas, de cuarenta y seis años, llamó
a su exmujer. Confesó que había apuñalado a su novia delante del
hijo de ambos, con autismo. La exmujer llamó a la policía. No era
la primera vez que los contactaba. Había denunciado a Erik por
violencia doméstica. También Ingrid.

La policía encontró a Erik junto a lo que quedaba de Ingrid.
No tenía ojos ni órganos. La habían desollado de la cabeza hasta
las rodillas. Erik espetó que no tenía idea de quién le había hecho
eso a su novia. No sabía quién había intentado tirar parte de ella
por el escusado ni por qué había parte de ella en una bolsa de
plástico verde junto a la puerta.

Una foto de los restos de Ingrid apareció en la portada del
diario mexicano *¡Pásala!* En comparación, «Unos cuantos piquetitos», de Kahlo, parece insulsa. El encabezado culpaba al amor.

LA CULPA LA TUVO CUPIDO: A DÍAS DE SAN VALENTÍN, HOMBRE MATA Y DEJA DESOLLADA A SU NOVIA.

Erik, a quien la prensa llamó «enfermo de amor», confesó
más tarde haber matado a Ingrid. ¿Por qué? Porque ella lo llamó
alcohólico. Porque hirió sus sentimientos.

Algunos hombres romperán el espejo que les pongas delante.
Después tomarán los fragmentos y te los clavarán.

Odio que, cuando busco información sobre Ingrid, lo que más
encuentro es lo que he puesto aquí: una descripción detallada de
cómo murió. Los relatos harán énfasis en que era joven. Que era
atractiva. Que tenía estudios. Que había denunciado a su novio
por violencia doméstica y no la tomaron en serio. Lo que Erik le
hizo ocupa muchísimo espacio. La echa fuera. Se la come.

Saturno.

Podemos hacer espacio para Ingrid, ayudarla a rehabilitar-
se haciéndole un hueco en nuestros altares. Podemos ofrecerle

200 • CREEP

bebidas. Un vaso de agua. Una botella de Coca-Cola. Un caballito de tequila. Tabaco, marihuana, hachís. Chocolate. Podemos sentarnos con ella, con nuestros rosarios en las manos, y rezar una novena. Podemos hablar con ella. Debemos escuchar atentamente sus respuestas.

En este mismo altar podemos venerar también a Lorena Leonor Gallo, una heroína popular quizá destinada a convertirse en la intercesora por excelencia: una santa popular. Su aliento es muy necesario.

WATERLOO

Aunque algunos lo recuerden de otra manera, 1998 fue un año difícil para ser cuir. El año anterior, la actriz Ellen DeGeneres había salido del clóset con su comedia *Ellen*. Fue un gran acontecimiento. Nadie lo había hecho antes, y fue como si nos invitara a todos a salir también.

Vestida casualmente de negro, Ellen apareció en la portada de la revista *Time*. El encabezado era dulce, sencillo y cursi: «Sí, soy gay». Me dirigí a la librería de mi barrio, Cody's, para comprar un ejemplar de esa revista histórica. De regreso en mi departamento en Berkeley, arranqué la portada y la pegué a mi refrigerador con imanes en forma de frutas. Me sentí optimista. Me planteé volver a salir del clóset con mis padres. (La primera vez que les dije que era cuir, me contestaron «No», y lo dejamos así).

Los acontecimientos que tuvieron lugar en Wyoming congelaron mi optimismo.

En octubre, un ciclista de montaña que pedaleaba por el campo confundió a un joven ensangrentado, atado a una valla, con un espantapájaros. La víctima era Matthew Shepard, de veintiún años. Dos hombres le habían robado, lo golpearon y torturaron, al parecer por ser gay. La terapia intensiva logró mantener con vida a Matthew cinco días más. El día de su entierro, miembros de la Iglesia Bautista de Westboro se manifestaron en su funeral. Viajaron desde Kansas, el escenario de *A sangre fría*, una novela sobre un crimen real, obra de uno de los escritores más homosexuales de la historia de la humanidad, Truman Capote. A diferencia de Capote, la Iglesia Bautista de Westboro utilizaba el lenguaje con moderación. Llevaban carteles que rechazaban los matices. «Dios odia a los maricones». «El SIDA mata a los putos». Su líder, el reverendo Fred Phelps, portaba el más cruel.

«Matt está en el infierno».

Gays famosos e iconos gays, como Elton John, Madonna y Barbra Streisand, enviaron flores y atosigaron a los políticos. En una vigilia celebrada en honor de Matthew en la escalinata del Capitolio, Ellen se dirigió a la multitud. Comenzó su discurso diciendo: «Estoy muy encabronada. No puedo dejar de llorar».

Quizá debí de sentir más rabia y tristeza por lo que le pasó a Matthew. Sentí algo de eso, pero sobre todo terror mezclado con frustración sexual.

¿Es eso egoísta?

No quería que me secuestraran, robaran, pegaran, violaran o mataran por ser cuir, pero también quería coger. Mucho.

Un mes antes de que confundieran a Matthew Shepard con un espantapájaros, dos personas secuestraron a una lesbiana y la llevaron a las afueras de Santa María. Mona Masters tenía veintitrés años, dos más que yo en ese momento. Igual que Matthew, sus asesinos la ataron. Su pickup pasó rugiendo entre el ganado, en dirección al vertedero de residuos tóxicos, y se detuvo en Black Road, donde de vez en vez se ven jabalíes contra el horizonte. Tras empujar a Mona fuera del vehículo, los asesinos la rociaron de gasolina, sacaron un encendedor y le prendieron fuego. Sus últimas palabras fueron: «Oh, Dios». Después de matar a Mona, los asesinos fueron a una tienda. Compraron cigarrillos.

Un trabajador agrícola encontró su cuerpo ennegrecido.

Durante las vacaciones de verano, volví de Berkeley y realicé unas prácticas en el Tribunal Superior de Santa María. Seguí de cerca a uno de los fiscales asignados al caso de Mona. Era un sureño alto y curtido. Su acento le había valido el apodo de Balbuceador de Luisiana. Estaba en el despacho del Balbuceador, ayudándolo a archivar carpetas. Hablaba del asesinato de Mona. Lo llamaba «el flameado lésbico». Mi cara debió de delatar que su broma me molestaba y Balbuceador me dirigió una mirada severa.

—En este tipo de trabajo, hay que mantener el sentido del humor —dijo.

Cuando pronunciaba *humor*, se convertía en iu-mer.

El verano había terminado y yo estaba de vuelta en Berkeley. A pesar del Balbuceador, seguía pensando en postularme a las escuelas de Derecho. Una antigua compañera de departamento, Delia, me había conseguido unas prácticas en la Oficina del Fiscal del Distrito de San Francisco, y yo había abordado el tren BART hasta la ciudad para hacer mis horas habituales. Mi día se vino abajo al salir de la estación de metro. Estaba de pie en la acera. El tráfico agitaba mi falda. Me tambaleaba sobre los tacones. Detrás de mí, una pancarta colgada de la marquesina de un asador anunciaba los especiales para el almuerzo. Alargué el brazo para intentar llamar a un taxi. Un borracho rondaba a mi alrededor. Se tambaleaba. Se ladeaba. Arrastraba demasiado las palabras como para entenderlo. Chapoteaba a cada paso.

Aparté el cuerpo para mostrarle mi desinterés y sentí un remojón. Giré para ver qué pasaba. El borracho tenía el cierre bajado, y con una mano firme, había conseguido apuntar su pene a mi pierna. Yo era su orinal.

Paró un taxi. Al subir, oí la risa del borracho. Era una risa sibilante.

En el taxi, empecé a temblar.

—¿Qué le pasa? —preguntó el conductor.

—¡Un hombre me acaba de mear encima!

—¡¿Por qué lo dejaste?!

Me eché a llorar.

Me enjuagué las piernas en un baño del Palacio de Justicia.

Cuando terminé mis horas, Delia me condujo de vuelta a Berkeley. En lugar de llevarme a casa, le pedí que me dejara en el White Horse. Tenía veintiún años y nunca había estado en un bar gay. En la tele, cuando los personajes adultos sofisticados tenían un mal día, decían que necesitaban un trago. Yo sentía que había tenido un día muy adulto y por eso me merecía un trago. También necesitaba estar en un lugar donde no me meara un hombre cualquiera, y pensé que eso lo encontraría en un bar gay.

Cuando Delia se fue, pasé por debajo de la marquesina del White Horse, entré por las puertas del bar y me enfrenté a un cadenero.

—¿Identificación?

Mostré mi pasaporte. Había fallado el examen de manejo tres veces y aún no tenía licencia.

El cadenero sonrió y me hizo señas para que pasara.

Pagué la cerveza más barata del menú y observé cómo las dykes monopolizaban las mesas de billar.

No tenía idea de lo que debía de hacer. ¿Sentarme? ¿Estar de pie? ¿Fingir aburrimiento? ¿Apoyarme en la máquina de discos? ¿Bailar sola? ¿Qué se supone que debe hacer una la primera vez que pone un pie en un bar gay, especialmente si está sola? No tenía instrucciones.

Estaba en pánico por parecer en pánico.

—¡Oye!

Me encogí. El sudor se deslizó por mi cuello, haciéndome cosquillas en un lunar.

Mi blusa de secretaria se sentía húmeda.

—Soy Shelby —dijo la mujer sosa pero atlética que se me había acercado sigilosamente—. Soy amiga de esa elegante persona de allá —señaló a una figura pálida vestida con chamarra de piel negra y chaparreras—. Sería un honor para ella que nos acompañaras a tomar un trago.

Shelby sostenía una botella de cerveza como cebo.

—Cree que eres muy linda.

Fingiendo confianza, acepté el ofrecimiento. Shelby me alejó de los billares y me subí a un taburete. A través de unos anteojos de armazón metálico, mi admiradora me observaba.

La voz de Cher canturreó en una bocina. Mi asiento vibraba. Mi vulva sentía la música.

—¡HOLA! —gritó la persona vestida de piel por encima del ruido—. ¡SOY SAM! ¿CÓMO TE LLAMAS?

—¡MYRIAM!

—¿TE GUSTA LA BUDWEISER, MYRIAM?

—EN REALIDAD NO. ES BASTANTE ASQUEROSA.

Sam juntó las cejas.

—¿POR QUÉ LA BEBES, ENTONCES?

—ERA LA MÁS BARATA DEL MENÚ Y ME GASTÉ CASI TODO EL DINERO EN UN TAXI.

Sam sonrió ampliamente.

—NO TODOS LOS DÍAS VEO A UNA CHICA TAN LINDA SORBIENDO CHAMPÁN DE BASURA BLANCA. ¡Y TAN ARREGLADA!

—SI NO VOY CASUAL DE OFICINA, ME ENVÍAN A CASA.

—¿DÓNDE TRABAJAS?

—TENGO UNAS PRÁCTICAS EN LA OFICINA DEL FISCAL DEL DISTRITO DE SAN FRANCISCO. ESTOY PENSANDO EN ESTUDIAR DERECHO. ESTOY ESTUDIANDO EN CAL.

Señalé en dirección a la universidad. Por la avenida Telegraph.

—¿ERES LINDA E INTELIGENTE?

Me encogí de hombros.

—LO MÁS INTELIGENTE SERÍA QUE ME DEJARAS DARTE UNA VUELTA EN MI MOTO.

Puse cara de oler caca.

Sam se agachó. De abajo de la mesa sacó dos cascos. Deslizó el más pequeño hacia mí.

Sacudí la cabeza.

—¿QUÉ HACE FALTA PARA QUE TE SUBAS A MI MOTO, MYRIAM?

—PIROPOS.

Sam se rio y luego gritó:

—¡ERES EXÓTICA! ¡POR ESO ENVIÉ A SHELBY CON UNA CERVEZA!

Mis fosas nasales delataron mi signo astrológico. Tauro.

Los ojos de Sam chispearon con curiosidad.

—¿QUÉ ERES?

—MEXICANA PRINCIPALMENTE.

Sam parecía eufórica.

—¡DIOS MÍO! ¡AMO A SELENA!

Quise saltar por encima de la mesa y darle una paliza a esa tarada. Pero me contuve. Solté un suspiro exasperado. Si ser fetichizada era el precio por mi primera experiencia sexual con una mujer, estaba dispuesta a pagarlo. Sam era una dyke adulta, nada que ver con las chicas con las que había tonteado en la secundaria.

—EN SERIO, ¿QUÉ TE CUESTA SUBIRTE A MI MOTO?

—UN BAILE.

—¡ESTOY DEMASIADO NERVIOSA PARA BAILAR!

—VAMOS.

Salté de mi taburete. Sam me siguió a la pista de baile.

Me hice un hueco entre un efebo que vogueaba solo y un ma-ricón barbudo que hacía el twist con un tipo sonriente en silla de ruedas. Me moví al ritmo de un remix de los Pet Shop Boys. Me obligué a no reírme cuando reconocí los pasos de baile de Sam. No los había visto desde octavo grado.

Unos dos meses después de amo-a-Selena-rme, Sam trasladó la mayor parte de sus pertenencias a mi cuarto alquilado.

Antes de vivir juntas, Sam me había llevado algunas veces a cenar; ella iba de traje, yo de vestido, y me daba lecciones sobre quesos finos. En nuestra cuarta cita, me declaró su amor. Aunque Sam era mi primera novia adulta, por lo que no tenía ninguna referencia acerca de tales declaraciones, me pareció prematuro que anunciara que pasaríamos la eternidad juntas. Pensaba que debía conocerla mejor. Sabía que se consideraba una experta en quesos. Sabía que se veía bastante guapa con un traje de piel de tiburón. Sabía que rondaba la treintena. Sabía que había crecido en un estado de cuatro letras. Sabía que se había tirado a muchas más chicas que yo.

Para ver si el sexo evolucionaba de interesante a bueno, consentía los excesos románticos de Sam.

Pasábamos las noches acurrucadas en mi cama futón, donde Sam me informaba que yo pertenecía a una categoría mística de seres. Yo era un alma gemela. Su alma gemela. Yo lo dudaba, pero Sam insistía, y tan segura estaba que infundía de duda mis dudas. Tal vez Sam era mi alma gemela, y yo necesitaba que me convenciera de ello. Tal vez era parte de nuestro viaje como almas gemelas. Nunca había conocido a nadie a quien tuvieran que convencer de ser almas gemelas, pero estaba abierta a la posibilidad. A los veintiún años, mi corazón aceptaba las tonterías.

Empecé a preguntarme si ser almas gemelas tenía algo que ver con compartir casa cuando Sam me contó que la iban a desalojar. Estábamos en su departamento, un lugar espartano aunque en cierto modo desordenado, donde dormía en un colchón en el suelo. Mientras explicaba que tenía que salirse al final de la semana, me dijo emocionada:

—Es perfecto que nos hayamos conocido. ¡Porque ahora puedo vivir contigo!

Negué con la cabeza:

—No es buena idea.

Sam agitó los brazos. A pocos centímetros de donde yo estaba, sus botas de motociclista patearon la pared, haciendo volar trozos de ella.

—¡GRACIAS A TI, EN DOS SEMANAS ESTARÉ MUERTA! ¡ME VOY A QUEDAR SIN CASA! ¡NO VOLVERÉ A QUEDARME SIN CASA! ¡ME MATO! ¡ME MATO, CARAJO! ¡ESTARÉ MUERTA Y VA A SER TU CULPA! —rugió.

Me apuntó con un dedo.

Como no quería que me hiciera lo mismo que a la pared (ahora tenía un agujero del tamaño de mi cabeza), le dije:

—¡De acuerdo, de acuerdo, de acuerdo! ¡Puedes mudarte! ¡Puedes mudarte! ¡Está bien! ¡No pasa nada! ¡No te quedarás sin casa! ¡Lo siento!

Tan rápido como había empezado, el berrinche terminó.

Sam enderezó los hombros.

—De acuerdo —dijo—. Puedes ayudarme a empezar a empacar.

Me pasó sábanas enredadas para que las doblara.

Estaba planchando la ropa de Sam para una entrevista de trabajo cuando me dijo:

—Deberíamos hacer un viaje por carretera. Tienes que conocer a mi familia.

Sam afirmaba ser una hija de las Colinas Negras de Dakota del Sur, presumiendo de haber nacido cerca de Deadwood, donde está sepultada la defensora fronteriza Calamity Jane. La madre de Sam, Peggy, y su padrastro, Jim, la criaron a pocos kilómetros de una localidad de Iowa que podría considerarse un pueblo. Era el hogar de menos de seiscientas personas. Tenía una señal de alto, una tienda, un cementerio y un bar que no rechazaba menores. La gaceta del pueblo, el *Night Owl*, era una sola página mimeografiada en la que circulaba información como esquelas fúnebres de mascotas, los nombres de las damas luteranas encargadas de llevar bebidas al siguiente servicio dominical y recetas cuyo ingrediente principal era Velveeta. La mayor parte de la familia de Sam seguía en el estado. Unos cuantos atrevidos habían huido a Minneapolis.

Nunca había estado en el Medio Oeste. Aparte de los viajes a México, había salido de California solo una vez. Para ir a Las Vegas. Dejando de lado Nevada, el resto de Estados Unidos era un misterio sin interés.

Nuestro viaje al corazón del país nos tomó días. Y una vida. El coche de Sam aplastó a un perrito de las praderas en algún lugar de Wyoming. Las llanuras de Nebraska me desconcertaron. Había oído hablar de la legendaria cualidad plana de la región (¿quién no?), pero no se me había ocurrido que de verdad fuera tan horizontal. La tierra se extendía, se extendía y se extendía. Las extensiones estaban desiertas, eran inquietantes y monótonas. Pensé en esa pintura de Andrew Wyeth, la de la chica lánguida con el vestido rosa, sola en un campo de ámbar.

Estaba acostumbrada a tener cerca el océano Pacífico. Ansiaba ver horizontes de agua.

Estaba acostumbrada a las gaviotas, las pozas de marea, los charranes, los chorlos y las dunas de arena que se arrastraban según el viento. También estaba acostumbrada a categorías fijas de trabajo, entre ellas el trabajo blanco frente al trabajo mexicano. En Iowa, esa distinción no parecía existir. En gran medida el trabajo era blanco porque casi todo mundo allí era blanco, los peones también, y sentada en un McDonald's rural observé que la gente que trabajaba en el restaurante parecía ser de ascendencia escandinava. En una esquina, una rubia limpiaba una malteada derramada. En otro rincón, una rubia con visera llenaba un servilletero. Detrás de la caja, una rubia con acné quístico se esforzaba por oír el pedido de un cliente rubio. Detrás de la cajera, quienes cocinaban eran europeos americanos, de los del norte de su continente de origen.

Era una imagen impactante. Nunca había visto un equipo de comida rápida completamente rubio. Mientras desenvolvía mi hamburguesa con queso, me recordé que no debía quedarme mirando.

Nos alojamos con Peggy y Jim. Eran propietarios de una casa rural comprada a unos criadores de ovejas. El terreno que rodeaba su casa era parte césped, parte maizal y parte campo de tiro.

Toda la gente que Sam me presentaba sonreía de un modo que me inquietaba.

Una tarde, mientras caminábamos hacia un lecho seco, Sam dijo:

—¿Sabes lo que dijo mi hermano de ti cuando íbamos solos él y yo al pueblo?

—¿Qué?

—Me dijo: «¿Así que Myriam es mexicana?». Le dije: «Sip». Entonces dijo: «Ah. Pero... ella es... inteligente».

—¿Esperaba que tuviera un coeficiente intelectual de siete?

Sam se rio.

—Supongo.

Avanzamos en silencio. La revelación de Sam corroboraba la sensación de incomodidad que me producía su familia, pero también podría habérmela ahorrado.

Otra revelación ocurrió después de que Sam me llevara a conocer a su bisabuela. Salíamos de su casa de retiro de ladrillo cuando Sam dijo:

—Oye, ¿quieres saber lo que dijo la bisabuela cuando fuiste a mear?

—¿Que ama a Selena?

Repitiendo la voz de la anciana, Sam graznó:

—¿Esa muchacha es *inya*?

—¿Tu bisabuela de verdad dijo *inya*?

—Ajá. Y estaba un poco preocupada de que te robaras algo...

Arrugué la nariz. ¿Qué creía la bruja que iba a robarle? ¿Sus amarillentas carpetas tejidas? ¿Una tetera abollada? No tenía nada que valiera la pena.

—Tu bisabuela es racista —le dije.

Sam saltó.

—¡No, no lo es! Somos indios en parte.

Me quedé mirando a mi «alma gemela».

Ella replicó:

—¡Mi pelo se oscurece en verano! ¡Eso solo les pasa a los indios!

Me alegré de saber que no vería de nuevo a la bisabuela. Podría tirarle los dientes a golpes. Aunque a ella probablemente le gustaría. Había trabajado como payasa de rodeo. Le encantaba que la persiguieran los toros.

El pánico racial continuó en Waterloo. Con Peggy, fuimos a la ciudad, famosa por sus emblemáticas fábricas de tractores. Estacionó en un supermercado y entró deprisa a comprar margarina, leche y carne para el almuerzo. Sam y yo esperamos en la camioneta. Cerré los ojos y respiré por la boca. El asiento trasero apestaba a moho.

La puerta se abrió de golpe y Peggy entró de un salto. Tras azotarla, gritó:

—Pongan los seguros. ¡PONGAN! ¡LOS! ¡SEGUROS!

Obedecí, esperando a un equipo antiterrorista.

—¿Por qué ponemos los seguros? —susurré.

Peggy movió la cabeza en dirección a un tipo moreno que podría pasar por una versión adulta de mi hermano menor. Empujaba un carrito de compra vacío y se ocupaba de sus asuntos. Llevaba desatados los cordones de los zapatos. Sus anteojos estaban pegados con cinta plástica. De su suéter andrajoso colgaban hojas de arce.

—¿Por él pusimos los seguros? —pregunté.

—Roban cosas —susurró Peggy.

También los colonos, pensé.

Apreté las nalgas todo lo que pude y miré por la ventana, deseando poder subirme al carro de la compra del hombre de aspecto familiar y partir hacia el oeste.

Sam era tía de dos sobrinos rubios platinados. La piel del más joven, Brandon, era tan translúcida que dejaba ver su sistema circulatorio.

Mientras Brandon corría por el césped de sus abuelos, susurré:

—Está bien. Se le nota el pulso a simple vista.

Brandon se dio cuenta de que Sam y yo cuchicheábamos. Se golpeó el pecho. Pensé en una ciudad del Valle de San Fernando. Tarzana.

Peggy dijo:

—¡Brandon, ponte la camiseta! Es hora de cenar.

Cuando llegó la madre de los sobrinos, una rubia muy joven llamada Jewel, nos sentamos en sillas de jardín y comimos chuletas de cerdo y maíz dulce. Peggy me sirvió un vaso de leche entera. Me derramé un poco en la camiseta y me excusé para cambiarme en la recámara.

Abrí un cajón de la cómoda y grité. Había bichos muertos esparcidos sobre mi ropa. Una vez superado el susto, tomé un cadáver. Lo examiné. Los restos tenían alas.

Alguien llamó a la puerta.

—¡Pasa!

Sam entró, seguida de Brandon.

—¿Qué demonios sucede? —ladró.

—¡Sí! ¿Qué demonios sucede? —repitió su comparsa.

—Mi ropa está cubierta de estos —le entregué un cadáver.

Ella retrocedió. Me volví y se lo enseñé a Brandon. Ahuecó las manos, aceptó el insecto y sonrió.

—¿Tú los pusiste en mi cajón? —pregunté. Asintió con la cabeza—. ¿Por qué?

—Te oí decirl'a la abuela que te gustan las luciérnagas. Que nunca ls 'bías visto en California. Le dijistes que te gustaba cómo brillaban sus traseros, así que atrapé unos y ls puse en tu cajón.

Consideré el plan de Brandon. Había cosechado insectos con la esperanza de que yo abriera el cajón y me viera rodeada de ángeles parpadeantes. En lugar de eso, me encontré muerte alada. No importaba. La intención del niño traslúcido era hermosa. Por primera vez, me sentí acogida por esa familia.

—Gracias —le dije—. Eso es muy dulce.

Se sonrojó y devolvió el bicho a su cajón. Se dio la vuelta, rodeó mis cortas piernas con los brazos y me apretó antes de salir dando saltos.

La versión de amabilidad de Brandon me dio una idea.

Hasta ahora, sabía que la familia de Sam me tenía por una joven lista con tendencias cleptómanas. Para contrarrestar esta impresión, quería demostrar que podía ser humilde, generosa y digna de confianza. Estos habitantes del Medio Oeste de piel color salmón habían asimilado algunas ideas de mierda acerca de los mexicanos en su visión del mundo, y me propuse luchar contra sus prejuicios. Tramaba ganarme su afecto.

La comida sería fundamental para mi misión.

Una noche, después de cenar, mientras Peggy y Jim estaban en sus reclinables viendo Fox News, les dije:

—Me gustaría hacerles de cenar en esta semana.

Peggy pareció preocupada.

—¿Qué vas a preparar?

—¡Comida mexicana!

—Como... ¿tacos de carne molida?

Peggy pronunció fuerte la «a» de *tacos*. La puso de relieve.

—Mmmmmm, probablemente no tacos. Probablemente haga algo un poco más... enredado.

Me miró como si hubiera lanzado una amenaza.

Pasé la tarde en el teléfono con mis padres, discutiendo opciones para el menú. Me sugirieron que hiciera chiles rellenos, sopa de arroz y frijoles de la olla. Un platillo típico, el tipo de comida que el general Álvaro Obregón disfrutaba cuando fue asesinado, cayendo de bruces en la delicia. Mis padres me dictaban las recetas de mi bisabuela y yo las apuntaba en el cuaderno donde escribía al final de cada día. El único detalle del que estaba segura que me desviaría era el de las patas. No estaba segura de cómo quedarían. No todo mundo encuentra apetitosos los dedos de las patas, y a mi bisabuela le gustaba servir el arroz con unas patas de pollo entrecruzadas encima. Dejaba las extremidades para el final, como sabroso postre. Se sentaba sola en la mesa y chupaba el tuétano mientras su dentadura postiza sonreía sobre una servilleta, un plato o en un vaso cercanos.

Mamá me dijo que hiciera agua fresca con berries de temporada. También me aconsejó que pusiera una fuente de guarnición de modo que sus colores evocaran la bandera mexicana. Tomates y rábanos rojos. Cebolla blanca picada. Cilantro, lechuga y jalapeños verdes. No soy nacionalista, pero sentí la presión de representar. Cosas de la diáspora. El espíritu patriótico te agarra por las partes íntimas cuando te has alejado de la madre patria.

—De acuerdo —le dije a mamá—. Voy a hacer la bandera mexicana en crudité.

Cuando colgué, miré por la ventana. Las luciérnagas parpadeaban. Observé sus constelaciones aparecer, desaparecer y reaparecer. Prepararía el arroz sin patas. Por ahora nos guardaríamos las garras.

El elefante metió la trompa en una jarra de vidrio llena de bebida de color naranja neón, chupando hasta vaciar el recipiente.

—Eso no puede ser bueno para el animal —le susurré a Sam.

—¡SHHH!

Estábamos sentados en las gradas de la Feria del Norte de Iowa. Un artista mostraba los muchos «talentos» de su elefante, uno de ellos su capacidad de comerse una pieza de pan Wonder Bread de un solo bocado. Después de que el paquidermo realizara unos cuantos trucos más, el domador preguntó:

—¿Quién quiere subirse?

Los niños chillaron y se apresuraron a formar una fila. Brandon y Luke se les unieron. Pensé en Aníbal, cruzando los Alpes con una hilera de elefantes.

—Voy a echar un vistazo —le dije a Sam.

Ella asintió.

Abandoné las gradas y entré en una carpa blanca vecina. Unas jaulas de alambre, algunas oxidadas, descansaban sobre mesas plegables. En su interior, gallinas, gallos y polluelos picoteaban e iban de un lado a otro. Otra fila de jaulas estaba llena de conejos. Se apiñaban en los rincones, con las patas y nalgas manchadas de amarillo. Las moscas zumbaban, molestándolos. Los conejos no podían saltar sin peligro. Chocarían sus cabezas, se sacarían un ojo contra un alambre. Las partículas de virutas de madera hacían peligroso respirar. El fuerte hedor a pis de animal me quemaba las fosas nasales.

Había dejado el inhalador de albuterol en casa.

Me apresuré a salir, llené mis pulmones de aire fresco y vi una carpa verde oliva engalanada con anuncios de feria de estilo antiguo.

¡EXHIBICIÓN DE FENÓMENOS! ¡EL CABALLO MÁS PEQUEÑO DEL MUNDO! ¡$2.00!

No había fila. Salvo por el destapacaños de un empleado de feria apostado en la entrada, la carpa estaba sola.

Todo lo demás había atraído multitudes. El elefante. Los pocos juegos. Los puestos de comida. El derbi de demolición de tractores.

La exhibición de fenómenos era probablemente el único lugar donde podría disfrutar de algo de soledad.

Me acerqué al hombre tatuado que vigilaba la exhibición y le entregué dos billetes.

Apartó una lona y murmuró: «Disfruta».

Arrastré los pies sobre la hierba rala y eché un vistazo a las estanterías hundidas bajo el peso de frascos polvorientos y llenos de algo oscuro. En ellos flotaban cosas con caras. Lechones. Gatos. Perros. Tal vez tuzas. Globos oculares muy grandes. Huesos. Dientes. Pelo. Pieles. Manos humanas habían cosido diferentes partes de animales para crear los crípticos suspendidos en las soluciones neblinosas. Un pato disecado con una pata de más ofrecía una sonrisa de Mona Lisa. Al ver las esculturas de cera que representaban enfermedades de la piel, me pasé el dedo por la mandíbula, palpando en busca de acné y abscesos. En un diorama casero, una familia de ratones polvorientos y congelados estaba sentada a la mesa para tomar té con scones.

Fluyendo de una a otra, las estanterías se curvaban en un laberinto que parecía guiarme hacia la atracción principal.

Supe que me acercaba cuando por fin vi un ser vivo.

Su acuario estaba muy iluminado. El rótulo manuscrito, manchado por el agua, rezaba: «Pete y re-Pete».

Dos rostros curtidos me miraron.

Residían en la misma concha.

Las tortugas vivían solas en su casa de cristal. Tenían un pequeño estanque de agua con un corto tramo de arena con guijarros. Una playa privada. Me quedé mirando a los Petes. Nunca había visto un reptil de dos cabezas. Parecían contentos.

Seguí caminando, imaginando lo pequeño que sería el caballo más pequeño del mundo. Me imaginé taxidermia de algún tipo, tal vez un ratón, rata o rata almizclera manipulada para que pareciera un poni. De niña merodeaba por las estanterías de la biblioteca pública donde se encontraban los libros de ocultismo y esoterismo, y recordaba haber visto en uno de ellos imágenes en blanco y negro de la sirena Feejee de P. T. Barnum. En realidad, no era una sirena. Era mitad mono momificado, mitad pez momificado; completamente aterradora.

Continuando mi viaje, llegué al corral alambrado donde sufría la atracción principal.

Estaba parado sobre un nido de heno sucio.

Las moscas zumbaban alrededor de sus ancas y orejas.

Ahogué un grito.

El poni Shetland me miró con ojos de melaza. Necesitaba que le desenredaran las crines y su escroto inflado colgaba y se balanceaba entre sus pezuñas, casi tocando el suelo. La vergüenza era demasiada. Había pagado dinero por esta experiencia, por mirar la miseria de este caballo. El caballo más pequeño del mundo parecía suplicar algo. ¿Piedad? Quería salir. Del recinto ferial. Del condado de Cerro Gordo. De Iowa. Del plano espiritual donde se veía obligado a desempeñar el papel del caballo más pequeño del mundo.

«Lo siento mucho», susurré, y hui de la tienda, regresando a toda prisa a la noche de verano.

Intenté olvidar lo que había visto mientras deambulaba por el recinto ferial, buscando a Sam y sus sobrinos. Los encontré merendando. Engullían bolsas de Fritos con tenedores de plástico.

—¿Quieres? —preguntó Brandon.

—¿Qué es?

—Un taco andante.

—No sé qué es eso.

—¿No eres mexicana?

—Sí. —La curiosidad me pudo—. ¿De qué está hecho?

Brandon pronunció despacio:

—Fritos. Chili. Crema agria. Lechuga. —Tras una pausa, añadió—: Queso.

Nos dirigíamos al estacionamiento, ya que nos habían encargado dejar a los sobrinos en casa de su abuelo. Después de amontonarnos en el coche y abrocharnos los cinturones, pregunté:

—¿Podemos bajar algunas ventanillas?

—¿Por qué? —preguntó Luke.

—El coche huele como a pies. —Brandon y Luke se rieron.

—Eso que dices de nuestra comida no es amable, Myriam —dijo Sam. No estaba de acuerdo, pero me callé. Los Fritos huelen a pies. Es un hecho bien conocido y pocas veces debatido.

Por la carretera pasamos frente al anuncio de una atracción turística arquitectónica.

—¡Oooooh! —exclamé—. Hay edificios de Frank Lloyd Wright en Mason City. ¿Podemos ir?

—Quiero ir al museo de los tractores —dijo Brandon.

—¿Dónde está? —preguntó Sam.

—Charles City.

—¡Los llevaremos a los tractores en Charles City! Iremos mañana —dijo Sam.

—¡Sí! —gritaron los chicos.

En casa de su abuelo, Sam y yo acompañamos a los sobrinos hasta la puerta principal. Tocamos. Nadie salió. Volvimos a tocar.

—¿Qué hacemos? —susurré.

Sam me había contado historias sobre su abuelo, y si el padre de Jewel se parecía en algo a él, yo no quería entrar. Cuando cuidaba a Sam y a su hermano, el viejo abría una botella de Jim Beam, se servía un vaso, lo bebía de un trago y se ponía alegre.

—¿Quién quiere jugar? —decía.

—¡Yo! —coreaban hermano y hermana.

El viejo los metía en jaulas para perro y los encerraba. Los niños fingían ser caniches. Jadear. Ladrar. Rascarse las pulgas. El viejo tragaba whisky hasta caer dormido, y los caniches lloriqueaban esperando a que volviera en sí.

El juego duraba horas.

Luke abrió la puerta. Brandon lo siguió dentro. Sam y yo entramos a una sala abarrotada. Iluminado por el brillo de un televisor blanco y negro, un hombre demacrado dormía en un sofá. Tenía la barba larga. Rip Van Winkle. Sostenía un cigarrillo entre los dedos. Su papel y su tabaco se habían convertido en ceniza hacía tiempo. Su rostro trascendía el tiempo, antiguo y sin edad. Sus párpados apergaminados se levantaron.

—Hola —dijo en voz baja.

—Hola —dijo Sam—. Trajimos a Luke y Brandon.

—Gracias —dijo. Saludó con la mano a los chicos. Sus párpados cayeron.

Luke se acercó al viejo televisor y giró el dial, cambiando de canal. Me alegré de que el televisor estuviera allí. Los sobrinos tenían una niñera de confianza.

La ausencia del océano de verdad me alteraba.

Hasta mi visita a Iowa, no sabía cuánto valoraba el Pacífico. No sabía lo mucho que representaba. Ahora que el mar no estaba conmigo, su significado era claro. El océano era un umbral. Representaba otros mundos. Bautismos y ritos de muerte. Finales y comienzos. Estar en la playa y contemplar el Pacífico te hacía humilde y te vigorizaba. Nada producía esa combinación de sentimientos en Iowa. Norte, sur, este y oeste, el horizonte era tierra, maíz, maíz y tierra. La monotonía visual era difícil de soportar. Parecía penosamente inerte. Los ritmos del mar, en cambio, nos recuerdan que estamos vivos. El mar nos cubre y rezuma niebla. El mar nos alcanza con la marea alta y nos abandona con la marea baja. También es un escenario de violencia. Tiburones que atacan a surfistas. Rayas que perforan botas de pescador. Mansiones de Malibú que resbalan por los acantilados y se estrellan, desvaneciéndose en las olas.

En un esfuerzo por aliviar mi nostalgia, recurrí a los amuletos. Uno de ellos era una cola de serpiente de cascabel recién adquirida. Un cascabel.

Me enamoré de las serpientes de cascabel cuando tenía más o menos la misma edad que los sobrinos. Papá nos había llevado al Museo de Historia Natural de Santa Bárbara. Caminamos entre robles hasta un esqueleto de ballena junto al estacionamiento. Lo habían vuelto a ensamblar y los huesos parecían flotar en el aire. Papá nos animó a mi hermano, a mi hermana y a mí a entrar en la boca del gran mamífero. Nos metimos felices y papá narró cómo recorríamos su tracto digestivo y nos escurríamos por su salida. Alborotados, los tres fingimos ser mojones que descendían a toda velocidad.

«¡Ahora todos tienen algo en común con Pinocho! ¡Y con Jonás!», dijo papá. Entrar en la ballena nos hizo parte de una élite. Un club.

En la galería de un museo, contemplamos un panal de abejas detrás de un vidrio. Abejas trabajando en una colmena que salían por un agujero en el techo. Mientras las obreras iban y venían, buscamos a la reina. No se parecía a las demás: era más grande y un apicultor la había marcado con un punto rojo para que los espectadores pudieran identificarla fácilmente. Quedamos boquiabiertos cuando la vimos. Estábamos en presencia de la realeza.

Mi atracción favorita no estaba en una de las galerías. Ocupaba un corredor cubierto. Dentro de una gran caja se enroscaba una cascabel disecada, lista para atacar. Mis manos lujuriosas querían acariciar sus escamas. Por eso estaba detrás de un cristal. Para protegerla de niños como yo. Para satisfacer nuestras ansias de contacto, había un botón. Lo apreté. La cola sonó. La advertencia me produjo escalofríos. Lo pulsé una y otra y otra vez, hasta que papá dijo: «¡Basta!». No quería oír ese sonido en nuestro patio trasero, pero yo disfrutaba oyendo esa maraca en circunstancias altamente curadas.

Me gustaban mucho los reptiles. Mi papá y mi hermano los adoraban. También el tío Henry, el hermano mayor de papá. Como a muchos jóvenes chicanos, a Henry lo habían hecho combatir en Vietnam. Recibió entrenamiento en Fort Sill, Oklahoma, y Huntsville, Alabama, donde aprendió a apuntar artillería y disparar. Henry regresó de su periodo de servicio con la mente y el espíritu destrozados. Ambos estaban ahora abiertos y sintonizados con visiones, sonidos y olores a los que el resto de nosotros no teníamos acceso. Oía la voz de un bebé. La criatura lloraba mucho. Henry quería salvar al bebé, pero no lo encontraba.

Incapaz de entablar amistad con los humanos, Henry se hizo amigo de los reptiles. Eligió como compañeros a un varano del Nilo, Osama, y a una iguana verde, San Ignacio. San Ignacio vivió la mayor parte de su vida encaramado al hombro de Henry. El veterano de Vietnam y la iguana tenían expresiones parecidas, sonrisitas desconfiadas. Para divertirse, los fines de semana iban juntos a los bazares.

Don, el tío de Sam, me dio mi amuleto de reptil. De camino a Iowa, paramos en su rancho ganadero. Estábamos llegando a la casa cuando Don se acercó en su Jeep, se bajó y saludó.

—*Howdy!* —dijo—. ¡Acabo de matar una víbora! —Extendió la palma de la mano, mostrando un cascabel fresco.

Dentro de la casa, junto al árbol del vestíbulo, Don me enseñó una caja de puros repleta de colas.

—Las colecciono —explicó.

—¿Cuántas cree que son? —pregunté. Agitó suavemente la caja.

—¡Muchas!

Don notó mi envidia.

—¿Quieres quedarte con esta?

Yo estaba encantada. Por fin, ¡mi propio cascabel!

—¡Sí! Gracias. ¡Gracias!

Don me entregó la cola y yo deslicé el amuleto en el bolsillo del pecho de mi camisa del oeste. Hacía una música peligrosa sobre mi corazón, recordándome la intimidad de mi familia con las cosas escamosas.

De camino al Museo del Condado de Floyd, les conté a los sobrinos sobre el regalo.

—Miren lo que me dio el tío Don. —Estiré el brazo hacia el asiento trasero. Abrí la mano para mostrar la cola. Los ojos de los niños se abrieron de par en par. Brandon quiso tomarla. Se la arrebaté.

—¿Puedo tocarla? —pidió—. ¡Por favor!

—No lo sé —respondí—. Depende de cómo te comportes en el museo. Si te portas bien, te dejaré.

Sonrió.

—Lo haré. ¡Me portaré bien! ¡Lo prometo!

—Eso nos agrada —dije, y me guardé la cola en el bolsillo.

Los chicos siguieron todas las indicaciones en el museo. No se quejaron ni tocaron. Su comportamiento fue impecable.

—Hoy se portaron de verdad muy bien —dijo Sam—. Quizá más tarde puedan tocar el cascabel.

Paseamos por un sendero cerca del río Cedar. Señalé una cafetería.

—Voy por un café.

—¿Puedo ir contigo? —preguntó Brandon.

—Claro.

Le abrí la puerta y nos acercamos al mostrador. Leímos el menú en la pared. Pedí un capuchino.

Miré a Brandon.

—¿Quieres algo?

—¡Un caffaccino!

Sonreí nerviosamente, me incliné hacia el barista y le susurré:

—Hagas lo que hagas, no le des a este niño un capuchino. Por favor, prepárale un chocolate caliente y llámalo capuchino.

El barista guiñó un ojo, preparó nuestras bebidas y cubrió la de Brandon con crema batida y chispas de chocolate.

Brandon tomó su obsequio del mostrador y engulló, haciéndose un bigote de crema. Haciendo sonar los labios, anunció:

—¡Ah! ¡Caffaccino! —y se lo tragó todo.

Nos fuimos y volvimos con Sam.

—Tengo hambre —refunfuñó Luke—. ¿Podemos comer pizza? —señaló un restaurante unas puertas adelante.

Sam asintió.

Éramos la única clientela del Pizza Ranch. En el menú había pizza, alitas de pollo y costillas de cerdo. Yo necesitaba fibra. Mucha. Peggy y Jim nos habían estado alimentando con una dieta de proteínas y almidón. La carne y las papas estaban obstruyendo mis cañerías personales.

Una mesera rubia con el pelo alborotado vino a tomarnos la orden. Sam pidió pizza, alitas y palitos de pan.

—¿Es posible que me preparen una ensalada de jardín grande? —pregunté—. ¿Como poner dos ensaladas normales en un bol más grande?

—Sí, cariño. ¡Sí podemos!

—¿Comes mucha ensalada en California? —preguntó Brandon.

—Debo de —respondí—. Tengo que mantener las cosas en movimiento.

—Te vamos a preparar una gran ensalada. ¡Ya verás! —dijo la mesera. La mujer pasó junto a las mesas vacías y entró en la cocina de Pizza Ranch—. ¡Saca el bol grande! —le anunció al cocinero—. Hay una chica de California ahí fuera y quiere una ensalada con muchas verduras. ¡Ponle todo lo que tenemos! ¡TODO! ¡TODAS LAS VERDURAS QUE ENCUENTRES!

—¿Todo? —preguntó el cocinero.

—TODO.

Estaba mortificada y encantada. No necesitaba una ensalada especial, pero la gente de Pizza Ranch me estaba preparando una de todos modos. Cuando la mesera nos trajo la comida, dejó mi ensalada para el final. Con los brazos extendidos y un aire de ceremonia, llevó un brillante cuenco de metal por el comedor. Desbordaba color. Me sentí como una reina.

—¿Quieres aderezo de vinagreta o ranch?

—¡Ranch!

Trajo un pequeño tazón de salsa ranch y Sam, Brandon y Luke me miraron verterlo.

—¿Qué tiene? —preguntó Sam.

Hurgando en ella con un tenedor, dije:

—Orejona. Romana. Tomate. Cebolla morada. Cebolla blanca. Aceitunas negras. Champiñones. Frijoles cocidos. Garbanzos. Y pepperoncini.

Luke puso cara de asco. Brandon tomó un tenedor y apuñaló mi comida.

Esa noche, Peggy y Jim nos invitaron a Bonanza Steakhouse. Los padres de los sobrinos nos alcanzarían allí.

Cuando vi la barra de ensaladas, me iluminé. ¡Más fibra!

—Voy a servirme. —Me levanté.

—¡Voy a hacer lo mismo! —dijo Brandon.

Los adultos se rieron. Brandon sonrió.

Mi pálida sombra me siguió. Apenas alcanzaba el protector contra estornudos.

—¿Te gustan las barras de ensaladas? —le pregunté.

—Sí. Me gustan. Y los bufés. Hay uno al que vamos en un barco del río. Allá en Wisconsin.

—¿Qué es lo que más te gusta comer en el bufé del barco?

—Ancas de rana.

—¿En serio?

—Ajá. Sabrosas.

—No sabría decir. Nunca he comido rana. Creo que nunca he comido un anfibio. Una vez lamí un caracol. En un reto. En tercer año.

—Qué asco —dijo Brandon.

Llenamos nuestros platos y volvimos a la mesa.

Jewel observó que Brandon se metía betabeles en la boca.

—Nunca lo había visto comer tantas verduras.

—¡Quizá tengas un caso de vegetarianismo! —le dije.

Jim se rio.

—¡No soy yo! —Señaló el montón de carne que tenía en el plato. Nos reímos.

Después de que Brandon terminara su segunda ración de ensalada, saqué despacio el amuleto de mi bolsillo y se lo tendí a los sobrinos.

—¿Quién quiere tocar el cascabel?

—¡YO! —chillaron ambos.

Luke me arrebató la cola de la mano y la sacudió. Me preocupó que la aplastara, pero tenía que cumplir mi promesa. Recé para que permaneciera intacta.

—¡HEY! —gritó Jim. Todo mundo guardó silencio—. ¿Qué es eso?

—¡Una cola de serpiente de cascabel! —dijo Brandon—. El tío Don se la dio a Mary-am.

—¡APÁRTALA! —ladró Jim—. NO JUGAMOS CON PEDAZOS DE VÍBORA EN LA MESA.

Le arrebaté la cola. Me ardían las mejillas.

Sam parecía divertida.

Volvimos a la granja con Peggy y Jim. Una vez en nuestro cuarto, Sam susurró:

—¡EH! ¡NO JUGAMOS CON PEDAZOS DE VÍBORA EN LA MESA!

Agarré una almohada y la mordí, esperando que el relleno de poliéster se tragara mi risa.

Sam y Peggy me seguían por un mercado en Waterloo.

Estaba buscando ingredientes para la comida mexicana. Mis padres me habían advertido que no usara pimientos de lata, bromeando a medias con que si incurría en tal ofensa me podría condenar. Después de rebuscar en la sección de productos frescos, temí el infierno. El otro ingrediente que faltaba era el queso panela. El sustituto más parecido que encontré fue Monterey Jack. Al menos la tienda tenía granadina, frijoles pintos, caldo de pollo y el resto de mis ingredientes.

En la casa, tomé prestado uno de los delantales de Peggy y me puse a trabajar. Hacer el arroz y los frijoles fue aburrido, pero preparar los chiles rellenos resultó divertido. Mi parte favorita era hundir el cuchillo a lo largo de cada pimiento, haciendo un corte que me permitía meter los dedos y sacarle las tripas. Ponía una rebanada de queso en cada pimiento destripado, y una vez relleno, pinchaba la carne con un palillo, uniendo las solapas. Enharinaba cada pimiento y luego lo pasaba por una espuma de huevo batido esponjosa como un merengue. Uno a uno, los coloqué en una sartén llena de aceite y los freí, dándoles vuelta con unas pinzas cuando se doraban. Después de sacarlos del fuego, coloqué los pimientos sobre una toalla de papel, dejándolos sudar.

Me acordé de cuando papá me contaba de los chiles rellenos que preparaba su abuela para una docena de personas. La mano de su molcajete quebraba y raspaba, quebraba y raspaba, quebraba y raspaba. En la mesa, su abuela y su mamá se preparaban, con los pañuelos cerca. Los chiles, junto con las especias, las hacían llorar y moquear. Al final de la comida, las caras de las mujeres estaban mojadas, como estatuas de santas lloronas. La mejor comida nos hace llorar.

Emplaté los pimientos, los rocié con salsita y los acompañé de arroz y frijoles. Puse la mesa y coloqué la jarra de agua fresca de fresa en el centro, junto a la bandera mexicana en crudité. Recé a los espíritus matriarcales, incluida la Virgen de Guadalupe:

No pude encontrar chiles poblanos frescos.
Hice lo que pude.
Por favor, bendice esta comida.
Por favor, no me mandes al infierno.
Amén.

Los cuatro nos sentamos a la mesa. El comedor tenía manzanas en todas direcciones. Papel tapiz de manzanas. Manzanas de madera adornando una despensa antigua. Bloques de madera que deletreaban M-A-N-Z-A-N-A-S.

Jim miraba la comida con expectación. Peggy parecía preocupada.

—Hay algo muy importante que deben saber —dije—. No quiero que nadie salga herido. En el interior de estos pimientos hay palillos que mantienen todo unido. Cuando los corten, asegúrense de quitar el palillo. No se pinchen.

Jim se rio y desarmó su pimiento. Cuchillos y tenedores

chocaron contra los platos y los habitantes del Medio Oeste se lo comieron todo. Los únicos restos fueron algunos rábanos, que mordisqueé durante la limpieza.

—Fue una cena buenísima —dijo Jim.

—Sí, lo fue —agregó Peggy—. ¡Y también saludable!

Sonreí. Leí sus cumplidos como una buena señal. Los espíritus me habían perdonado por usar chiles enlatados. Les había dado a dos oriundos de Iowa una amable prueba de la hospitalidad mexicana. Quizá la próxima vez que vieran a alguien parecido a mi hermano no se apresurarían tanto a poner los seguros; quizá recordarían una muy buena cena.

Habían pasado unos días desde que cociné, y Jim y yo estábamos solos en la casa. Peggy y Sam habían ido a hacer encargos. Agradecía tener tiempo para mí. Siempre tenía a Sam encima. Ahora podía respirar.

Hice una pausa en la lectura y salí de la recámara por un vaso de agua. De regreso, me detuve en la sala. Jim estaba en su sillón reclinable. En lugar de Fox News, veía *La historia más grande jamás contada*, una epopeya de 1965 sobre la vida y los tiempos de Jesús. Aún mejor que Charlton Heston semidesnudo interpretando a Juan el Bautista, aparece Telly Savalas, alias Kojak, como Poncio Pilato.

En la pantalla, el Cristo blanco estaba bañado por una luz ridícula. Parecía radiactivo. Sus ojos azules brillaban mientras parloteaba versículos bíblicos.

—Mira eso —dijo Jim—. El Jesús auténtico. Tal vez así se veía.

—¿Max von Sydow? —me reí—. ¡Imposible! Jesús no nació en Suecia. ¡Era de Nazaret! Jesús probablemente se parecía más a Cheech Marin que a Max von Sydow.

Jim me miró fijamente. Añadí:

—Ya sabes, Cheech Marin. El mexicano mariguano de Cheech y Chong. ¿Has visto alguna vez *Up in Smoke*?

Los finos labios de Jim desaparecieron. Su cuello y sus orejas se pusieron de color fucsia.

—Jesús. No. Era. Pri. Me. Tivo —dijo.

Levanté las cejas, me di vuelta y me apresuré a volver a la recámara.

Me senté en el sillón doble a cuadros y miré por la ventana, hacia el camino de grava. Deseé que fuera de noche para que las luciérnagas me distrajeran. En lugar de eso, tomé el libro que estaba leyendo, *Women Who Kill* (Mujeres que matan), de Ann Jones. Volví a sumergirme en el capítulo sobre la hija de un banquero mezquino y frugal.

> *Lizzie Borden un hacha tomó,*
> *y a su madre cuarenta golpes le dio;*
> *cuando lo que había hecho vio,*
> *a su padre cuarenta y uno le dio.*

Pasé la página, levanté la vista y me arrepentí. Me hubiera gustado adornar la sopa de arroz con patas de pollo. Jamás debí esconder nuestras garras.

BABEADA

Desperdicié incontables noches en uno de los lugares más tristes de la tierra, el club de la comedia.

Ir era mi deber de esposa; estaba casada con una aspirante a standupera.

En noches entre semana, me sentaba en las sombras del club, estirando un ginger ale tibio y viendo a gente desesperada, la mayoría hombres, apresurarse para tomar el micrófono. Los hombres siempre gritaban, tartamudeaban, hacían imitaciones, caminaban de un lado a otro, parecían incómodos y se quejaban de las mujeres. Hablaban de pitos, por lo regular de los suyos, se retorcían las manos, hacían juegos de palabras, boxeaban con su sombra, suspiraban, coqueteaban y se quejaban de las mujeres. Improvisaban historias tontas, contaban algunos chistes, bebían agua embotellada, encaraban a quienes los interrumpían, se quitaban la camisa, se la metían en el bolsillo trasero y se quejaban de las mujeres. (Parecía que en la comedia las peores personas del mundo eran las mujeres).

A veces me reía.

La mayoría de los standuperos no son tan divertidos. Para ser justos, tampoco los ensayos sobre la comedia. Los ensayos analíticos son autopsias y se supone que no debemos reírnos de los cadáveres, ni siquiera cuando el cadáver es un payaso.

Por mi propio bien, me reía de todo lo que mi comediante hacía y decía. No quería que llorara. Los comediantes son muy llorones. La mía lo era. Cuando la vida no salía según sus planes, lloraba, apostaba, me dejaba sola con el pago de la tarjeta de crédito y me engañaba.

Cuando la despedían, decía: «Myriam, eres tan paciente. Es tu mejor cualidad».

Me decía a mí misma que podía manejarlo. Así era vivir con una artista. Se supone que es difícil vivir con ellos. Cuanto más difícil es vivir con ellos, más geniales son. Cuanto más geniales son, más debemos ceder ante ellos. Cuanto más cedemos ante ellos, más brilla su genialidad. Me dije muchas mentiras para que mi matrimonio funcionara.

Cuando estaba casada, tenía un hobby: escribir. Si quería ser graciosa, tenía que ponerlo ahí. No tenía permitido ser graciosa delante de mi comediante. Me lo hizo saber después de que me autoelogiara por haber dado con un chiste que me parecía gracioso.

«¡No! —dijo—. Tú no eres graciosa. ¡Yo soy la graciosa! Tú eres la lista. Y la bonita. No tienes por qué tenerlo todo». Señalándose el pecho y luego jalándose el cuello de su camiseta de Plaza Sésamo, gruñó: «Lo mío es ser graciosa».

Intentaba guardarme mi humor para mí, pero saltaba a la página. Mi esposa ignoraba lo que escribía, así que allí estaba a salvo.

A diferencia de la comedia, mi hobby no era nada serio. Hacer monólogos obligaba a mi esposa a compartir el escenario con hombres. Su arte elegido era nocturno y sudoroso, un *Club de la Pelea* verbal. En cambio, mi hobby tenía un público silencioso de dos personas. Me aseguraba de no despertar a mi comediante, salía de la cama a las cinco de la mañana y me escabullía a la cocina para preparar el desayuno. Con media barra de Snickers y una taza de café dentro, me llevaba la segunda taza sobre el frío suelo de madera hasta la habitación de baño compartido donde escribía. No tenía un escritorio propiamente dicho. En lugar de ello, tecleaba en una laptop colocada sobre una repisa montada en la pared. Clavada a la pared, a la altura de los ojos, tenía una foto maltratada de mi tatarabuela y mi bisabuela, un par de afro-mestizas, una sentada y otra de pie en un estudio mexicano de fotografía. Mi tatarabuela parece dispuesta a pelearse con el fotógrafo.

Mientras escribía, salía el sol. Una vez iluminado el mundo, era hora de dejar la página y montar mi bicicleta hasta la secundaria donde daba clases. Mi comediante se levantaba de la cama hacia el mediodía. Unas cuantas veces a la semana, manejaba su «lancha» ligeramente abollada a universidades grandes y pequeñas para enseñar comunicación. «Mis alumnos me dicen que soy la maestra más divertida que han tenido», me contaba. A veces yo llegaba a casa y me encontraba a estos estudiantes en mi sala, bebiendo whisky con su profesora.

Cuando mi comediante me contaba sobre estos elogios, me acordaba de dos alumnas a las que había oído al pasar. Las chicas habían estado en mi clase. Una se quejaba con la otra de que iba mal en una clase que todos decían que era un diez fácil. A sus espaldas, los chicos llamaban a la profesora de matemáticas que la impartía «la que se parece a Benjamín Franklin».

Mirando a la cara a su amiga en apuros, la otra chica dijo:

—Tienes que acercarte al escritorio de la maestra Campbell y decirle que es guapa. Bésale el culo. Funciona. Yo lo hice y pasé de un cinco a un diez.

—Bueno —dijo la chica en apuros—. Se lo besaré.

Durante mis sesiones de escritura antes del amanecer, trabajé en una novela impublicable. También jugaba con fragmentos experimentales. Los fragmentos eran intentos por narrar mis incontables agresiones sexuales. Abordarlas incluso estéticamente me generaba angustia. Esto desinflaba mi hobby, privándolo de aire. Para mantenerlo en movimiento, recurrí al absurdo, al pastelazo, al humor negro y a la comedia de insultos; lo que fuera con tal de proteger mis heridas psíquicas.

Estas son algunas pautas que me establecí durante esas sesiones de escritura antes del amanecer:

¿Y si escribo sobre la vez que un desconocido me violó, pero lo narro desde el punto de vista de un animal que lo presencia? ¿Digamos, un caracol?

¿Y si escribo sobre la vez que abusaron de mí cuando tenía doce, pero convierto al abusador en un topo?

¿Y si la violación es en realidad una broma pesada en la que participa medio mundo y la otra mitad es la víctima?

En la época de estos experimentos de escritura, devoraba libros serios y ligeros sobre violencia de género. Devoré *Afortunada* y *Desde mi cielo* de Alice Sebold. Devoré *The Red Parts* y *Jane* de Maggie Nelson. Estos cuatro libros carecen mayormente de humor, una característica bastante común en relatos en los que golpean, tirotean, secuestran, violan y despedazan mujeres y niñas. Quería leer sobre estos horrores porque había experimentado algunos en carne propia, pero los libros de Sebold y Nelson no me sentaban bien. Por un lado, eran demasiado blancos. También se tomaban a sí mismos muy, muy en serio.

Para sobrevivir a la violencia de género, la violencia sexual en particular, una de las cosas que he tenido que hacer es no tomármela en serio *estratégicamente*. Con esto no quiero decir que tenga un gran libro de chistes sobre violación junto a la cama. Lo que quiero decir es que he tenido que educarme acerca de cuándo, dónde y cómo reírme de los violadores, la violación y mi propio sufrimiento. El humor anestesia y tiene un efecto espacial, aumentando la distancia entre la violación y yo. Paradójicamente, el humor también me permite aproximarme a la violación. Quienes pensamos mucho en ella necesitamos acercarnos.

¿Qué tanto quiero acercarme?

A una distancia que me deje mojarla con mi flor de broma.

Los fragmentos experimentales con los que jugaba acabaron uniéndose para formar *Mala onda*, un delgado libro de memorias que cuenta cómo fue crecer siendo cuir y mexicana en California durante los ochenta y noventa. La «trama» de *Mala onda* gira en torno a experiencias como las que alimentan la comedia obscena de *Post-traumatic* de Chantal V. Johnson. La novela de Johnson nos presenta a Vivian, una abogada afrolatina sobreviviente de abuso sexual infantil. Mientras intercambian chistes «irrepetibles», Vivian y su amiga Jane se fuman un toquecito en el departamento de Jane, en Crown Heights.

Lo peor del abuso infantil es ser la única niña de tu salón de kínder con VPH.

Dejé de ser virgen cuando tenía cinco años.

Debo haber sido una niña muy bonita porque abusaron de mí dos personas distintas. Ojalá pudiera aplicarles el *me too*, pero ambos murieron ya.

—...comedia de abuso infantil —reflexiona Vivian—. ¿Estamos preparados ya como sociedad?

—Estoy dispuesta a llevar esta voz a la gente —responde Jane.

La primera experiencia que presenta *Mala onda* es un periodo prolongado de abuso sexual que me infligió un compañero de clase de trece años. Este chico abusó de mí en el salón de techos altos donde él y yo teníamos que estudiar historia universal. Mientras yo elaboraba un borrador, su mano se deslizó por mi muslo hasta un lugar donde nadie me había tocado excepto yo. Experimenté una reacción habitual y a menudo mal entendida. Me quedé paralizada. Los adultos me habían advertido sobre tipos raros en camionetas cerradas que secuestraban niños en estacionamientos. No me explicaron que sería la gente común la que más probablemente se metería sin permiso entre mis piernas.

Mientras Jane y Vivian se pasan el porrito de un lado a otro, cada vez más drogadas, las amigas enumeran a estas personas comunes.

A veces a las niñas las raptaban desconocidos y luego las violaban, estrangulaban y abandonaban. A veces las secuestraban, las violaban y las obligaban a parir como perros de raza, y Elizabeth Smart y Jaycee Dugard eran heroínas. Pero ¿y la mayoría? A la mayoría las violaban supuestos protectores: sus padres, abuelos, hermanos y primos, cuidadores, entrenadores, profesores y predicadores.

A medida que pasaban las semanas, mi salón de historia se achicaba, sus paredes me apretaban como un tornillo de banco. La mañana en que mi profesor atisbó lo que mi compañero me hacía, esperé una intervención. En lugar de eso, se sonrojó y apartó la mirada. Como se aparta del relato acostumbrado, donde el abusador es un adulto, titulé a este episodio como mi «abuso vanguardista». Al final, sí escribí sobre mi abusador como un topo.

La segunda experiencia que presenta *Mala onda* es lo que titulé mi «violación clásica». La violación clásica es una de esas agresiones que los hombres suelen condenar, en las que un desconocido embosca a una peatona en un lugar público y agrede el cuerpo de la víctima sin que esta sea consciente de ello. La violación clásica es caricaturescamente obscena, una broma pesada sexual.

A los estudiosos del humor no les gustan mucho las bromas pesadas. La folklorista y bibliotecaria Moira Marsh sugiere que uno de los motivos de la falta de interés serio de parte de la academia por las bromas pesadas puede ser su poca sofisticación. Marsh escribe que la «objeción a las bromas pesadas en general es que son agresivas y crueles». Coincido. Las bromas pesadas son innegablemente agresivas y crueles. Sin embargo, también me gustaría argumentar que cualquier atención intelectual que se preste a la violación equivale también a prestársela a la broma pesada más popular que hay.

En *Practically Joking* [Prácticamente bromeando]*, Marsh propone una taxonomía que consiste en cinco categorías de bromas pesadas:

El engaño. *Un ejemplo:* En mi mesa del salón tengo un cuenco lleno de vértebras de animales y otros huesos pequeños. Un alumno pregunta: «Maestra Gurba, ¿qué es eso?». Respondo: «Melissa». El alumno entrecierra los ojos y entonces mira el supuesto cuenco de Melissa con desconfianza y preocupación.

El encargo del tonto. *Un ejemplo:* Es nuestra última noche en el campamento de verano, y en la fogata los consejeros nos dicen que vamos a cazar agachadizas. Cuando preguntamos qué son las agachadizas, los consejeros dan respuestas contradictorias. Uno las describe como criaturas delicadas, similares a los pájaros. Otro las menciona casi como elfos. Un tercero las pinta como seres espinosos sin brazos ni piernas y con muchos dientes. Los consejeros nos dicen que tomemos nuestras fundas de almohada y dos palos. Con linternas señalando el camino, nos conducen a un bosque de robles. El sonido de veinte chicas golpeando palos y canturreando: «Ven, agachadiza, agachadiza, agachadiza...» resuena entre los árboles.

La broma de la patada. No necesita explicación. (Cuando enseñaba en secundaria, despegué muchas notas de «PATÉAME» de la espalda de nerds y estudiantes de intercambio).

---

*Juego de palabras: literalmente se puede traducir como se indica, pero la expresión *practical joke* significa «broma pesada», con lo que sería: «Haciendo bromas pesadas». (N. de la t.)

La trampa explosiva. *Un ejemplo:* Un grupo de estudiantes vierten una cubeta de aceite para bebé sobre unas escaleras de la escuela. Se esconden junto al armario del conserje y esperan a que el director resbale.

El ardid publicitario. *Un ejemplo:* Recién sacado de las rebajas, me pongo un top ajustado para ir a la oficina de mi profesor de historia. Me siento frente a él y le hago preguntas sobre historia de Alemania. Él se inclina hacia delante para leer la minúscula inscripción estampada en la tela elástica entre mis pechos: «Mi pito es más grande que el tuyo». Mientras parlotea sobre la República de Weimar, se tiñe de un violento color rojo.

Mi afición por las adivinanzas, la trivia, los juegos de palabras, las bromas de «toc-toc» y las bromas pesadas floreció durante mis años de muchachito. Metía cubitos de hielo falsos con moscas de mentira en las bebidas. Compré caca de perro de goma y la dejaba en la cocina. Me entusiasmé por tener en las manos una tira de vómito falso hasta que me di cuenta de que en realidad no podía utilizarla. Verla me daba arcadas. La guardé en mi cómoda, debajo de una pijama raída.

El Día de los Inocentes es la Navidad de los bromistas, y en cuarto grado recluté a tres compañeras de clase, Guadalupe, Guadalupe y Guadalupe, para preparar lo que sería una broma pesada muy coreografiada. Categoría: trampa explosiva.

Me metí en la recámara de mis padres y pasé deprisa junto al banco de pesas de mi padre. En la mesa de costura de mi madre, me senté en su silla y me puse el costurero de mimbre sobre el regazo. Metí la mano y busqué a tientas una caja de alfileres. Saqué uno y me lo llevé a la oreja. Lo sacudí. El metal sonó. Se me dibujó una gran sonrisa en la cara regordeta.

La mañana del 1 de abril, las Guadalupes y yo nos pasamos

notas. Trazamos una estrategia. Cuando sonó el timbre del almuerzo, nos dirigimos a la cafetería con el resto de nuestros compañeros. Después de devorar algo de comida y engullir un poco de leche, volvimos por donde habíamos venido, eludiendo a los vigilantes de pasillo para regresar a nuestro salón.

Estaba vacío.

Moví la manija de la puerta.

Sin seguro.

Guadalupe entró a hurtadillas conmigo. Las demás montaban guardia afuera.

Me arrodillé junto a la silla acojinada de nuestro profesor. Los demás nos sentábamos sobre plástico duro. Él disfrutaba de descansabrazos y ruedas. Podía girar. Su silla era prácticamente un trono.

Saqué la caja de alfileres del bolsillo de mis pants y puse manos a la obra para insertarlos en la tapicería. En casa, había visto a mi madre utilizar alfileres para unir telas a patrones de costura, papel punteado con los trazos de pantalones, vestidos, sacos y camisas. En la tele había visto a los animales de los dibujos animados utilizar alfileres para gastar bromas que se convertían en actos de autodefensa. Los ratones los tiraban al suelo para detener a los gatos que los perseguían. En cierto modo, nuestro profesor era un gato. Era más grande que nosotros, mandaba y alardeaba de su estatus. Cuando su trabajo lo frustraba, nos agredía con sarcasmo. Era punzante. ¿Por qué no ser punzantes con él?

Me levanté e hice lo que el profesor nos había enseñado: revisé dos veces mi trabajo. Inclinando la cabeza adelante y atrás me di cuenta de que, según cómo incidiera la luz en mis alfileres, eran visibles o invisibles. Al iluminarlos desde el ángulo correcto, la silla de nuestro profesor me recordó una fotografía que había visto en un libro de la biblioteca, de un faquir barbudo dormido sobre una cama de clavos.

—¿Qué te parece? —le pregunté a Guadalupe.

Ella asintió y levantó el pulgar.

Salimos. Las Guadalupes y yo volamos hasta el patio de juegos.

Cuando terminó el recreo, formamos una sola fila afuera del salón. El profesor abrió la puerta y entramos. Nunca me había sentido tan expectante. Estaba a punto de estallar. La ansiedad era por el secreto que compartía con mis compañeras de conspiración. Ellas también parecían a punto de estallar.

Todos los días, después del almuerzo, nuestro profesor nos leía un libro en voz alta. La elección del momento era *James y el durazno gigante*, de Roald Dahl. La novela descansaba sobre la repisa para gises, y en ese día tan especial, nuestro profesor parecía acercarse al libro en cámara lenta. Lo tomó, giró sobre sí mismo y se dirigió a su silla. Bostezando, estiró mucho los brazos y abrió *James y el durazno gigante* en una página doblada. Los grandes pies de nuestro profesor saltaron en el aire y dejó caer su trasero sobre nuestra cama de clavos diminutos.

Lo que vi aquel Día de los Inocentes no lo he vuelto a ver. Cuando los alfileres penetraron a nuestro profesor, su cara se volvió la de un dragón, con las fosas nasales encendidas y exhalando vapor. El hombre que estaba a cargo de nosotros voló, con el pito por delante, varios metros en el aire antes de caer de pie. Después de la broma, parecía más bajo.

—¿QUIÉN FUE? —gritó.

La mayoría de mis compañeros parecían confundidos.

Nadie se rio.

Me di cuenta de que lo que habíamos hecho no era gracioso.

Una de las Guadalupes resopló. Se quebró bajo el peso de la culpa. Levantó la mano.

—¿Tú hiciste esto? —preguntó conmocionado el profesor.

Ella asintió, y luego nos delató al resto.

Que cuatro chicas mexicanas le hubieran gastado una broma pesada al profesor lo dejó atónito. No éramos los culpables esperados.

Cuando me di cuenta de que había lastimado a mi maestro, me asusté. Luego lo lamenté. El arrepentimiento me dio un baño de humildad. También las nalgadas que me asestó mi madre. Poner agujas en la silla de mi profesor me enseñó que las bromas con que soñamos despiertos pueden convertirse en horrores en la vida real. Esta nueva conciencia no acabó con mi amor por las bromas pesadas. Solo me volvió más selectiva. Abandoné las bromas puntiagudas, las cortantes. Dije *no* a las bromas cuyo remate fuera una vacuna antitetánica.

La siguiente ocasión que estuve de acuerdo con una broma pesada fue en la secundaria. Yo era muy buena mecanógrafa y había terminado mi tarea. Estaba sentada ante el teclado, aburrida. Bernice, la señora rubia que enseñaba mecanografía y psicología, pasó junto a nuestra fila. Una chica sentada cerca de mí se tapó la boca con una mano y apuntó con un dedo de la otra a la espalda de Bernice. El dobladillo trasero de la falda a media pantorrilla de nuestra maestra estaba metido en la cintura elástica de sus pantimedias de control. Mientras se paseaba, me quedé mirándola. Aparte de la vez que accidentalmente me encontré a la maestra Brooks extrayéndose leche materna, aquella era la imagen más íntima que había tenido de una profesora.

Cuando se es niño —y los adolescentes son niños—, es emocionante presenciar la degradación de un adulto. Ver a un miembro de la clase que manda sobre ti rebajado a tu nivel, o incluso más abajo, es una delicia, una cucharada de azúcar para soportar el día. Dejamos que las pantimedias le mordieran la falda a Bernice durante una hora. Dejamos que se diera cuenta sola de que se estaba exhibiendo frente a nosotros. Cuando empecé como profesora, yo misma probé esta broma. Mis alumnos me dejaron dar clase medio martes con la bragueta abierta. Me sentí aliviada de usar ropa interior. También me alivió haberme puesto los que tenían impreso «Martes» en lugar de los que decían «Lunes».

Dado que la comedia no suele abundar en los programas escolares, la mayoría de nosotros desarrollamos nuestra comprensión de la lógica cómica por medio de la observación o el accidente. En sus memorias *Born Standing Up**, el comediante Steve Martin recuerda este proceso.

...abrí mi libro de texto —el último lugar donde esperaba encontrar inspiración cómica— y me sorprendió descubrir que Lewis Carroll, el ingeniosísimo autor de *Las aventuras de Alicia en el País de las Maravillas*, también era lógico. Escribió libros de lógica e incluía formas argumentativas basadas en el silogismo, que normalmente se presentan así en los libros de lógica:

Todos los hombres son mortales.
Sócrates es un hombre.

Por tanto, Sócrates es mortal.

Pero las de Carroll eran más enrevesadas, y me parecieron novedosamente divertidas:

Los bebés son ilógicos.
No se desprecia a nadie que sepa manejar a un cocodrilo.
A las personas ilógicas se les desprecia.

Por tanto, los bebés no pueden manejar cocodrilos...

*Juego de palabras: «Nacido standupero», pero también podría traducirse como «Nacido de pie» (N. de la t.)

Estos juegos de palabras me molestaban y me intriga-
ban. Parecían tonterías sin sentido, pero al examinarlos
resultaban *absolutamente lógicos*, y sin embargo divertidos. Las puertas de la comedia se abrieron de par en par
y las ingeniosas fantasías de Lewis Carroll en el siglo xix
ampliaron mi concepto de la comedia. Empecé a cerrar mi
espectáculo anunciando: «Esta noche no me voy a casa;
me voy a Bananalandia, un lugar donde solo dos cosas son
ciertas, solo dos cosas: una, todas las sillas son verdes; y
dos, ninguna silla es verde».

Dos años mayor que mi padre, Steve Martin estudió Filosofía
en la misma escuela donde mi padre estudió Historia, la Universidad Estatal de California en Long Beach. Al principio de su
carrera, Martin llegó a ser un conocido comediante de utilería.
Cuando pienso en él y en mi padre caminando por los mismos
pasillos universitarios, me imagino a Martin con una diadema
en la cabeza que hace que parezca que una flecha le atraviesa un
lado del cráneo y sale por el otro. Sostenido por gigantescos pantalones acampanados, mi padre pasa flotando junto a la lesión
craneal prostética de Martin.

Aunque admiraba a los comediantes de carne y hueso que
veía en televisión —John Candy, Rodney Dangerfield y Carol
Burnett, por nombrar algunos—, aprendí otro tanto sobre la
comedia de unas marionetas locales. Era sábado, y después de
llevarnos a comer a un asador, mi padre nos acompañó junto a
una pequeña fuente cuadrada al pie de la escalinata de la Misión
San Luis Obispo. Yo tenía los dedos grasientos por los aros de
cebolla. Me brillaban cuando extendí la mano. Mi padre nos dio
un centavo a mi hermano, a mi hermana y a mí.

—Pidan un deseo —dijo—. Pero manténganlo en secreto si
quieren que se haga realidad.

Pedí un deseo seguro. Pedí más deseos.

Después de arrojar las monedas a la fuente, mi padre nos llevó a un lugar soleado de la bulliciosa plaza. Nos arrodillamos ante un escenario rojo y dorado para marionetas. Reconocí a los personajes. Los había visto en un libro que mi padre me leía al acostarme, en el que un hámster se escapaba de su jaula, exploraba la costa y se encontraba con un espectáculo de Punch y Judy en el muelle.

Con acento *cockney*, el señor Punch le gritaba a su mujer. Su cara brillante de papel maché rosa tenía una nariz grande y ganchuda, y una boca congelada en una sonrisa alarmantemente amplia. Su sombrero rojo, alto y puntiagudo, y su traje evocaban a un bufón de la corte. Su mujer, Judy, era igualmente fea. Sus mejillas, barbilla y nariz brillaban de rojo. Sus ojos casi se tocaban. Tenía nariz de tucán y le asomaban mechones de pelo plateado debajo del bonete roto. Le faltaban dientes.

El espectáculo era una comedia de violencia doméstica. La rabia del señor Punch impulsaba cada escena. Cuando Judy se olvidaba de prepararle la cena, él sacaba un garrote de su abrigo y la golpeaba en la cabeza. A la mayoría de los papás del público les hacía gracia, así que los demás también nos reímos. Judy abrazaba a su bebé contra su pecho. Podíamos oírlo llorar. ¡Buaaaaaaa! ¡Buaaaaaaa! ¡Buaaaaaaa! Al señor Punch no le importaba. Seguía golpeando y golpeando a Judy hasta que ella gritaba:

—¡Volviste a matar al bebé!

El señor Punch lanzaba su cuerpo inerte en el aire. La manta del bebé voló hacia el público y cayó sobre un niño de la primera fila.

Todos se rieron.

Las marionetas en casa eran igual de violentas. Una noche de invierno, mi prima Desiree y yo nos sentamos en la alfombra del lúgubre cuarto de la abuela. Nuestra única luz provenía de la tele. Empezó un programa de marionetas. Lo vimos sin comprender que *D. C. Follies* era una sátira política dirigida a un público adulto. Recuerdo bien un sketch. Una marioneta de Margaret Thatcher entra en una barbería. Le dice a un barbero irlandés que le haga un corte que le guste a todo mundo. El peluquero toma una navaja y degüella a la primera ministra británica, y su cabeza decapitada vuela y aterriza en una silla.

La marioneta más importante de mi mundo era Miss Piggy. La apreciaba por su fortaleza de carácter. Su integridad, valentía, lealtad y convicción en su derecho a la felicidad me inspiraban. Sí, era una cerda. ¿Y qué? Era hermosa, lista y elegante. También era ambiciosa.

En *Los Muppets toman Nueva York*, Miss Piggy comparte escena con la standupera Joan Rivers. Las dos rubias interpretan a dependientas de una tienda departamental que ofrecen a los clientes muestras gratis del perfume francés Quelle Difference. Tras regresar del almuerzo con el corazón roto, Miss Piggy grita:

—¡Lleven su Quelle Difference! ¡Es francés! ¡Es femenino! ¡Les ayudará a atrapar a uno de esos hombres podridos y apestosos!

Rivers le pregunta qué pasa. Miss Piggy responde:

—Mi rana me ha traicionado.

Miss Piggy empieza a dudar de sí misma. Rivers la tranquiliza diciéndole que es más que guapa; es única, pero le «vendría bien un poco de labial». Rivers le hace un agresivo cambio de imagen. Vuela el maquillaje. Se forma una nube de polvo. Las risas maniáticas del mostrador de perfumes se hacen cada vez más fuertes. Las rubias lanzan maquillaje al aire. Los clientes las miran con desaprobación. El gerente de la tienda resopla hacia el mostrador de perfumes y declara:

—¡Están despedidas!

Miss Piggy y Rivers se miran y estallan en carcajadas enloquecidas.

Así me gustaría que me despidieran, pensaba. *Por divertirme demasiado.*

Cuando finalmente me despidieron, no fue por divertirme demasiado. El verano después de terminar la secundaria conseguí un trabajo haciendo batidos y hot dogs en el Orange Julius del centro comercial. Nuestro jefe era un ingeniero jubilado que solo contrataba chicas adolescentes. Nos masajeaba los hombros y nos miraba las camisas. En represalia, robábamos. Una compañera, chola y madre adolescente, hacía venir a su novio al terminar su turno. Él llevaba su carriola vacía a la trastienda para que la chola la llenara de hamburguesas, papas fritas, sándwiches, pepinillos y condimentos. Tras poner una manta gruesa sobre las bolsas, el novio se llevaba a casa a su abultado bebé con olor a chili-dog.

Lo que mis compañeras y yo no robamos fueron varias cajas del polvo secreto que, sin embargo, desaparecieron. El polvo secreto era el ingrediente parecido al Coffee Mate que le daba al Orange Julius su característico sabor cremoso. Nuestro jefe utilizó el pizarrón de la sala de descanso para amenazarnos: «Quien sea que haya robado mi polvo secreto será perseguido con TODO el peso de la ley».

Me arrepentí de no haberle robado el polvo la tarde en que aparecí y me encontré con unos chicos desconocidos atendiendo la cocina. Eran jóvenes, como de doce, trece y catorce años. Me quedé en el mostrador, mirando. Una mujer cansada que parecía pariente de los niños se acercó y me miró a la cara. A pesar de mi arrugado uniforme verde, que indicaba claramente que era empleada, me preguntó:

—¿Puedo ayudarte?

—Trabajo aquí.

—Bueno, mi marido y yo le compramos esta tienda al señor Douglas. Nuestros hijos la atenderán. Necesito que me entregues tu uniforme. —Extendió la mano.

—No llevo nada debajo, solo un brasier morado.

La nueva propietaria hizo una mueca. Sus hijos la miraban intrigados.

—Quédatelo —dijo.

Un año después de que me despidieran de Orange Julius, me violaron, no lejos del centro comercial. El ataque ocurrió a una cuadra de un hotel embrujado, el Santa María Inn. Acababa de cruzar la avenida East Park y subía por South McClelland cuando lo sentí. Algunos elementos de esta violación aún me son desconocidos. Uno de ellos es la razón por la que mi agresor me eligió. Solía fantasear con sentarme frente a él en la prisión estatal de San Quintín y preguntarle: «¿Por qué yo?».

Ya no. Probablemente me eligió porque era fácil. Una peatona que soñaba despierta mientras caminaba.

No lo digo en broma, pensaba amistosamente cuando me agarró.

Otra cosa que no sé sobre mi violación es por cuánto tiempo mi agresor me habrá seguido. Esa pregunta me da escalofríos. Una cosa es ser observada casualmente. Otra es no saber cuánto tiempo lleva un desconocido caminando detrás de ti, disfrutando de tu ignorancia mientras mentalmente ensaya un ataque relámpago. ¿Pensó mi violador en matarme? Tal vez. Golpeó a otra víctima hasta matarla en un parque y le quitó su documento de residente. La policía lo detuvo después de que intentara secuestrar a otra mujer a punta de navaja.

Mi mejor amiga, TT, dice que me salvó mi voz. Grité y el tipo me soltó. Salió corriendo. La agresión había interrumpido mi trayecto hacia el trabajo de mi madre. Ella daba clases de segundo grado en la escuela primaria a la que yo había ido. Inmediatamente después me disocié, mi mente y mi espíritu salieron de mis oídos como dos columnas de vapor. Flotaban sobre mi cuerpo, ordenándole que completara el viaje hasta el aula de mi madre. Con el conocimiento de que mi atacante tenía apetito de miedo y terror, me hice la estoica. No lloré. Eso habría sido darle lo que quería.

No se me ocurrió llamar a la policía.

Lo único que quería era a mi mamá.

Al llegar a la Escuela Miller, recorrí hacia el aula de mi madre el mismo camino que el Día de los Inocentes, cuando hice sangrar a mi maestro. Caminé desde la cafetería por un pasillo y giré a la izquierda. Mi madre enseñaba ahora en el antiguo salón de mi profesor. Allí aprendí mucho sobre bromas pesadas. Estaba a punto de aprender más.

Cuando abrí la puerta de golpe, vi a mi madre de pie junto al pizarrón. Estaba a centímetros de la repisa para gises donde nuestro profesor tenía *James y el durazno gigante*. Ahora que era seguro mostrar emoción, me solté a llorar.

Recién cuando me puse a escribir mis fragmentos experimentales empecé a pensar en lo que me ocurrió como una broma pesada. Si mi violador me había gastado una broma misógina, entonces contarlo debía de tener como base el humor. Utilizar el humor para estilizar mi prosa sería de mal gusto, pero no más que la violación en sí.

¿No debería coincidir el estilo con el contenido?

En *Practically Joking*, Moira Marsh define la broma pesada como «un juego performático unilateral y guionizado en el que participan dos partes enfrentadas —el bromista y su víctima—, con el fin de involucrar en el juego a la víctima sin su conocimiento, consentimiento, o ambos». Marsh subraya además que «lo que distingue a la broma pesada como actuación es que la participación inconsciente o involuntaria de uno de los protagonistas es un elemento central». Esta definición coincide punto por punto con la de violación. La violación se produce conforme a patrones sociales tan familiares que el público de los cines puede anticipar las violaciones en pantalla. Los violadores ponen en marcha un juego unilateral con el objetivo de transgredir. Buscan violar sexualmente a las víctimas sin nuestro conocimiento o consentimiento. Lo más importante es que la participación inconsciente o involuntaria de la víctima es el elemento central de la violación. La falta de consentimiento es lo que hace que la violación sea violación.

Un violador no tiene que ser un desconocido para que su agresión se ajuste al formato de la broma pesada. En *Coercive Control* [Control coercitivo], el sociólogo forense Evan Stark hace un inventario de las tácticas utilizadas por los hombres misóginos para subyugar a sus esposas y novias. Compara sus tácticas con la violencia empleada por secuestradores y captores de rehenes. Stark describe a un marido que se escondía en un ropero y saltaba de él para «sorprender» a su mujer cuando llegaba a casa. Stark escribe que «aunque afirmaba que se trataba solo de una broma», el marido sabía que sus acciones producían terror. Su esposa le había confiado que, durante su infancia, «un tío la esperó escondido en un armario y luego la violó». Visto a través de la lente de la historia personal de su esposa, el marido es culpable de una metabroma pesada, una recreación de una violación que puede desencadenar recuerdos de incesto.

El marido justifica su comportamiento minimizándolo. Su afirmación de que su sorpresa era «solo una broma» oculta que su fechoría le otorga un control abrumador. Los bromistas ocupan una posición de dominio. Tratan de humillar, avergonzar y degradar a sus víctimas, tácticas que también emplean habitualmente los hombres que emplean el control coercitivo para dominar a las mujeres.

Stark escribe que cuando son entrevistadas, las víctimas de control coercitivo «revelan la omnipresencia de rituales de degradación como aquellos a los que son sometidos prisioneros de guerra, cautivos, rehenes, víctimas de secuestro o residentes de instituciones totales». Agrega que el esposo de una de sus clientes les decía frecuentemente a sus hijos: «Si su madre no está aquí cuando regresen de la escuela, busquen bajo tierra en el patio trasero, justo donde está enterrado el perro». Nos guste o no, esta aterradora declaración es una broma misógina. Que sea un chiste no significa que no deba tomarse con la debida seriedad.

Las bromas pueden ser amenazas de muerte. Y las bromas pueden hacerse realidad.

Existe la creencia generalizada, aunque errónea, de que los chistes sirven para hacernos reír. Aunque a veces tengan este efecto, la risa no tiene nada que ver con el punto. Lo que hacen los chistes es reorganizar el espacio social durante distintos lapsos temporales. Las bromas pesadas lo hacen de forma nada sutil. Cuando estaba en la secundaria, un alumno reorganizó el espacio social de nuestra clase de español gastándole una broma a nuestra profesora.

A nadie le caía bien la maestra. Enseñaba apegada al libro, tratándolo como una biblia. Si utilizábamos una palabra en español que no aparecía en el libro de texto, nos penalizaba. Afirmaba que si un sustantivo, verbo o adjetivo no aparecía en el glosario del libro, entonces no existía. Esto nos enfurecía a quienes de verdad sabíamos español. Ella no. Hablaba alemán e inglés con inflexión alemana. Lo poco que sabía de español lo sacaba directamente del libro de texto para maestros. Un día, mientras estaba de espaldas, un chico sustrajo una de sus adoradas chucherías, un loro con plumas posado en un cartelito que decía: «No fumar». Después de robar el pájaro de su mesa, el bromista lo puso detrás de un armario de madera en la pared del fondo. Como me sentaba atrás, tenía una visión clara del loro encajado entre pelusas, escupitajos, chicles endurecidos y basura.

—¿Dónde está Polly? —gritó la profesora.

Aunque esta broma pesada hizo reír al grupo, también reorganizó temporalmente el espacio social. Sabíamos dónde estaba Polly, pero no lo decíamos. Durante el resto de ese periodo, los alumnos de Español, y no la maestra, mandaron en el aula. Nuestro bromista había invertido la jerarquía académica. La maestra torturadora de niños se había convertido en los niños torturando a la maestra. Nunca encontró a Polly.

Las bromas pesadas también se utilizan para reforzar, profundizar y multiplicar las jerarquías existentes. Así es como suele utilizarse la violación. La violación es un acto de dominación. Degrada y rebaja. El violador encoge a su víctima. La convierte de persona en juguete. Pero la violación es diferente de otras bromas pesadas. Lo que la diferencia es su ubicuidad y duración. Su alcance y escala de impacto también son únicos.

Una vez que una persona ha sido victimizada por una violación, sigue violada. Por esta razón, algunas sobrevivientes bromean de manera sombría diciendo que la agresión sexual es el «regalo que sigue entregándose». En *Teoría King Kong*, la cineasta, escritora y sobreviviente de violación Virginie Despentes, recuerda cómo llegó a la conclusión de que la violación siempre está con nosotros.

Los primeros años, procurábamos no hablar de ello. Tres años más tarde… violan a una chica a la que yo quería mucho: un tipo la sigue desde la calle y la viola en su casa, sobre la mesa de la cocina. El día que me entero estoy trabajando en una pequeña tienda de discos… en el casco viejo… La violación, como si estuviera ya contenida de algún modo en la ciudad, no perturba [la] tranquilidad. Cierro tienda y voy a dar una vuelta. Me indigno más ese día que cuando nos ocurrió a nosotras. A través de su historia comprendo que la violación es algo que se pilla y de lo que después no te puedes deshacer.

En mi imaginación, la violación como algo que pescas y de lo que nunca te puedes librar funciona más o menos así: cuando estaba en la escuela primaria, veía un programa de variedades canadiense llamado *You Can't Do That on Television*. El programa me atraía porque, en lugar de adultos, había niños haciendo comedia. En un sketch, Ross, un hombre, le pregunta a Christine, una chica:

—¿Cuál es la gran fiesta en abril en la que celebramos lo que antes era el Año Nuevo romano?

Christine empieza a decir algo, pero se percata y lo regaña:

—¡Ah, casi caigo! Olvídalo, Ross.

Ross dice:

—¡Oh, no, no, no, no! Como este programa trata sobre feriados y vacaciones, te toca un descanso del *slime*.

En *You Can't Do That on Television*, los niños vivían con miedo constante al *slime*, una sustancia verde y viscosa, parecida a la baba. Había recipientes suspendidos sobre el escenario, y el equipo esperaba la señal para verterlos sobre las cabezas de los niños. Bastaban dos palabras para ser babeado. *No* y *sé*.

—¿No hay baba? —pregunta Christine.

—No hay baba —promete Ross.

—Bueno, Ross, ¿cuál era la pregunta?

Él repite:

—¿Cuál es la gran fiesta en abril en la que celebramos lo que antes era el Año Nuevo romano?

Christine responde con confianza:

—¡No sé!

Un sonido de goteo, y entonces la baba verde cubre la cabeza de Christine. Se le cae la mandíbula mientras la sustancia le corre por los hombros. Una gota hace que su nariz adquiera el color del guacamole.

—¿Cuál es? —pregunta exasperada.

Ross dice:

—¡El Día de los Inocentes! —y le da un golpecito en la nariz.

La violación es algo así como ser babeada. Es asqueroso, vergonzoso y difícil de ocultar. Algunos se ríen de ti. Otros lo lamentan. Un buen número piensa que te lo merecías. La baba nunca desaparece del todo. Puedes lavarla, tallarla y blanquearla, pero persiste. En algún momento ocurrirá algo que te recordará el vertido, y volverás a olerla, verla, saborearla, tocarla y oírla. La baba se introduce en tus poros y se filtra en tu torrente sanguíneo. Te carcome. Puede que a los setenta años te encuentres vagando por las calles en camisón, incapaz de recordar tu nombre, gracias a dos chicos que te violaron en una fiesta en casa cuando tenías quince años. Las mujeres que sufrieron agresiones sexuales corren mayor riesgo de desarrollar un tipo de daño cerebral relacionado con el deterioro cognitivo, la demencia y los accidentes cerebrovasculares.

Mis dos abuelas desarrollaron demencia severa.

El carácter interminable de la violación está expresado en *Black Box* [Caja negra] las memorias de la periodista Shiori Ito. Tras haber sido drogada y violada por su mentor, el periodista Noriyuki Yamaguchi, ella intenta deshacerse de su baba.

Cuando llegué a casa, al departamento que rentaba en Tokio, lo primero que hice fue quitarme toda la ropa y tirar la camiseta del señor Yamaguchi a la basura. Metí todo lo demás en la lavadora y la encendí. Quería borrar todo rastro de lo que había ocurrido aquella noche.

Cinco días después de la agresión, Ito acude a una comisaría de Harajuku. Durante dos horas le cuenta lo sucedido a una agente de tránsito. La mujer dice: «Voy a buscar a alguien de Asuntos Penales». Ito pasa otras dos horas contando la misma historia a un investigador. Escribe: «Tal vez fueran la primera y la segunda vez que describiría los detalles de la agresión a la policía, pero solo era el principio».

Cada humillación y daño precipitado por la fase aguda de la violación es una extensión de su violencia inicial; Ito experimentará durante el resto de su vida lo que Yamaguchi puso en marcha. Un ejemplo flagrante de lo interminable de la violación se produce cuando la policía le informa a Ito que, para confirmar ciertos detalles de su violación, debe participar en la «recreación».

La recreación tiene lugar en el último piso del Departamento de Policía de Takanawa. En una habitación que apesta a sudor, un policía le ordena a Ito que se recueste en una colchoneta azul. Le coloca encima un muñeco de tamaño natural y le pide que lo ayude a acomodarlo. Mientras recrean la violación, un fotógrafo toma imágenes. Cuando Ito se lo cuenta a un colega en Reuters, le dice: «Eso fue una segunda violación».

Cuando me solté a llorar en el aula de mi madre, ella llamó al director de la escuela. Él vino y me acompañó a la enfermería. Llegó un policía de investigación. Le conté lo que me había pasado y me llevó al cruce donde me habían agredido. Recreamos partes de la violación. Recuerdo estar en la acera con el policía, pero después de la recreación, mi memoria se queda en blanco. No recuerdo nada. Es como si el resto de ese día de julio nunca hubiera pasado. La violación babea el pasado, el presente y el futuro.

Cuando trabajaba en *Mala onda*, escribí contra libros escritos por Alice Sebold y Maggie Nelson. Las memorias de Sebold, *Afortunada*, se inspiran en ciertos casos de crímenes reales y comienzan con su agresión en la Universidad de Syracuse.

En el túnel donde me violaron, un túnel que había sido una entrada subterránea a un anfiteatro, un lugar por el que los actores salían repentinamente de debajo de los asientos del público, una chica había sido asesinada y descuartizada. La policía me contó su caso. A su lado, me dijeron, yo había sido afortunada.

Afortunada describe con detalle la noche del 7 de mayo de 1981. Sebold pelea. Muerde. Empuja. Intenta huir. Él tiene un cuchillo. La estrangula hasta que pierde el conocimiento. Cuando Sebold vuelve en sí, el agresor le ordena que se levante. Ella recuerda mirarlo a los ojos «como si fuera un ser humano». Él le ordena que se desnude. Ella suplica: «Soy virgen».

El léxico de *Afortunada* traza fronteras inmediatamente. Delimita al perpetrador frente a la víctima. El primero es infrahumano. Monstruoso. La segunda es humana. Inocente. Obediente, Sebold se quita la blusa de tela oxford. Compara esta acción con «arrancarme plumas, o alas».

«Bonitas tetas blancas», dice el violador. Se dibuja otro contraste.

Sebold repite que es virgen. Se convierte en mantra.

Cuando el violador termina, dice: «Lo siento mucho... Eres una buena chica».

La policía se toma en serio la violación de Sebold. Sus padres la quieren y la apoyan. Sigue yendo a Syracuse. Estudia escritura. Seis meses después de la violación, Sebold va deprisa a buscar algo para comer. Ve a un hombre negro de la misma altura y complexión que su violador. Cruza la calle, entra en una tienda y sale con un yogur de durazno y un refresco. El hombre negro ha desaparecido. Menciona que, desde la violación, siente miedo de los hombres negros.

De repente, Sebold ve a un hombre negro cruzar la calle.

Él le dice: «Eh, tú. ¿No te conozco de algo?».

Ese algo debe ser el túnel.

En el campus, Sebold llama a sus padres y les dice que ha visto a su violador. Su siguiente parada es el despacho de su profesor Tobias Wolff. Le dice: «No puedo ir a clase porque acabo de ver al hombre que me violó. Tengo que llamar a la policía».

Sebold tiene fe en el sistema de justicia penal de su país.

Realmente parece creer que existe para atender sus necesidades.

Sebold le dice a la policía que había un agente en la calle Marshall cuando apareció su violador. Hablan con él. Identifica al hombre que la saludó como Gregory Madison.

La policía detiene a Madison. Cuando forman una línea de reconocimiento, Sebold señala a otro hombre negro, sin poder identificar al que vio en la calle Marshall como su atacante. No importa, Madison va a juicio.

Así empieza una carta que escribió la ayudante del fiscal del distrito, Gail Uebelhoer: «No hay duda de que se trata de una violación. La víctima era virgen y el himen se rompió por dos partes». Y termina: «Buena suerte. La víctima es una testigo excelente».

Sebold comprende las ventajas que tiene como tipo especial de víctima de violación. Describe una serie de contrastes que parecen distinguirla de su violador, pero que también la distinguen de víctimas de violación como yo. Me la imagino mirando desde lo alto de esta jerarquía implícita al resto de nosotros.

Yo era virgen. Él era más fuerte. Había ocurrido en la calle. Era de noche. Yo llevaba ropa holgada y no podía demostrarse que me había comportado de forma provocativa. No había drogas ni alcohol en mi organismo. Nunca había tenido problemas con la policía, ni siquiera una multa de tráfico. Él era negro y yo blanca. Era evidente que había habido una lucha física. Yo había sufrido heridas internas, me habían tenido que poner puntos. Yo era joven y estudiaba en una universidad privada que reportaba ingresos a la ciudad. Él tenía antecedentes penales y había cumplido condena.

Un juez declara a Madison culpable de violación, sodomía y otros cargos.

Al terminar *Afortunada,* siento que me cubre de baba.

Sebold fue una muy buena víctima de violación.

Al parecer, yo no. Llevaba zapatos de plataforma con estampado de leopardo, una minifalda de terciopelo negro y una blusa negra vaporosa cuando me agarraron. No tenía alas (de ángel) que perder. Un compañero de clase había abusado de mí y, poco después de cumplir catorce años, había «perdido mi virginidad» en una fiesta en casa donde bebí tanto vodka que no podía caminar. Me convertí en un charco en el suelo de la sala. Entre que perdía y recobraba la conciencia, un chico mayor me levantó, me colgó sobre su hombro y me llevó a un baño. Me encerró, me golpeó e hizo lo que quiso. Me quitó la ropa interior. Yo llevaba cuello alto y *jeans* para ocultar los moretones. Me acomodé el pelo para ocultar el chichón en mi cabeza.

Sebold subraya que la felicitan repetidamente por su cooperación con el sistema de justicia penal, por ser una «testigo excelente». Un alguacil le dice: «Llevo treinta años trabajando aquí. Es usted la mejor testigo de violación que he visto nunca en el estrado». Yo me negué a declarar en el juicio de mi agresor, Tommy Jesse Martinez. No quería volver a verle la cara y no compartía la fe tenaz de Sebold en la policía ni en nuestro sistema de justicia penal. La policía me ha dado muchas razones para no confiar en ella. En una época de mi vida en que mis ideas políticas eran menos refinadas, pensé que podría incorporarme al sistema de justicia penal como abogada. Estudiaba en la Universidad de California, Berkeley, y había solicitado unas prácticas en la Oficina del Fiscal del Distrito de San Francisco. Me aceptaron y dos agentes de policía, una investigadora en activo y un investigador jubilado, nos supervisaron a un compañero de prácticas y a mí.

Estaba arriba en una habitación grande con el detective y tenía que pasar junto a él para llegar a una puerta. Cuando lo hice, me agarró. Como de costumbre, me paralicé. Su cara mofletuda se abalanzó sobre la mía, me besó en la boca y me embadurnó de saliva. Me había babeado.

Cuando se apartó, yo temblaba.

¿A quién debía decírselo?

¿A la policía?

—¿Por qué hizo eso? —le pregunté.

—Porque me recuerdas a mi mujer cuando era joven —respondió.

Volvamos a *Afortunada*.

No es broma, después de terminar la memoria de Sebold, me pregunté, ¿y si señaló al tipo equivocado? *Afortunada* daba la impresión de que Sebold no pasaba mucho tiempo con negros. Mientras tanto, le dolía mandar a la cárcel a la persona negra que le había hecho daño.

Decidí darle una oportunidad a la novela de Sebold *Desde mi cielo*. El 6 de diciembre de 1973 el señor Harvey, vecino de Susie Salmon, de catorce años, la viola y asesina. El espíritu de Susie va al cielo y observa a su familia desde allí. De nuevo, otra víctima blanca de un crimen elevada como un ángel. Susie narra: «Esas primeras semanas, la policía se mostró casi reverente. Los casos de niñas muertas desaparecidas no eran muy frecuentes en los barrios residenciales». Terminé de leer *Desde mi cielo* pero pasé de ver la película. Tuve suficiente con los avances. La protagonista parecía un ángel de Botticelli.

Me robé *The Red Parts: Autobiography of a Trial* [Las partes rojas: Autobiografía de un juicio], de Maggie Nelson, de un librero en México y lo leí en el avión que me llevó a Estados Unidos. *The Red Parts* explora la relación de Nelson con su familia, en particular con una tía a la que nunca conoció, Jane Mixer. El libro anterior de Nelson, el poemario *Jane: A Murder*, se incorpora a *The Red Parts*, al igual que el juicio por asesinato del homicida de Jane, Gary Leiterman. A medida que Nelson va narrando, las preguntas encuentran respuesta. El asesinato de Jane pasa de no resuelto a resuelto.

The Red Parts reconoce el humor, pero no lo adopta como

elemento estilístico o estructural. A ese efecto, Nelson cita a James Ellroy, un escritor de novelas policiacas cuya madre fue asesinada y el crimen nunca se resolvió: «Todos los hombres odian a las mujeres por razones probadas y verdaderas que comparten en chistes y burlas todos los días». Nelson cuenta que desde que tiene uso de razón, su abuelo la ha llamado erróneamente Jane en lugar de Maggie, y que su confusión le parecía «engañosa». Nelson hace un guiño a la comedia cuando escribe: «Intenté encontrar el sentido del humor en las imágenes cinematográficas y autocomplacientes que tenía de descubrir alguna prueba crucial que los "profesionales" habían pasado por alto, o de leer algún día *Jane* en una librería con su asesino sentado furtivamente entre el público».

Nelson va a cenar con el productor de *48 Hours Mystery*, un programa de televisión sobre crímenes reales. El productor le pregunta si mientras escribía *Jane* sentía que canalizaba a su tía. Nelson responde que no, que en el libro no intenta hablar en nombre de Jane. En cambio, deja que su tía hable por sí misma, en las anotaciones de su diario. En la conversación con el productor, Nelson expone una concepción muy individualista de la muerte.

He intentado imaginarme su muerte, pero en realidad no hay forma de saber por lo que pasó, no solo porque no sé lo que le ocurrió la noche de su asesinato, sino porque nadie sabe realmente lo que es estar en la piel de otra persona. Que ninguna persona viva puede decirle a otra lo que es morir. Que esa parte la enfrentamos solos.

Vengo de culturas que no tienen esa relación con la muerte. La muerte es nuestra confidente. La muerte responde nuestras plegarias, interviene en nuestras vidas. Como la violación, la muerte siempre está con nosotros. Por eso conocemos bien a la muerte. La muerte nos hace regalos. Uno de ellos es la intimidad con los muertos.

Nunca morimos separados. Siempre encontramos una forma de morir juntos, de morir uno dentro del otro. La propia Nelson socializa la muerte de Jane, ampliándola, haciéndola compartida por extraños. En la muerte, algunos de nosotros hacemos amigos. Tengo una relación con el espíritu de Sophia Castro Torres, la migrante mexicana asesinada por mi violador. Le pongo música. Le cocino. Le sirvo agua, café, refresco y tequila. Enciendo velas por ella. Quemo copal para ella. Le hablo. Cuando veo un rayo de sol especial, la saludo.

El hombre que mató a Sophia ensayó su muerte agrediendo a varias mujeres, yo incluida. No sé exactamente lo que sintió su espíritu al ser expulsado de su cuerpo, pero sí sé lo que es darse vuelta y encontrar a ese hombre de pie, sonriendo. Sé lo que es para ese hombre meterse donde no es bienvenido. Sophia y yo compartimos ese saber. Es un obsceno punto de contacto.

Nelson escribe sobre lo que queda tras una muerte repentina, el nacimiento de un archivo.

Mientras escribía *Jane*, me sorprendió cómo un acto de violencia había transformado una serie de objetos cotidianos —un impermeable, unas pantimedias, un libro de pasta blanda, un suéter de lana— en pruebas numeradas, en talismanes que amenazaban en todo momento con adquirir proporciones alegóricas. Quería que *Jane* nombrara estos objetos.

Yo aspiraba a crearle a Sophia un archivo de ese tipo, pero no tenía mucho material con el que trabajar. El registro más detallado que pude localizar fue su informe forense. En términos de creación de archivos, Jane fue una mejor víctima de asesinato. No era pobre. Poseía muchas cosas y tenía lugares donde guardarlas. En términos de creación de archivos, Sophia dejó poco. No tenía casa ni un lugar donde guardarse a sí misma o sus cosas. Era tímida y estaba deprimida. Su novio había sido asesinado. Pasaba los días en el Ejército de Salvación, sorbiendo café y mirando al vacío. Por la noche, caminaba. Cuando su vida terminó, los productores de televisión prácticamente la ignoraron. No se molestaron en decir una de las pocas cosas que quedaron: su nombre. Los reporteros la llamaban «transeúnte». Mientras corría para salvar su vida, se le cayó el cepillo de dientes de la mochila.

No creía que escribir sobre Sophia fuera terapéutico, y no lo fue. Para nada.

Escribir sobre lo que nos pasó fue como infligirme una segunda violación.

Me retraumaticé.

Estudié detenidamente los documentos legales y me enteré de que el joven que nos había hecho daño escribía poesía. Supe que tenía novia. Supe que tenía un hijo. Pensé mucho en ese niño. Un juez condenó al padre del niño al corredor de la muerte.

Me enteré de que antes de ser juzgado por violación y asesinato, el joven que me agredió les había robado a otras personas. El 23 de febrero de 1994, cuando mi futuro violador tenía dieciséis años, él y un amigo entraron a Pepe's Liquors. Amenazaron con un cuchillo al cajero y le exigieron dinero. Él activó la alarma silenciosa. Mi futuro violador y su amigo huyeron. La policía los detuvo. Mi futuro violador le dijo a la policía que sí, que había estado en Pepe's y que le había sacado un cuchillo al cajero, pero que el tipo había exagerado. Era solo una broma.

No fui la única que se sintió incómoda al leer *Afortunada*. Otros también cuestionaron la condena de Gregory Madison, cuyo nombre real es Anthony Broadwater. Timothy Mucciante, un productor que trabajó en la adaptación al cine prevista para las memorias de Sebold, fue uno de esos escépticos. Mucciante declaró al *New York Times* que mientras leía el guion y el libro, «le llamó la atención lo escasas que eran las pruebas presentadas en el juicio». Contrató al investigador privado Dan Myers para que ahondara en sus sospechas. Myers ratificó la corazonada del productor. También pensaba que habían condenado al hombre equivocado.

Broadwater siempre insistió en su inocencia y nunca confesó haber atacado a Sebold. Aun así, cumplió dieciséis años de cárcel. Tras ser puesto en libertad, vivió veintitrés años como delincuente sexual registrado. Myers contactó con Broadwater y le dio los datos de un abogado penalista. Un equipo jurídico encontró fallos en su caso. Sus esfuerzos legales culminaron el 22 de noviembre de 2021. Broadwater fue absuelto. Ocho días después, Sebold emitió un comunicado.

En la revista *Bitch*, Melanie Dione le reconoce a Sebold haber expresado «pena y simpatía» por lo ocurrido a Anthony Broadwater. Sin embargo, también llama la atención sobre la cualidad desapegada de la declaración, escribiendo que las palabras de Sebold parecen escritas por «una observadora casual atrapada por la circunstancia de la proximidad y poco más». Sebold realizó un esquivo y pasivo intento de disculpa: «Siempre lamentaré lo que le hicieron».

Con esa frase me imagino a Sebold flotando por encima del horrible desastre, observando el calvario de Broadwater, reacia a reconocer su propia mano en su destino. Su mano escribió *Afortunada*, una obra de propaganda policial que convirtió a Broadwater en su víctima literaria. Dione caracteriza a Broadwater como un «joven sin siquiera una foto policial en su expediente… que tuvo la desgracia de hablar con una mujer blanca asustada…». Un extraño trastornó la vida de Sebold. A su vez, ella trastornó la vida de otro.

Cuando pienso en los contrastes que traza el léxico de *Afortunada*, yuxtaponiendo a víctima contra perpetrador, perpetrador contra víctima, no me sorprende que Sebold se niegue a admitir lo que hizo. Se aferra a una inocencia imaginaria que no la salvará. Las alas de ángel no son de Sebold, ni tuyas ni mías. Somos humanos.

El humor tiene límites. Puede protegerme de muchas cosas, pero no de mí misma. Con o sin sentido del humor, siempre me violarán. Cuando camino sola, miro por encima del hombro. Cuando me tocan sin aviso, salto. Tal vez desarrolle demencia como mis abuelas. De todas las cosas que olvidaron, espero que olvidaran eso.

Como la violación es tan horrible, puede dar la sensación de que el lenguaje cotidiano se queda corto para escribir sobre ella. Esto lleva a algunos escritores y escritoras a saquear el vocabulario religioso para conferir solemnidad. Escriben que tenemos alas. Escriben sobre nosotras con santurronería. Se refugian en el risible constructo de la virginidad.

Mis padres católicos me enviaban al catecismo y a misa, y durante el culto no disfrutaba ni de las escrituras ni de los sermones. En cambio, mi mente y mi espíritu se elevaban en los momentos que validaban nuestra falibilidad, nuestra humanidad común y grotesca. Esos instantes llegaban en forma de errores, transgresiones y accidentes, choques contra las normas. Me sentí unida a mis compañeros feligreses cuando uno se quedó dormido y sus ronquidos de ogro interrumpieron el Evangelio despertándonos a todos, incluso a nuestro sacerdote. Sin poder evitarlo, el cura se rio. Aquel ronquido pareció sacudir los vitrales, transformando la experiencia. Invocó a la divinidad. Con él la iglesia, al fin, se sintió viva.

Cuando encuentro momentos de humor en relatos de sobrevivientes, sonrío. Hacia el final de *Post-traumatic*, de Chantal V. Johnson, Vivian decide ir a terapia. Mientras ella y su amiga Jane discuten esta decisión, bromean.

Jane tenía muchas opiniones al respecto y aseguró que ella solo podría tener un terapeuta negro. «No les voy a contar mis secretos a los blancos», dijo.

Vivian pensaba que tener un terapeuta blanco en realidad podría ser más fácil.

—¿Es menos presión? De ser cierto tipo de negra, sabes —dijo—. Yo estaría tan ocupada pensando que me van a juzgar por escuchar a los Carpenter o lo que fuera que no podría *ponerme bien*.

—O tal vez —dijo Jane, mirándola desde unos grandes anteojos sin aumento— simplemente creciste rodeada de un montón de gente blanca y te sientes más cómoda con ellos.

—No te equivocas. Pero en serio, ¡es muy reconfortante estar rodeada de gente blanca! Si alguna vez te cuestionan, siempre puedes acusarlos de racistas.

Jane se rio.

—¿Sabes qué, Vivian? No lo pienses demasiado, solo hazlo.

Cuando le preguntan cómo sabe que un paciente de trauma se ha recuperado, el doctor Jack Saul, director del Programa Internacional de Estudios sobre el Trauma, responde que su señal es la capacidad del sobreviviente para ejercer la espontaneidad. La espontaneidad se produce cuando evitar la muerte o el daño deja de ser la principal preocupación del sobreviviente. La espontaneidad ocurre cuando uno es capaz de detenerse en un momento solo porque sí.

El filósofo Mijaíl Bajtín escribió que «la risa tiene el extraordinario poder de acercar un objeto, de llevarlo a una zona de crudo contacto en la que uno puede tocarlo con familiaridad por todos lados, ponerlo de cabeza, de dentro afuera, mirarlo desde arriba y desde abajo, abrir su cubierta exterior, observar en su centro, dudar de él, desmontarlo, desmembrarlo, dejarlo al descubierto y exponerlo, examinarlo libremente y experimentar con él». Cuando era una muchachita marimacha, quería hacer eso mismo con un viejo reloj descompuesto. Estaba junto a la chimenea y siempre marcaba la misma hora. La única forma de arreglarlo era romperlo aún más; la llave que le daba cuerda estaba atrapada en su interior. La llave era visible a través de unos pequeños cristales que enmarcaban el reloj por ambos lados, y estos cristales podían moverse lo suficiente como para introducir pasadores y clips que yo había previamente enderezado. Introduciéndolos en las entrañas del reloj, intenté liberar la llave. Con cada intento de rescate, la llave se metía más y más en el reloj. El reloj devoraba lo que necesitaba para funcionar.

Ya no juego con ese reloj. En lugar de eso, juego con palabras e ideas. Pienso en cosas horribles, como la violación, porque no quiero que le ocurran a nadie y no sé cómo hacer que se detengan. La violación ha suplantado mi fascinación de infancia por el reloj descompuesto. Es lo que quiero tocar con familiaridad por todos los lados, ponerlo de cabeza y de dentro afuera, mirarlo desde arriba y desde abajo, abrirlo, mirar dentro, dudar, desmontarlo, desmembrarlo, dejarlo al descubierto, examinarlo libremente y experimentar intelectualmente con él. Para ello, necesito que me proteja la risa. Quiero que la risa proteja a todas las personas que alguna vez fueron babeadas.

COMEZÓN

Los problemas empezaron cuando mi padre me descubrió usando el libro de matemáticas equivocado. Estaba haciendo mi tarea en la mesa de la cocina y le había pedido ayuda con un problema de palabras. Las instrucciones decían que multiplicara unos panes por unos peces. No lo entendía. Mi padre tomó el libro. Pasó la página y arrugó el ceño. El extraño libro de matemáticas era propiedad de la maestra Woodcock, mi profesora de sexto grado. Era una octogenaria con una papada que le colgaba como al ave emblemática de Estados Unidos: el pavo. Estaba orgullosa de ser de Kansas y aún más de ser cristiana. Por eso la maestra Woodcock usaba libros de matemáticas cristianos.

Mi padre se quedó mirando una ilustración de los doce apóstoles. Uno de los anteriores usuarios del libro les había puesto penes gigantes. Mi padre pasó la página. Después de ver lo que le habían hecho a Jesús, lo cerró de golpe.

—Myriam, no hace falta que termines la tarea. —Hizo una pausa. Luego, con una calma aterradora, añadió—: Voy a hablar con la maestra Woodcock mañana.

Mi padre había sido profesor de quinto grado durante años. Ahora que yo tenía doce, trabajaba como administrador del Programa de Educación para Migrantes del distrito escolar. Cuando le pedí que me explicara su trabajo, dijo: «Me aseguro de que los profesores hagan bien su trabajo. Me aseguro de que los profesores no discriminen a los niños cuyos padres trabajan en el campo. A algunos profesores no les gusta lo que hago».

Mis padres contaban chismes durante la cena y nos decían a mi hermano y hermana y a mí que no repitiéramos lo que oíamos. Escuchamos y supimos que nuestro padre había hecho lo que dijo que haría. Visitó a la maestra Woodcock para preguntarle:

—¿Por qué utiliza libros de matemáticas cristianos en una escuela pública?

Apoyada en su bastón, respondió:

—Señor Gurba, llevo más de veinte años utilizando esos libros. No pienso dejar de usarlos.

—Ya veremos.

Fue un corto paseo hasta el despacho del director. Mi padre llevó mi libro de matemáticas. Le mostró al director los apóstoles y le dijo que no pagaba impuestos para que la maestra Woodcock pudiera hacer el trabajo del Señor. Ella tenía que deshacerse de esos libros.

Cuando mi padre se fue, el director llamó a la maestra Woodcock a su oficina. Mi padre había dejado mi libro y el director le enseñó a mi profesora la imagen de los apóstoles. Le recordó que trabajaba en una escuela pública y le dijo que se deshiciera de esos libros de matemáticas. La maestra Woodcock alegó que nadie, salvo aquel mexicano, se había quejado nunca. El director le dijo que al siguiente día por la mañana Mario, el conserje, pasaría por nuestro salón con el carrito. Los libros de matemáticas debían estar apilados y listos para irse.

Por la mañana recogimos los libros de matemáticas y los colocamos en el piso de cemento afuera de la puerta de nuestro salón. Mario llevó tres cajas de libros nuevos a nuestra aula. Me froté las manos. Me moría de ganas de olerlos.

Días después, me reuní con mis compañeros al fondo del salón para nuestra lección de lectura avanzada. Antes de que pudiera sentarme, la maestra Woodcock me hizo un gesto con la cabeza. La piel del cuello se le agitó.

—Vuelve a tu pupitre, Myriam. Ahora estás en el grupo amarillo.

El amarillo era de recuperación.

Cuando le dije a mi padre que me habían degradado como lectora, se mostró muy ofuscado.

Mi madre utilizó un arma diferente. Fue a la iglesia católica de Santa María, encendió una vela y rezó.

Dos semanas más tarde, mi mejor amiga TT y yo entramos al salón y nos encontramos con una profesora sustituta, que tenía la mitad de años que la maestra Woodcock, de pie junto al pizarrón. La maestra Lambert se presentó. Tenía malas noticias. La maestra Woodcock se había resbalado, caído y destrozado la cadera. Estaría de baja el resto del año. Y era posible que tuviera que jubilarse.

Me volví hacia TT, alcé la palma de la mano y le dije:

—¡Choca esos cinco!

Me dio una fuerte palmada. Me imaginé la casa de Dorothy aplastando a la Bruja Mala. Conocía bien la historia de Kansas.

También sabía por qué algunos maestros odiaban que mi padre les dijera lo que tenían que hacer. Eran maestros que actuaban como si los mexicanos debieran ser vistos y nunca escuchados. Querían vernos encorvados en un campo, cosechando fresas. Nos querían en un estado constante de humilde servidumbre. Cuando nuestra luz brillaba, estos maestros trataban de atenuarla.

Mi padre me contó la historia de una niña mexicana de seis años que fue a la escuela con una chaqueta nueva que presumía. Los niños se reunieron a su alrededor en el patio para admirarla. Mostraba la capucha con lazo y el cinturón a juego. No se la quitó en toda la mañana, incluso después de que saliera el sol y se calentara el salón. La profesora se acercó para echarle un vistazo, y antes del almuerzo, le hizo un gesto a la niña para que se acercara al pizarrón. La mujer sonrió. Sin decir palabra, se agachó y prendió una nota en la chaqueta.

La niña estaba boquiabierta. No podía leer la nota —estaba en inglés—, pero sabía que decía algo bueno sobre lo que llevaba puesto. En el almuerzo, llevó la bandeja de la cafetería con la cabeza bien alta. En el patio de recreo, se balanceaba más alto que nadie en los columpios. No podía esperar a enseñarle la nota a su mamá. Ella le había hecho la chaqueta.

Sonó el timbre y la niña caminó a casa desde la escuela.

Se sentía como una estrella. La gente la miraba y la señalaba.

En casa, la mamá de la niña se quedó perpleja ante la nota. Como no sabía leer inglés, la despegó de la chaqueta y se la llevó a la vecina. Cuando volvió, abofeteó a su hija.

—¿Cuánto tiempo trajiste esto puesto? —Le tiró la nota a la cara.

—Toda la tarde.

La abofeteó de nuevo y le dijo:

—Tráeme las tijeras. ¿Sabes lo que dice este papel?

La niña sacudió la cabeza.

—Dice: «Aléjense de esta sucia niña mexicana. Tiene piojos».

Al día siguiente, la niña llegó a la escuela con un suéter viejo. Iba rapada.

Algunas personas podrían argüir que lo que le pasó a la niña no fue racismo. Que ser mexicano es una nacionalidad y no una raza.

Creo que eso es pedante.

¿Por qué discutir por tonterías? Los racistas no lo hacen.

No importa si fue racismo, xenofobia o alguna combinación lo que inspiró a esa profesora blanca a escribir esa nota. Lo que importa es que utilizó su poder para aplastar el orgullo de un niño.

Aunque nací en Estados Unidos, mis compatriotas «americanos» me han llamado mexicana la mayor parte de mi vida. Me gusta pensar que quieren decir que soy mexicana en la tradición de la querida cantante de ranchero Chavela Vargas. Su voz es una herida tierna. Como mi abuelo, se envolvía en jorongos. Mi abuelo guardaba un soneto mecanografiado debajo del suyo. A veces lo sacaba, se lo acercaba a la cara y leía sus versos. La primera vez que compartió su soneto conmigo, me sentí mareada. ¡Había compuesto algo para mí! Luego lo vi leerle el soneto a una prima. Y luego a una mujer a la que mi tío pensaba contratar como «secretaria». Y luego lo vi recitárselo a otra amiga de mi tío, una rubia, presentadora de noticias, llamada Yudi.

Me indigné.

Era un soneto para toda ocasión. Una línea siempre estaba en blanco.

Era el espacio para el nombre de la chica a la que se lo leía.

Chavela guardaba tequila bajo su jorongo. El alcohol la ayudaba a perfeccionar un género de canto indistinguible del llanto, y aunque Chavela respetaba a Mictlantecuhtli, el señor de la muerte no la asustaba. Seducir a esposas de empresarios, políticos y muralistas tampoco la asustaba. Lo único que aterraba a Chavela era el lugar donde tenía que estar. El escenario. Necesitaba beber para conquistarlo. Era algo natural. Chavela se jactaba de haber nacido vieja y borracha.

Desde cantinas de mala muerte hasta salones parisinos, el público de Chavela lloraba sobre vasos de cerveza, copas de champán y vasitos de mezcal. Guapísimo y bellísima, se vestía de hombre mientras agradecía obstinadamente a la Virgen haberla hecho mujer.

Nacida Isabel Vargas Lizano, la cantante marimacho abandonó su hogar a los catorce años. Según la leyenda, México la llamaba. Le prometió ser su maestro. Prometió enseñarle a ser ella misma. Para llegar a la Ciudad de México, la muchacha atravesó

Nicaragua, Honduras, El Salvador y Guatemala. Su metamorfosis mexicana comenzó a los quince años. El dolor psíquico y físico la retorció, la desgracia la convirtió en Chavela, un recipiente lésbico, dyke, para un sonido exquisito; música a la vez morbosa, seductora, eufórica, perfecta e inequívocamente mexicana.

A los noventa y tres años Chavela lanza su último disco, *La luna grande*. Mientras lo promocionaba, declaró a la prensa: «Yo no le debo nada a la vida ni la vida me debe ya nada a mí. Estamos bien».

El 5 de agosto de 2012, la cantante ranchera y mi abuela aceptaron la invitación a la que al final todos debemos decir sí. La flaca (el apodo mexicano de la muerte) las llamó. El día estaba nublado. Había desayunado un tamal dulce. Me paré junto a la cama de Abuelita y me quedé mirando el espejo de su cómoda. En él se reflejaban ella, la estampa torcida de la Virgen de Guadalupe que colgaba sobre la cama, un rosario, un trapo y yo. Los hombres de la funeraria aún no habían llegado, así que Abuelita seguía enfriándose en el colchón donde había vivido durante más de una década. Tenía la boca abierta. Incluso con la mandíbula floja, irradiaba elegancia. Cada hueso de su cara era majestuoso.

En los días previos a su muerte, el rostro de mi abuela mostraba dolor. Se lamentaba y gemía. Nos turnábamos para sentarnos con ella. Le decíamos que todo estaría bien. Le decíamos que morir es un trabajo duro y que ella lo estaba haciendo bien. Parecía como si toda la angustia de su vida —estar internada en un orfanato, los bebés que había enterrado, el sufrimiento que le había infligido mi abuelo— la agobiara. Pero cuando la flaca la tomó de la mano, ocurrió algo hermoso. El rostro nonagenario de Abuelita se relajó. Las líneas y arrugas desaparecieron. La muerte era bótox.

—No lo puedo creer —dijo mi tío Álvaro. Señaló el periódico sobre la cómoda de Abuelita. La primera plana anunciaba la muerte de Chavela—. ¡Las dos! ¡El mismo día! —Álvaro consiguió poner una sonrisa vacilante. Luego rompió a llorar.

En los días siguientes enterraríamos a mi abuela en la tumba familiar y rezaríamos por el viaje de su alma. Álvaro descolgó de la pared un retrato suyo en blanco y negro y lo colocó sobre el sofá. Los periódicos publicaron fotos del féretro de Chavela envuelto en un jorongo. Me enorgullecí en silencio de la coincidencia de las muertes. ¿Quién mejor que Chavela para acompañar a mi abuela al cielo? ¿Qué mujer más bella que mi abuela para acompañar a Chavela a visitar a san Pedro? Imaginé a las dos subiendo agarradas del brazo, con mi abuelo observando detrás de una cortina de llamas.

A lo largo de su vida, hombres inseguros se esforzaron por mantener a Chavela fuera de los lugares a los que pertenecía. La relegaron a los márgenes de la masculinidad. La confinaron a pequeños escenarios. La excluyeron de la industria discográfica mexicana.

Un hombre se lo tomó como una provocación cuando ella proclamó:

—¡Soy mexicana!

—Pero Chavela, tú naciste en Costa Rica.

Gruñó:

—Los mexicanos nacemos donde nos da la chingada gana.

Chavela fumaba puros, apuntaba pistolas a los arácnidos y hacía el amor con mujeres de bigote sedoso. Considero que estas actividades son mexicanizantes, y participo en ellas cuando tengo oportunidad. Al igual que Chavela, creo que los mexicanos nacemos donde nos da la chingada gana. Aun así, en ciertos documentos me convierto en mexicana con guion, en mexicana-estadounidense.

«Los mexicanos estadounidenses tienden a ser identificados no por lo que son, sino por lo que no son», escribe el ensayista E. Michael Madrid. En este sentido, las mexicanas estadounidenses son como las lesbianas, otro grupo de personas que tienden a ser identificadas no por lo que son, sino por lo que no son. Pertenezco a una diáspora definida por las carencias, y llevo una lista de las cosas que supuestamente me faltan. Algunos líderes, como el superintendente escolar de California que hizo la siguiente declaración, piensan que me falta lo mismo que al espantapájaros de *El Mago de Oz*: «Algunos mexicanos son muy brillantes, pero no se puede comparar su brillantez con la media de los niños blancos. Son una raza inferior».

El *Saturday Evening Post*, una revista cuyas portadas de Norman Rockwell hacían que la blanquitud pareciera saludable, promovía la idea de que los mexicanos carecemos de moderación. ¿Por qué si no nos reproduciríamos con la «prodigalidad imprudente de los conejos»? El *Post* también llamó «mestizos» a los mexicanos, dando a entender que somos impuros. Esta obsesión con la higiene, tanto moral como material, apunta al mito de la suciedad y el contagio mexicanos, un tropo encarnado en un fragmento de propaganda tan pequeño que hay que inclinarse para verlo.

Acércate.

Esta página es un cuero cabelludo, y cada ejemplo de puntuación, un piojo.

.

,

:

;

...

Las palabras de este ensayo están aquí para ser lavadas, desenredadas, peinadas, cepilladas, retorcidas, trenzadas, acariciadas y rizadas.

Son pelo. Mucho, mucho pelo mexicano.

• • •

Tengo que darme un respiro de los piojos. Pensar en ellos me produce comezón. Pasemos un rato con otro bicho. Juguemos con las cucarachas.

En casa de mis abuelos vivían cucarachas. El sonido de ellas moviéndose por las paredes, cajones y armarios me daban ganas de levitar. Las cucarachas pueden trepar por tus piernas. También pueden caer del techo. Para evitar que se me metieran en los oídos por la noche, dormía con la almohada sobre la cabeza. No quería que me tocaran el cerebro.

Algunas cucarachas de la casa de mis abuelos volaban. Tenían el tamaño de palomas pequeñas. Cuando Álvaro trajo a la casa una caja de donas de chocolate, una familia de estos bichos muy grandes se abalanzó sobre él. Mi madre los perseguía con el zapato, pero se aplanaban y desaparecían en las grietas. Para matarlos, habríamos tenido que pedirle prestada la pistola a Chavela Vargas o leerles uno de los poemas de mi abuelo.

Aunque odio ver cucarachas en persona, las busco en el arte. En la secundaria me encariñé con la cucaracha de un libro de la biblioteca que robé, una colección en tapa dura de los cuentos más populares de Franz Kafka. Me descubrió *La metamorfosis*.

Racionalicé el robo de este libro después de sacarlo de la estantería y examinar la tarjeta metida en el sujetador de cartón pegado a la última página. Tenía estampadas las fechas de préstamo y devolución de los últimos diez años. Me entristeció que el libro llevara tanto tiempo sin recibir cariño. Para darle una vida mejor lo metí en mi mochila, lo llevé de contrabando a casa y lo saqué a la libertad cuando tuve un poco de intimidad. Acaricié su tapa dura y olfateé sus páginas. Tenían un olor a moho.

Algunas historias tardan un poco en atrapar al lector. *La metamorfosis* no. La primera frase me enganchó. «Cuando

Gregorio Samsa se despertó una mañana de sueños intranquilos, se encontró transformado sobre su cama en un gigantesco insecto». Desde que era adolescente encontraba interesante la alienación que desarrollaba el relato de Gregorio. Leí el cuento mientras holgazaneaba en la alfombra de mi habitación. Pensaba en el suelo de mi recámara como mi sofá para desmayarme y me recostaba sobre él mientras sangraba, con la regla empapando las voluminosas toallas que llevaba antes de descubrir cómo ponerme tampones sin dolor. (Nadie me explicó que no se introducen directamente. A base de prueba y error, al final descubrí cómo insertarlos inclinados).

Si me metamorfoseara en cucaracha, tendría que averiguar cómo evitar que mi familia me lanzara comida. Así fue como el papá de Gregorio lo mató. Le arrojó manzanas a su hijo. Una se hundió en su espalda. Lo lesionó e incapacitó. La idea de una persona renacida como un insecto que sufre un agujero en su exoesqueleto, un cráter que supura fruta en descomposición, me hizo llorar. Volví a llorar al final de la historia, cuando el ama de llaves encontró los restos de Gregorio y los tiró a la basura.

La metamorfosis parecía una reinterpretación del popular corrido que tocan los *lowriders* cuando oprimes el claxon.

La cucaracha, la cucaracha,
ya no puede caminar
porque no tiene, porque le falta
marihuana que fumar.

Gregorio era un bicho. También era una persona cuya infatigable humanidad me suscitaba compasión.

Por medio de la literatura, los bichos también pueden convertirse en personas.

• • •

Los piojos son ectoparásitos del tamaño de una semilla de ajonjolí. Su apetito es único. Colonizan exclusivamente las cabezas humanas. Su hogar suele ser el pelo que rodea las orejas y el cuello, pero los piojos intrépidos exploran cejas y pestañas.

Nuestros cueros cabelludos lo son todo para ellos. Recámara. Despensa. Aseo. Los piojos pueden vivir hasta treinta días, pero si se caen de una cabeza, tienen cuarenta y ocho horas hasta que llegue la flaca. Los piojos adultos pueden pasar solo un día o dos sin sangre.

Dráculas diminutos, los piojos son más activos por la noche. Es entonces cuando realmente podemos sentirlos prosperar, recordándonos que no estamos solos, que cada uno de nosotros es un hábitat para innumerables cosas invisibles que nunca sabrán nuestro nombre y no tienen por qué hacerlo.

Los piojos hacen con nuestras cabezas lo que los colonos siguen haciendo con Estados Unidos. Los piojos, sin embargo, no esperan que nos asimilemos a su cultura. Nos comen, pero nos dejan conservar nuestras costumbres. Si alguna vez los piojos se instalan en mi copete, escribiré sobre ellos en inglés, espanglish o español. No pueden obligarme a contar sus historias en su silenciosa lengua de parásitos.

Enseñé en una secundaria de California donde experimenté muchos *déjà vu*. Allí daban clase señoras como la maestra Woodcock. Las evitaba. Enseñar ya es bastante estresante. No tenía por qué hacerme amiga de gente pendeja.

Durante el almuerzo abría mi aula a mis estudiantes, que

venían a contarme las noticias de la escuela, lo que pasaba en otros salones. Uno de mis visitantes, Miguel, se sentó en el futón naranja cerca de mi mesa. Expresó su preocupación por su profesora, enjuta y bajita, con apariencia de corredora, de la que se rumoreaba que tenía la capacidad de dormir a todo el mundo con sus clases. Los rumores eran ciertos. Cada vez que pasaba por el salón de la maestra Hume, veía filas de chicos y chicas inconscientes con la cara aplastada contra el pupitre, la boca abierta y la baba brillando bajo las luces fluorescentes. Los que no se habían dormido la miraban con aburrido desprecio.

—A la maestra Hume no le caemos bien —dijo Miguel.

—¿Qué?

—La maestra Hume.

—Sí, pero ¿quién no le cae bien?

—¡Nosotros! —Para aclarar, siseó—: Los mexicanos.

Me incorporé.

—¿Ah, sí? ¿Qué hizo esta vez?

Miguel se relajó y se puso en plan sincero. Frotándose las manos, explicó que en la clase de la maestra Hume él se había quitado la gorra y la había puesto sobre el pupitre. La maestra Hume le gritó:

—¡Vuelve a ponértela!

Miguel quedó perplejo. Los profesores suelen castigar a los chicos por llevar gorras dentro, no por seguir las normas. Miguel le preguntó a la maestra Hume por qué quería que se la volviera a poner.

—¿Cómo sé que no tienes piojos? —le dijo ella.

Mis cejas se alzaron involuntariamente.

—¿Crees que bromeaba? —le pregunté. Ya sabía la respuesta, pero a veces sucumbo a la presión de conceder a los blancos «amables» el beneficio de la duda.

Miguel negó con la cabeza.

—Nos contó que cuando llevaba a su hija a la alberca no la

dejaba jugar con los niños mexicanos. Dijo que no quería que a su hija le dieran piojos. Que viven en nuestro pelo porque somos más sucios. —Miguel se miró las manos—. La maestra Hume se rio cuando dijo eso.

Quería arrancarle la lengua a la maestra Hume. Odiaba ir a las reuniones de departamento cuando ella estaba presente. Hacía preguntas interminables que podrían haber sido correos electrónicos de dos frases y se mostraba confundida cuando la gente daba respuestas concisas, pidiéndonos pasivo-agresivamente que le explicáramos cosas sencillas una y otra vez. Una tarde tuvo el descaro de hacernos perder el tiempo hablando de clips durante diez minutos.

—Eso es jodido —le dije a Miguel—. Realmente jodido.

Asintió.

La secundaria donde Miguel y yo chismorreábamos estaba a unos veinticuatro kilómetros de Westminster, la ciudad del condado de Orange donde un granjero arrendatario mexicano hizo historia en la justicia estadounidense. En 1940, el condado de Orange se había convertido en el centro del cinturón de cítricos del sur de California. Sus fortunas las hacían crecer los mexicanos que trabajaban en los huertos y empacadoras de la región. El historiador Gilbert G. González calcula que unos cien mil trabajadores mexicanos de los cítricos y sus familias vivían en barrios diseminados por toda la zona. Tengo amigos del condado de Orange cuyas familias han cosechado cítricos durante generaciones. Ese trabajo se convirtió en sinónimo de mexicano, y era como si nuestra razón de ser fuera asegurarnos de que los blancos tuvieran suficiente para comer. «Depende de la población blanca mantener al mexicano de rodillas en un campo de cebollas», decía un superintendente escolar de Texas opuesto a la educación de los mexicanos. Los administradores afirmaban que, una vez educados, los mexicanos se volvían «difíciles».

Durante la década de 1940, el Distrito Escolar de Westminster operaba dos escuelas. Hoover era solo para mexicanos. En un edificio decrépito olvidado junto a un prado de vacas, los profesores de Hoover castigaban a los niños que hablaban español. Ofrecían un plan de estudios que apenas se cumplía. Todos estudiaban orientación vocacional e inglés. La mayoría ya sabía inglés, pero daba igual; iban a aprenderlo de nuevo. Las moscas zumbaban sobre el trozo gris de carne calentado, recalentado y vuelto a recalentar para preparar el almuerzo. Mientras sorbían caldo al aire libre, los estudiantes contemplaban la valla eléctrica que rodeaba su plantel. Recordaban el terror de los compañeros que se habían enredado en ella. Cuando eso ocurría, los profesores tenían que correr a la granja lechera vecina y rogar al granjero que la apagara.

Unos autobuses llevaban a los estudiantes blancos a la Escuela de la Calle 17. Creada por J. E. Allison, un arquitecto que participó en el diseño de la Oficina Postal de Beverly Hills, sus edificios tenían estilizadas fachadas españolas. Mientras los alumnos aprendían a leer, escribir, ciencias, matemáticas e historia, miraban por las ventanas de las aulas soñando despiertos, con los ojos vidriosos. Perdidos en fantasías, no podían ver los cuidados prados, las alborotadas palmeras y los topiarios atendidos por los jardineros. Durante el recreo, los niños sonrientes se agolpaban en el patio. Trepaban por las barras, se subían a los columpios y al subibaja. Comían sándwiches y bebían leche en la cafetería. Al final del día, subían a los autobuses y regresaban a sus casas de campo y búngalos.

En septiembre de 1944, Sylvia, Jerome y Gonzalo hijo fueron con su tía Sally para inscribirse en la escuela más cercana. El grupo, que también incluía a las dos hijas de Sally, Alice y Virginia, caminó desde la granja de espárragos de la familia Méndez hasta la oficina de la Escuela de la Calle 17. Después de echar un vistazo a los tres niños Méndez, la recepcionista dijo: «Tendrán que ir a Hoover». Sonriéndoles a sus pálidas primas, se acercó a Sally y le dijo: «Estas dos pueden estudiar aquí, pero nadie puede saber que son mexicanas. Tendrán que decirle a todo mundo que son belgas».

Negándose a jurar lealtad a Bruselas, Sally se los llevó a todos de vuelta a la granja. Les contó lo sucedido a los padres de sus sobrinos, Felícitas y Gonzalo padre. Gonzalo se reunió con otros padres del condado de Orange, cuyos hijos habían pasado por lo mismo, y los hombres decidieron demandar. El abogado David Marcus los representó en el juicio. Utilizó las ciencias sociales para argumentar su caso.

Cuando el superintendente escolar James Kent subió al estrado, defendió las escuelas solo para mexicanos. Explicó que fueron diseñadas para niños con «impedimentos del lenguaje». Cuando se le pidió que aclarara lo que eso significaba, Kent dijo que ese problema era exclusivo de los estudiantes de ascendencia mexicana, y que él evaluaba las capacidades lingüísticas de los estudiantes mexicanos «hablando oralmente con ellos». Cuando se le pidió que describiera los resultados de esas evaluaciones, Kent respondió: «Normalmente los encontramos retrasados».

Kent insistió en que los niños mexicanos carecían de los hábitos sociales de los niños blancos. Debido a esta deficiencia, sería «absurdo» trasladar a niños mexicanos a escuelas para blancos. Antes de integrarse, los niños mexicanos debían aprender sobre «higiene mental». Necesitaban que los entrenasen para «convivir con los demás». Kent añadió que mezclar estudiantes blancos y mexicanos «retrasaría» a los «alumnos angloparlantes», y que por eso los administradores enviaban a los estudiantes «mexicanohablantes» a otro lado. Deploró la higiene mexicana, argumentando que los niños mexicanos ni siquiera podían cuidar de sus propias cabezas. Alegó que esta falla fomentaba «los piojos, el impétigo y la tuberculosis». Clasificaba a los mexicanos como una raza, creía que la suciedad era uno de nuestros rasgos esenciales.

La maestra Hume probablemente desconociera el caso *Méndez y otros contra el Distrito Escolar de Westminster del Condado de Orange y otros*, pero estaba muy versada en las ideas expresadas por el superintendente Kent. Predicaba el evangelio de la suprema higiene anglosajona.

Qué hipócrita.

El conserje me dijo que en su aula había cucarachas, que en todas las había, y yo esperaba que hubiera un nido lleno de huevos en su cajón de clips.

En 1946, el juez Paul McCormick falló *Méndez contra Westminster* en favor de los padres. Escribió que «un requisito primordial en el sistema estadounidense de educación pública es la igualdad social. Debe abrirse a todos los niños... sin distinción de linaje». Sobre el papel, California se convirtió en el primer estado en eliminar la segregación en sus escuelas. En la vida real, siguen segregadas.

Después de clase, irrumpió la maestra Hume. Había dejado mi puerta abierta y estaba sentada en mi escritorio, planificando clases.

¿Y ahora qué?, pensé.

Ese mismo día, el presidente Donald Trump había hecho algo espantoso, no recuerdo qué, y la maestra Hume me eligió como público para quejarse de ello. «La maestra Hume odia a Donald Trump. ¡Esa es toda su personalidad!», se quejaban los estudiantes.

La observé sacudir la cabeza, agitar los brazos, resoplar y fruncir la boca. Chillaba y gritaba: «¡Es Hitler! Es igual que... ¡Hitler!».

Me desplomé, esperando que se fuera.

Los desvaríos anti-Trump de gente como ella eran tediosos. Podían pasarse una hora hablando de lo diabólico que era Trump, lo cual era cierto, pero desequilibrado. Los días que me apetecía revolver el jodido avispero, esperaba a que se callaran y soltaba algo así como: «¿Sabes? Obama se ganó el apodo de Deportador en Jefe porque deportó a más gente que ningún otro presidente. ¿Te preocupaba tanto la implementación de las leyes de inmigración cuando él estaba en el cargo? No recuerdo que te preocuparan tanto los inmigrantes hace unos años. ¿Qué cambió? ¿Qué haces para apoyar a los niños migrantes en tu clase?».

Esperaba una respuesta. Los liberales me miraban con asco. Yo los miro con asco cuando me gritan que vote. Sí, sí, sí, votar importa, pero es solo una herramienta política entre muchas otras. También puede utilizarse para corromper la democracia. Los alemanes votaron por Hitler igual que más de 70 millones de estadounidenses votaron por Trump. Este país no es lo opuesto al Tercer Reich. Una de las historias que inspiraron a los nazis fue la nuestra.

En *Mi lucha*, el manifiesto que escribió mientras estaba en la cárcel, Hitler definió la raza como algo que está «en la sangre». Para «germanizar» a una población no alemana sería necesario mezclar las sangres, una transformación que Hitler creía «imposible». Como prueba señaló en nuestra dirección, a las Américas.

Norteamérica, cuya población se compone en su mayor parte de elementos germanos que se mezclaron muy poco con los pueblos de color inferior, muestra una humanidad y una cultura diferentes de las de América Central y del Sur, donde los inmigrantes, predominantemente latinos, se mezclaron a menudo con los aborígenes en gran escala. Con este ejemplo podemos reconocer clara y distintamente el efecto de la mezcla de razas. El habitante germano del continente americano, que ha permanecido racialmente puro y sin mezclas, se alzó como amo del continente; seguirá siendo el amo mientras no caiga víctima de la corrupción de la sangre.

Hitler se inspiró también en el Destino Manifiesto. Esta doctrina sostenía que los colonos anglosajones tenían «derecho a la independencia —al autogobierno—, a la posesión de los hogares conquistados a las tierras salvajes por sus propios trabajos y peligros...». Hitler fusionó el Destino Manifiesto con el *Lebensraum*, un concepto desarrollado por el geógrafo alemán Friedrich Ratzel. Se definió en un principio «como la superficie geográfica necesaria para mantener a una especie viva en su tamaño de población y modo de existencia actuales», y en el imaginario geopolítico de Hitler, el *Lebensraum* no conquistado resultaba atractivo. El Salvaje Este, formado por Polonia, Lituania, Ucrania y otros territorios, se convirtió en la respuesta nazi al Salvaje Oeste. Hitler soñaba con germanizar este «territorio salvaje». Los científicos e ingenieros nazis fueron pioneros en nuevas formas de asesinato en masa para lograr este objetivo.

Durante la presidencia de Trump, intelectuales y líderes de opinión mencionaban constantemente a la filósofa política judía alemana Hannah Arendt. Leí todo lo que pude de su obra. Quería estudiar sus ideas en contexto. Algunos de los escritos de Arendt me ayudaron a entender lo que ocurría en Estados Unidos. Algunos me ayudaron a entenderme a mí misma. Otros, como el ensayo «Reflexiones sob.e Little Rock», son horribles e intolerantes.

Arendt estudió con los filósofos Martin Heidegger, Edmund Husserl y Karl Jaspers. En 1933, cuando salía de la Biblioteca Estatal Prusiana, la Gestapo la detuvo. Un bibliotecario la había denunciado por ser demasiado estudiosa, y la policía descubrió que estaba infringiendo la ley; era ilegal investigar el antisemitismo. Tras una semana en la cárcel, Arendt convenció a un detective para que la liberara. Abandonó Berlín y huyó a París. En 1940 la volvieron a detener. Las autoridades francesas la enviaron a Gurs, un campo de concentración al pie de los Pirineos. Arendt huyó de nuevo. En 1941 zarpó de Lisboa rumbo a Nueva York, siendo una de las últimas judías en escapar de la Francia ocupada por los nazis.

En *Los orígenes del totalitarismo*, Arendt distingue el homicidio del genocidio, escribiendo que cuando un «asesino deja un cadáver tras de sí, no pretende que su víctima no haya existido nunca... destruye una vida, pero no destruye el hecho de la misma existencia». En las fábricas de la muerte de Auschwitz-Birkenau, Belzec, Chelmno, Majdanek, Sobibor y Treblinka, los nazis desarrollaron medidas radicales que trataban a las personas «como si nunca hubieran existido».

«La insana fabricación en masa de cadáveres es precedida por la preparación histórica y políticamente inteligible de los cuerpos vivos», escribe Arendt. Estos muertos vivientes se crean mediante procesos de deshumanización, y un modelo medicalizado se desarrolló en un lugar raramente asociado con los nazis, El Paso, Texas. En 1917, el cirujano Claude C. Pierce anunció que había que poner en cuarentena a quienquiera que entrara a Estados Unidos procedente de México. El tifus se extendía y las autoridades estadounidenses querían asegurarse de que los mexicanos «infestados de alimañas» no trajeran consigo la enfermedad. Pierce tomó un pequeño edificio de ladrillo rojo bajo el puente de la calle Santa Fe y lo amplió, convirtiéndolo en una planta de desinfección. Contaba con tres médicos que inspeccionaban 2830 cuerpos al día.

Alexandra Minna Stern, fundadora de la organización Sterilization and Social Justice Lab, ha documentado las operaciones cotidianas de la planta de desinfección de El Paso. Escribe que las personas inspeccionadas eran clasificadas por sexo y obligadas a desnudarse. Se fregaba con químicos toda la ropa y se examinaba cada cuero cabelludo en busca de piojos. Atacaban con tijeras a niños y hombres, y su pelo caía sobre periódicos que se tendían a sus pies. El pelo se quemaba. El querosén y el vinagre empapaban las trenzas de niñas y mujeres. Cubiertas con una toalla, inhalaban los vapores durante media hora. Una vez despiojados todos, se les conducía a las duchas y se les rociaba con jabón, queroseno y agua. Al final del calvario, se les devolvía la ropa y se les entregaba un certificado del «Servicio de Salud Pública de Estados Unidos, Cuarentena Fronteriza Mexicana», que garantizaba que estaban libres de piojos.

Stern señala que «en El Paso, y a lo largo de la frontera en general, la desnudez forzada y las desinfecciones totalizadoras continuaron hasta finales de la década de 1920, mucho después de que el pánico por el tifus hubiera remitido». Un pesticida introducido en la frontera fue el cianuro de hidrógeno, también conocido como Zyklon-B, un invento alemán.

Cuando enseñaba historia de Estados Unidos, mis alumnos estudiaban el Holocausto. Mientras daba clase, proyectaba imágenes de cautivos judíos. Les expliqué que en los campos se clasificaba a la gente. Las mujeres eran separadas de los hombres. Los niños de los adultos. Los guardias los afeitaban a todos hasta dejarlos calvos, y se desnudaban y duchaban delante de los demás. Les quitaban sus pertenencias y su ropa. Algunos eran elegidos para la muerte inmediata, otros para esclavitud indefinida y otros para una espera sin fin. Los números sustituyeron a los nombres. Los tatuaban en los brazos de los prisioneros.

Al ver a un judío desnudo y hambriento, un chico soltó una risita aguda.

Un chico judío se dirigió a él.

—¡Cierra la puta boca o te doy una paliza! —le gritó.

Nadie golpeó a nadie, pero tuve una conversación incómoda con el chico que se rio.

—¿Por qué te reíste? —le pregunté después de que el timbre sonó y todo el mundo se había ido.

Apartó la mirada. Miró la pared, su escritorio, el techo, la bandera. Sus ojos estaban dispuestos a mirar cualquier cosa menos los míos.

—No lo sé.

—¿Viste algo que te incomodó?

Tras chuparse el labio inferior durante unos segundos, contestó:

—No lo sé. De acuerdo. Sí. ¡Sí!

—Es normal que nos riamos cuando nos sentimos incómodos. Yo también lo hago. Todo el tiempo. Incluso cuando no debería. Pero esa risa a veces lastima a la gente. David quería patearte el culo porque algunos de sus familiares pasaron por eso.

Mi alumno parecía avergonzado.

—Bueno, ¿cómo iba a saberlo?

—Exactamente. Es imposible saber lo que la gente ha sufrido a no ser que nos lo digan. Ahora ya lo sabes. Creo que hemos terminado aquí.

Mi alumno asintió y se fue a toda prisa. Nunca volví a verlo hacer nada parecido.

«El antisemitismo es exactamente lo mismo que el despiojamiento —dijo Heinrich Himmler—. Deshacerse de los piojos no es una cuestión de ideología. Es una cuestión de limpieza. De la misma manera, el antisemitismo, para nosotros, no ha sido una cuestión de ideología, sino una cuestión de limpieza, de la que pronto nos habremos ocupado. Pronto estaremos despiojados. Solo nos quedan veinte mil piojos, y entonces el asunto habrá terminado en toda Alemania».

El doctor Gerhard Peters no es uno de los nazis más famosos.

Era químico y una autoridad en la producción de insecticidas.

Cuando Peters se enteró de que funcionarios estadounidenses estaban desinfectando mexicanos en la frontera con Estados Unidos con Zyklon-B, estudió detenidamente el uso que hacían del pesticida. En 1938 escribió un ensayo sobre sus hallazgos. Publicado en la revista alemana de ciencia antiplagas *Anzeiger für Schädlingskunde*, el ensayo de Peters iba acompañado de dos fotos de las cámaras de despiojamiento de El Paso. Durante la segunda guerra mundial, el químico llegó a ser director general de Degesch, la Corporación Alemana para el Control de Plagas, la agencia que poseía la patente para la producción masiva de Zyklon-B. En 1941 se dio un nuevo uso al Zyklon-B en Polonia. Karl Fritzsch, comandante adjunto de Auschwitz, empezó a asfixiar con él a prisioneros de guerra. Para 1942, el Zyklon-B se había convertido en la principal arma utilizada en los campos de exterminio. La mayoría de los asesinados eran judíos.

Cuando terminó la guerra, un tribunal alemán acusó a Peters «como cómplice de asesinato en trescientos mil casos».

En 1955 fue absuelto.

La fumigación de mexicanos continuó hasta finales de la década de 1950.

En 1994, setenta y tres alumnos de la Secundaria Castlemont, la mayoría negros y latinos, fueron de excursión al cine Grand Lake para ver *La lista de Schindler*. Después de una escena en la que un oficial nazi le dispara a una mujer judía en la cabeza, un estudiante exclamó: «¡Ooooh! Eso fue cruel».

Sus compañeros se rieron.

Los demás espectadores ya estaban enojados con los chicos. Llevaban hablando toda la película, pero las risas eran algo diferente. Los indignados espectadores se quejaron con la gerencia. El dueño del cine trasladó a los chicos al vestíbulo, los regañó por burlarse del genocidio y les ordenó que se fueran. Al salir, los espectadores aplaudieron.

Cuando los medios de comunicación locales y nacionales se hicieron eco de la noticia, algunos periodistas y comentaristas alimentaron la especulación de que los adolescentes de Oakland, California, eran simpatizantes nazis. Los administradores de la escuela emitieron una disculpa pública. Instituyeron un programa de estudios sobre el Holocausto para, presumiblemente, cultivar lo que a los chicos debía estar faltándoles. Empatía.

No creo que esos chicos fueran nazis. Tampoco creo que les faltara empatía. Creo que se rieron ante el horror en la pantalla por las mismas razones por las que me reí cuando le confié a una amiga que un desconocido me había violado. Ella también se rio. Seguimos hasta llorar. También me reí en mi primer funeral. Mi prima Desiree y yo estábamos sentadas en un banco de madera de una iglesia católica. Nuestro primo Franky descansaba en el ataúd expuesto en el altar. Mi padre nos había dicho a mi hermano, a mi hermana y a mí que Franky había sido asesinado cuando volvía de la escuela. No lo parecía. Se veía extrañamente dormido.

Para distraerme de la visión de los restos de nuestro primo, Desiree me susurraba chistes al oído.

Yo tenía trece años. Ella tenía catorce. Franky tenía quince.

Poco después de enterrar a Franky, su madre se reunió con él. Luego su padre los alcanzó.

El asesinato de niños se cobra un precio tremendo.

«Vemos muerte y violencia en nuestra comunidad todo el tiempo —declaró uno de los niños de Castlemont al *New York Times*—. La gente no puede entender lo insensibilizados que estamos ya hacia la violencia».

A veces, la risa nos aterriza.

Es la mejor manera de recordarnos que estamos vivos.

Unas semanas después de que Miguel se desahogara conmigo por la maestra Hume, me encontré en el mismo espacio que ella.

Estábamos en el aula de un profesor que manejaba una tiendita ilícita, de esas con las que los administradores se hacen de la vista gorda y de cuando en cuando visitan ellos mismos para comprar papas fritas y refrescos. Mientras la maestra Hume y el profesor de la tiendita charlaban, yo abrí su refrigerador. Los tres éramos los únicos en el salón y ellos dos hablaban sobre los estudiantes, enfatizando en las razas de aquellos que percibían como problemáticos. Al presentir que alguno estaba a punto de decir algo que me iba a despertar el instinto asesino, me volví y solté:

—¡Yo soy mexicana!

La maestra Hume puso cara de loca.

—¡Creía que eras de la India! —dijo indignada.

Oh, vaya. ¿Creía que yo era una «minoría modelo»?

—Soy mexicana.

Más alto, y más agitada, la maestra Hume repitió:

—¡Pensaba que eras de la INDIA!

Quería reírme. Actuaba como si la hubiera engañado. Supe que ahora me temía.

Algo podría saltar de mi cuerpo e invadir el suyo. Di unos pasos hacia la maestra Hume, sacudí la cabeza con energía y proclamé:

—¡Soy mexicana!

La dejé pensando sobre si le había contagiado piojos y me fui a mi salón.

Esperé que Miguel se diera una vuelta por allí.

PENDEJA, TÚ NO ERES STEINBECK

Mi bronca con la literatura de falsa justicia social

Cuando les cuento a los gringos que mi abuelo mexicano trabajó como publicista, la noticia los deja atónitos.

Conmoción total.

Parecen a punto de estallar, y me doy cuenta de que están pensando: *¡¿En México hay PUBLICISTAS?! ¿Qué podrían tener para publicitar?*

Les sonrío cáusticamente a estos fulanos y dejo que mi sonrisa hable en mi nombre. Les responde: «Sí, perra, en México hay cosas que publicitar, como nuestras putas opiniones sobre TI».

Sigo los pasos altaneros de mi abuelo, Ricardo Serrano Ríos, «decano de los publicistas de Jalisco» (así dice en su jodida lápida), y no solo tengo opiniones, las ladro como itzcuintli. También soy chismosa. El chisme es mi forma de arte preferida, que empecé a practicar poco después de que la regla manchara por primera vez mis calzones. ¿Y qué es la literatura y la crítica literaria si no chisme penosamente estetizado?

Traigo chisme. ¿Están listos?

Una gabacha confesa, Jeanine Cummins, escribió un libro que apesta. Muchísimo.

Su obra de caca pertenece a la gran tradición estadounidense de hacer lo siguiente:

A. Apropiarse de obras geniales de personas de color,
B. Ponerles una capa de mayonesa para hacerlas apetecibles a las papilas gustativas estadounidenses, y
C. Reempacarlas para el consumo masivo racialmente «daltónico».

En lugar de mirarnos a los ojos, muchos gabachos prefieren mirarnos con desprecio. En lugar de asumir que somos sus iguales morales e intelectuales, nos compadecen alegremente. Lo que inspira su afición al dolor mexicano es la lástima, un antojo que muchos de ellos esconden. Esta negación motiva sus hábitos de gasto, lo que se traduce en una preferencia por el porno de trauma vestido con una hoja de parra de justicia social. Para satisfacer esta demanda, Cummins ha lanzado *Tierra americana*, un «*thriller* de carretera» vestido con una piel de oveja de «estoy dando voz a las masas que carecen de ella».

Supe de *Tierra* cuando una editora de una revista feminista me invitó a reseñarla.

Acepté su oferta, *Tierra* llegó a mi buzón y lo metí en la maleta. En casa de mi tía, en Guadalajara, abrí el libro.

Antes de tener oportunidad de pasar al primer capítulo, una carta del editor me hizo soltar un respingo.

«La primera vez que Jeanine y yo hablamos por teléfono —relata emocionado—, me dijo que los migrantes en la frontera mexicana estaban siendo retratados como una "masa morena sin rostro". Ella dijo que quería dar a esta gente un rostro».

La expresión «esta gente» me encabronó tanto que la sangre me burbujeó.

Miré hacia arriba, a un espejo que colgaba en la pared de mi tía.

Reflejó mi cara.

Para tragarme *Tierra*, desarrollé una estrategia de supervivencia. Implicaba entregarme al proyecto de leer con celo y odio el libro, llenando sus márgenes con frases como «Pendeja, please».En espanglish, por supuesto.

De regreso en Alta California, me senté en la mesa de la cocina y escribí mi reseña. La envié. Esperé.

Al cabo de unos días, una editora respondió. Me escribió que, aunque mi despedazamiento de *Tierra* era «espectacular», yo no era tan famosa como para escribir algo tan «negativo». Se ofreció a reconsiderarlo si cambiaba la redacción, si escribía «algo que compensara».

Como lo mejor que puedo decir sobre *Tierra* es que sus páginas deberían reutilizarse como papel higiénico, las editoras sacaron la guillotina. Se me notificó que se me pagaría una comisión por no utilizarlo: 30 por ciento de los 650 dólares que me habían ofrecido inicialmente por mis servicios.

¡Miren cómo resurge de entre los muertos mi crueldad impublicable!

En México, la gente ocupada bebe licuados. Preparar estas bebidas requiere habilidades básicas. Echa fruta, leche y hielo en una licuadora y voilà: *una comida para llevar.*

Por desgracia, la narconovela de Jeanine Cummins, Tierra americana, *es un licuado literario que sabe a su título. Cummins mete estereotipos mexicanos muy pasados, entre ellos el amante latino, la madre que sufre y el estoico niño-hombre, en su prosa pretendidamente realista. El heterorromanticismo tóxico le confiere al menjunje un arco narrativo, y como la mirada blanca contamina su prosa, Cummins sitúa a Estados Unidos de América como un santuario magnético, un faro hacia el que se dirige la cronología de la historia.*

México: malo.

EUA: bueno.

Me pellizqué la nariz metafórica y leí.

Cummins nos bombardea con clichés desde el principio. El primer capítulo comienza con unos asesinos que abren fuego en una fiesta de quince años; sin dificultad, podemos imaginarnos al presidente Donald Trump recurrir a esta escena entre jadeos en un mitin en el Medio Oeste, y aunque los asesinos de Cummins no carecen de viveza, su humanidad es un tanto superficial. Al categorizar a estos personajes como «la versión moderna del Coco en el México urbano», los hace planos. Al invocar monstruos con nombre y linaje europeo, Cummins revela el color de su público objetivo: el blanco. Los mexicanos no le tememos al Coco. Le tememos a su primo lejano, el Cucuy.

Cummins emplea este «escenario de masacre», una frase que recuerda al discurso inaugural de Trump, para presentar a su protagonista, la recién enviudada Lydia Quijano Pérez. La policía llega a la casa de Lydia, ahora una escena de crimen barata, para simular una investigación. Lydia no sigue el juego. Comprende lo que todos los mexicanos: que policías y delincuentes juegan en el mismo equipo, así que ella y su hijo, Luca, el otro sobreviviente de la masacre, huyen.

Con su familia aniquilada por los narcotraficantes, madre e hijo se embarcan en un viaje de refugiados. Se dirigen rumbo al norte o, como escribe Cummins a menudo, «el norte», en español. Su prosa está infestada de palabras en español, escritas en cursiva, como carajo, mijo *y* amigo, *que producen el mismo efecto que el condimento para tacos que venden en el supermercado.*

Por medio de flashbacks, *Cummins revela que Lydia, «una mujer moderadamente atractiva, pero no hermosa», de treinta y dos años, regentaba una librería. Su personaje toma pronto una forma absurda. Como protagonista, Lydia es incongruente, risible en sus contradicciones. En una escena retrospectiva, Sebastián, su marido, que es periodista, la describe como una de las mujeres «más inteligentes» que ha conocido. Sin embargo, ella se comporta de forma insoportablemente ingenua y estúpida. A pesar de ser una mujer intelectualmente comprometida, esposa de un reportero cuya especialidad es el narcotráfico, Lydia experimenta un shock tras otro cuando se enfrenta a las realidades de México; realidades que no escandalizarían a un mexicano.*

A Lydia la conmociona enterarse de que el misterioso y adinerado cliente que frecuenta su librería acompañado por guardaespaldas de aspecto «inquietante» ¡es el capo del cártel local! ¡Lydia se sorprende al enterarse de que algunos centroamericanos emigran a pie a Estados Unidos! ¡A Lydia le impacta saber que los hombres violan a las migrantes de camino a Estados Unidos! ¡A Lydia le sorprende que en la Ciudad de México haya una pista de hielo para patinar! (Esta «sorpresa» me hizo reír bastante: yo aprendí a patinar sobre hielo en México). Que a Lydia le asombren tanto las realidades cotidianas de su propio país, realidades que conozco muy bien como chicana que vive en «el norte», da la impresión de que tal vez no sea... una mexicana creíble. De hecho, Lydia percibe su propio país con los ojos de una turista gringa que protege sus perlas.

Susan Sontag escribió que «[una] sensibilidad (en tanto es algo diferente de una idea) constituye uno de los temas más difíciles de tratar», y con este reto en mente, afirmo que Tierra americana *fracasa en recrear cualquier sensibilidad mexicana. Aspira a ser el Día de los Muertos, pero se parece más a Halloween. La prueba está en la penosa falta de humor de la novela. Los mexicanos tenemos más de cien apodos para referirnos a la muerte, la mayoría de ellos lúdicos, porque es nuestra compañera de juegos favorita, y Octavio Paz explicó nuestra relación única con la muerte cuando escribió: «El mexicano... la frecuenta, la burla, la acaricia, duerme con ella, la festeja, es uno de sus juguetes favoritos y su amor más permanente». La incapacidad de Cummins de abordar la muerte con la curiosidad y la humildad adecuadas es lo que hace de* Tierra americana *una lectura perfecta para tu club de lectura de gringas santurronas.*

El escritor Alexander Chee ha dicho que los escritores interesados en explorar las realidades de quienes no son como ellos deben responder tres preguntas antes de seguir adelante. Estas son:

«¿Por qué quieres escribir desde el punto de vista de este personaje?».

«¿Lees actualmente a escritores de esta comunidad?».

«¿Por qué quieres contar esta historia?».

La carta introductoria del editor de Cummins responde la última pregunta. Cummins cree que es lo suficientemente importante, y conocedora, como para representar a la gente morena «sin rostro».

Hazte a un lado, Jesucristo. Hay un nuevo salvador en la ciudad. Su nombre es Jeanine.

Los salvadores me aterran: siempre joden las cosas, a menudo causando muertes, y si no me creen, fíjense bien en las cuatro primeras letras de la palabra *messiah* (mesías)[*].

Para encajar en el papel mesiánico, Cummins se redefinió a sí misma como persona de color. Un vistazo a entrevistas recientes muestra que Cummins se identifica ahora como «latinx», vincu-

---

[*]Juego de palabras: *mess*, lío, desmadre. (N. de la t.)

lando su reivindicación de esta identidad a la existencia de una abuela puertorriqueña. Sin embargo, Cummins está comenzando apenas como latinx, porque hace cuatro años no lo era.

Repito: hace cuatro años Cummins era blanca.

«No quiero escribir sobre razas —escribió en un artículo de opinión en el *New York Times* en 2015—. Lo que quiero decir es que, de verdad, no quiero escribir sobre razas [...]. Soy blanca... Nunca conoceré la rabia impotente de ser perfilada o encontrarme con obstáculos institucionalizados para el éxito debido a mi piel o mi pelo o mi nombre».

A diferencia de los narcos a los que vitupera, Cummins no exhala ni gracia ni estilo. En cambio, bulle de ramplonería trumpiana, y una mirada cuidadosa a la cronología revela cómo opera: de forma oportunista, egoísta y parasitaria. Cummins identificó la afición gringa al dolor mexicano y encontró la forma de explotarla. Con su ambición a cuestas, apartó a los «sin rostro» de su camino, corrió hacia el micrófono y nos lo arrancó de las manos, decidiendo que su incompetente voz merecía ser amplificada.

Según ella misma admite, carecía de los méritos necesarios para escribir *Tierra*.

Y lo hizo de todos modos.

Por un adelanto de siete cifras.

Un adelanto de siete cifras.

Como solía decir Bart Simpson: «¡Ay, caramba!».

Tierra no es el primer libro de Cummins. Además de otras novelas, escribió una obra autobiográfica basada en un crimen real, altamente racializada, *A Rip in Heaven*. También escribí un libro de este género: *Mala onda. Mala onda* presenta a un asesino en serie en ciernes, Tommy Jesse Martinez. En 1996, Martinez agredió sexualmente a varias mujeres, yo incluida, y su última víctima ayudó a la policía a capturarlo.

En los meses transcurridos entre mi agresión sexual y su captura, Martinez violó, desfiguró y mató a golpes a Sophia Castro

Torres, una inmigrante mexicana de voz bajita que vendía cosméticos Mary Kay y realizaba labores agrícolas. Martinez le robó su identificación de residencia, la guardó como un trofeo y la tiró a la basura cuando le aburrió.

El fantasma de Sophia me ronda. Siempre está conmigo, se podría decir que me habla, y tiene unas palabras para Cummins: *Las mexicanas también mueren del otro lado. A las mexicanas también las violan en Estados Unidos. Deberías saberlo, sabes lo peligroso que es Estados Unidos de América, y aun así decides describir este lugar como un santuario. No lo es. Estados Unidos de América se volvió mi tumba.*

Tal vez la fascinación de Cummins por las fronteras explique la similitud de *Tierra* con otras obras sobre México y la migración: su novela es tan parecida a las obras que utilizó en su investigación que algunos podrían decir que bordea la palabra con «P». En los agradecimientos de *Tierra*, Cummins hace pública su ignorancia al agradecer a gente por «enseñarme pacientemente cosas sobre México». Enumera a escritores que «deberías leer si quieres saber más sobre México», una serie de autores —Luis Alberto Urrea, Óscar Martínez, Sonia Nazario, Jennifer Clement, Aída Silva Hernández, Rafael Alarcón, Valeria Luiselli y Reyna Grande— que contradicen su caracterización de nosotros como una horda analfabeta. No solo tenemos rostros y nombres; algunos contamos con una extensa bibliografía.

Si Cummins realmente hubiera querido llamar la atención sobre las diversas crisis que enfrentan los mexicanos —los migrantes mexicanos en particular—, podría haber remitido a los lectores a las fuentes primarias y secundarias que saqueó.

Tomemos como ejemplo *A través de cien montañas*, una novela escrita por Reyna Grande. A los nueve años, Grande entró a Estados Unidos como migrante indocumentada. Se «convirtió en la primera persona de su familia en pisar una universidad», y obtuvo una licenciatura y una maestría en Bellas Artes. Su experiencia como inmigrante mexicana se refleja tanto en su obra de ficción como de no ficción y escribe de manera personal sobre un fenómeno del que Cummins ha resaltado que no sabe nada: el racismo.

Cuando asistía a una gala literaria en la Biblioteca del Congreso, un colega escritor tomó a Grande por quien no era. En lugar de considerarla su igual, la trató como una empleada del servicio. Grande escribió sobre esta experiencia, afirmando que «los sentimientos de inadecuación» han persistido a pesar de su éxito. Esta sensación se despierta temprano. Cuando yo estaba en la secundaria, obtuve un puntaje mejor en el examen de Lengua y Composición Inglesa de Ubicación Avanzada que todos mis compañeros blancos. En lugar de celebrar mi éxito, los profesores insinuaron abiertamente que mi puntuación era sospechosa. Debía de haber hecho trampa.

Mientras nosotros nos vemos obligados a lidiar con el síndrome del impostor, a los aficionados que se apropian de materiales, estilo e incluso voz los aplauden y recompensan.

Tierra se lee como un remix gringo de *La travesía de Enrique*, de Nazario, y una mezcla chapucera de toda la obra de Urrea. Sus primeras obras, *Across the Wire* [A través de la cerca] y *By the Lake of Sleeping Children* [Junto al lago de los niños dormidos], dejan sentir su influencia en *Tierra*. La incomodidad repelente de este libro me recuerda a la vez que encontré a mi compañera de departamento vestida de pies a cabeza con mi ropa. Me pasmó y perturbó ver a una compañera universitaria, delante del espejo de mi cuarto, fingiendo ser… yo. De repente se dio cuenta de mi presencia y me miró a los ojos en el reflejo. Sin saber qué hacer, me fui. Nunca hablamos al respecto.

Devolvió mi ropa al armario, pero su decisión de usarla como disfraz la había alterado. Mi compañera y yo no éramos de la misma talla. Olía a ella.

Ya no pude volver a ponérmela.

Cummins hizo lo mismo que mi compañera de departamento, pero llevó su audacia un paso más allá: salió en público con su disfraz mexicano mal ajustado.

Tierra es un libro Frankenstein, un espectáculo torpe y distorsionado, y aunque algunos críticos blancos han comparado a Cummins con Steinbeck, creo que una comparación más adecuada es con Vanilla Ice. Según *The Hollywood Reporter*, Imperative Entertainment, una casa productora célebre por haberse asociado con personajes de la talla del vaquero libertario Clint Eastwood, ha adquirido los derechos de la «novela dramática sobre los migrantes mexicanos».

Como mi imaginación catastrófica está muy activa últimamente, soy capaz de visualizar lo que esa película podría inspirar. Me imagino a Trump sentado en el cine de la Casa Blanca con sus pequeñas manos agarrando palomitas mientras se bebe la adaptación a la gran pantalla de *Tierra americana*. «¡Sí! —grita—. Por eso debemos invadir». No creo que Cummins pretendiera escribir una novela que sirviera a la agenda trumpiana, pero ese es el peligro de convertirse en mesías. Nunca sabes quién te seguirá a la tierra prometida.

CREEP

Uno.

Pasé mi infancia en un valle donde la suavidad se colaba tras la puesta de sol.

Antes, una luz ámbar lo bañaba todo. Las colinas sedientas se doraban sobre la línea del horizonte. La lechuga, el brócoli, la coliflor y las fresas plantadas en hileras apretadas mostraban una simetría dura y humana. Al oír disparos, un conejo con cola de algodón se paralizó. Desde el viñedo cercano, más disparos. El conejo saltó a los lirios de California y desapareció en el toldo lila de los arbustos.

Los cuervos asustados se alejaron volando de las uvas, hacia el azul.

Me preguntaba si esta violencia alteraría el sabor del vino que se produjera con la fruta que se veía desde casa. Los entendidos se jactan de ser capaces de determinar la procedencia del vino por su sabor, y aunque comprendía que la bebida del viñedo sabría a California, quería saber si transmitiría el regusto de los peligros autóctonos.

Recordando las *Fábulas* de Esopo, sentí simpatía por los cuervos. Las únicas aves que me parecían más elegantes eran los buitres. Los buitres existen para recordarnos nuestro destino. También existen por el simple hecho de ser buitres.

La ventana alta de mi habitación me ofrecía una vista del

anochecer. Me quedé observando a través del cristal sucio. Un búho ululó. Cerré las cortinas manchadas de agua y me puse el camisón. Me lavé los dientes. Después de meterme en la cama, paré la oreja.

Una rana toro rompió el hielo. En minutos se le unió un ejército, coreando.

El canto de las ranas no es relajante. Es una música siniestra, a la que tuve que entregarme para poder soñar con cosas que rogué que no incluyeran ni ranas ni hombres. Prefería soñar con mujeres hermosas, pretzels recién horneados y delfines.

Soñé.

Se coló despacio.

Al amanecer, mis hermanos y yo nos preparamos para ir a la escuela. Una vez vestidos, abrí las cortinas para contemplar el predecible horror. Todo había desaparecido. En su lugar flotaba el blanco. Observando la nube baja esponjada contra mi ventana, me pregunté cuánto disminuiría la velocidad de manejo de nuestro papá, ya de por sí lenta. Podríamos tardar quince minutos más en llegar a la ciudad, y sabía que abrirse paso por esa sopa afectaría el lenguaje de papá. Su temperamento se encendía con facilidad, y como conducir con niebla elevaba su ansiedad, iba a llenar la vagoneta de palabras que mamá nos prohibía repetir.

Definitivamente *mierda*.

Definitivamente *maldita sea*.

Tal vez *hija de puta*.

Si las cosas iban realmente mal, *pendeja*.

Las propiedades naturales de la niebla me fascinaban. También las historias que papá contaba sobre ella. El blanco flotaba como kilómetros de una extraña respiración separada de su fuente. Encarnaba verbos góticos. Rezumar. Arrastrarse. Serpentear. Meterse. Su humedad te hacía cosquillas y te lamía, y se formaba rocío en las cejas, las pestañas, el cabello y la salvia. La inescrutabilidad de la forma y el alcance del blanco atraían. Intangible, la sopa era potencialmente infinita, y despertar en una casa envuelta por las nubes suscitaba preguntas del tipo «el huevo o la gallina». ¿Nos escondemos en el blanco o el blanco nos ha escondido?

Había cosas que parecían reales y al mismo tiempo no, que solo podían experimentarse en la niebla. Antes de verlas las oíamos, y a papá le gustaba repetir una historia en particular mientras recorría las carreteras rurales en las tardes de sábado sin niebla. Nos introducía en ella con onomatopeyas que hacen pensar en decadencia y ruina, y el sonido de su voz daba forma a nuestra imaginación:

Cric.
Cric.
Cric...

    Cric.
    Cric.
    Cric.

        Cric.
        Cric.
        Cric.

¡Suenan unos cascos!

¡La luz de una linterna atraviesa la bruma!

¡Un carruaje jalado por un caballo, conducido por un mexicano, emerge de la noche!

El cochero parece tan demacrado como su animal, pero para el viajero varado en estas carreteras secundarias, el mexicano y su caballo representan un alivio. Es terrible ponchar una llanta en la niebla. El cochero se ofrece a llevar al viajero, acepta y se dirigen hacia el oeste. En un banco de eucaliptos, el cochero y el pasajero se separan, dirigiéndose este último hacia una parada de camiones. En la cafetería, el hombre pide un café, y cuando le dice a la mesera el nombre de su salvador, se queda helado al saber que viajó junto a alguien que fue enterrado el año en que Benito Juárez se convirtió en el vigésimo sexto presidente de México: 1858.

Cric.

Cric.

¡CRIC!

Aunque tales leyendas le otorgaban un romanticismo mortuorio a la niebla, encontrarme en ella a mexicanos salidos de la tumba me preocupaba menos que otros obstáculos. Al menos la gente vivía para reciclar la historia del cochero espectral. Los conductores que viraban para esquivar ganado, ciervos y tractores no tenían tanta suerte. Los santuarios conmemorativos de estas víctimas proliferaban a lo largo de nuestras carreteras secundarias. Cañón Foxen. Dominion. Teléfono. Palmer. Santa María Mesa. Clark. Unas manos clavaron una cruz encalada al poste junto a la granja avícola donde dos jóvenes encontraron a Orfeo. Nick y Tom. La niebla ponía en peligro a todo el que se adentraba en ella, aumentando la posibilidad de atropellar o ser atropellado, y los faros no hacían gran cosa. Iluminaban el blanco, pero no lograban atravesarlo.

Desde el asiento trasero de nuestra vagoneta, observaba los hilos que se movían a lo largo de las ventanillas. La suavidad de la niebla era inquietante. ¿Cómo era posible que algo que no podíamos sujetar pudiera matarnos?

¿Cómo puede ser letal un cojín? ¿No se supone que el cielo es blanco hasta donde alcanza la vista? Este anticipo del paraíso me quitó las ganas de ir. Tanta monotonía parecía más bien el purgatorio, y no éramos los únicos ahí. Nos gustara o no, viajábamos juntos por este extraño clima.

TT y yo no sentábamos lado a lado en nuestra clase de inglés de noveno grado. Éramos mejores amigas, y el primer día de clases nos sentamos en los asientos de un rincón, junto a la basura. TT y yo vivíamos para hablarnos y queríamos poder cuchichear en paz. Nos molestaba la intromisión de los adultos.

Nuestro plan de estudios de inglés hacía énfasis en la gramática y la composición, pero a veces nuestra profesora, la maestra M, hablaba de literatura. Mientras leía en voz alta sobre los conflictos que dan forma a los arcos narrativos, la maestra M se paseaba por el suelo de linóleo. Sus zapatos ortopédicos emitían sonidos de mamífero sufriente. El hombre iniciaba todos los conflictos de los que la maestra M hablaba. También ponía fin a algunos de ellos. El hombre contra el hombre. El hombre contra sí mismo. El hombre contra la sociedad. El hombre contra lo sobrenatural. El hombre contra la ciencia. El hombre contra la naturaleza. A los catorce, el feminismo ya me había llegado, y con mi inmadura comprensión de *El segundo sexo*, me quedé mirando el ceño arrugado de la maestra M, criticando en silencio su lección.

En otra clase, la de historia de la civilización occidental, le había preguntado a nuestro profesor, el maestro J:

—¿Por qué para todo se refiere a «el hombre» (*mankind*)?

Le dije que el término parecía excluyente. Muchas de nosotras, yo incluida, éramos chicas que, al crecer, nos volveríamos mujeres. ¿Por qué no mencionar también a las mujeres como una especie (*womankind*)?

Un atleta con chaqueta del equipo escolar puso los ojos en blanco.

No me importó. La molestia puede llevar a la iluminación.

El maestro J explicó que mis esquemas eran estrechos, que *hombre* y *mankind* implican obviamente la presencia de mujeres porque en inglés *woman*, mujer, lleva la palabra *man*, hombre, lo que significa que cualquier mención de *hombre* también incluye a la mujer. El maestro J concluyó su ensalada de palabras diciendo:

—*Mankind* es universal. *He* (él), el pronombre, es universal.

—¿Por qué *womankind* no puede ser universal? —pregunté—. ¿No debería haber un *she* (ella) universal?

El maestro J se sonrojó. Jugueteando con su sujetacorbatas, respondió:

—No tenemos tiempo para esto. Prosigamos. Esto no tiene nada que ver con el Imperio alemán.

El maestro J. retomó su clase sobre Otto von Bismarck, pero pronto hizo una pausa para recordar sus días de universidad. Explicó que había trabajado en una tienda de comestibles, un lugar especialmente divertido para un joven en verano. El calor obligaba a las chicas a llevar menos ropa, y cuando una atractiva compradora entraba en el mercado, nuestro profesor y sus compañeros de trabajo varones seguían sus movimientos. Como cortesía hacia el resto del personal masculino, uno de sus observadores accedía al micrófono de avisos, utilizando los altavoces de la tienda para anunciar, en lenguaje codificado, la ubicación de la compradora.

—Algunos chicos conocieron a sus esposas de esta manera —se jactó el maestro J.

Me pregunté qué conflicto impulsó el arco narrativo de esa anécdota y odié que probablemente se esperara que yo la clasificara como el hombre contra el hombre.

Después de la enésima vez que la maestra M amenazó con separarnos a TT y a mí por hablar demasiado, lo cumplió. La maestra M le ordenó a un nerd de primera fila que cambiara de lugar conmigo. Exhalé un suspiro dramático, tomé mis cosas y, antes de trasladarme a mi nuevo pupitre, le dirigí una mirada apenada a TT.

La maestra M nos dijo que fuéramos a una página del libro de gramática y composición y nos indicó que diagramáramos veinte oraciones. Coloqué una hoja en blanco en mi mesa y me puse a trabajar. A diferencia de muchos de mis compañeros, disfrutaba diagramando oraciones. Era como hacer una autopsia de la prosa, y aunque mis diagramas eran imperfectos, sacaba buenas calificaciones.

Estaba diseccionando una frase preposicional cuando unos zapatos ortopédicos chirriaron dirigiéndose hacia mí. La mano de la maestra M se metió en mi espacio de trabajo. Unos dedos desnudos presionaron una nota Post-it contra mi escritorio.

Me encantaba pasar notas en clase. Nunca un profesor me había dado una.

Emocionada, leí el mensaje escrito con la cursiva de señora mayor de la maestra M.

> *Cierra las piernas.*
> *Puedo verte los calzones.*

Se me revolvieron las tripas. Apreté las rodillas y miré a la maestra M.

La rendija sin labios por la cual había explicado el conflicto se curvó en una sonrisa.

Quería que la tierra se abriera y me llevara, como se había llevado a Perséfone.

Mujer contra niña, 1991.

El hombre contra la naturaleza no tenía sentido. ¿No es el hombre naturaleza? ¿No es lo mismo que el hombre contra sí mismo?

¿Era tonta por mi incapacidad para distinguir al hombre de la tierra? TT y yo íbamos a una secundaria católica, y en clase de religión leíamos el Antiguo Testamento. El libro del Génesis decía que Dios hizo a Adán de barro. Eso no parecía una metáfora.

Los libros que nos asignó la maestra M, *Sin novedad en el frente*, de Erich Maria Remarque, *Una paz solo nuestra* de John Knowles, *Romeo y Julieta* de Shakespeare, *Cyrano de Bergerac* de Edmond Rostand, y *La hora final* de Nevil Shute, descansaban en un estante blanco junto a la ventana de mi recámara.

Solo uno de estos títulos, *La hora final*, provocó quejas de los padres. Sus detractores consideraban injusta la representación que Shute hacía de la guerra nuclear, argumentando que el libro ocultaba el lado bueno de la radiación, y yo estaba bastante segura de saber de quiénes eran los padres quejumbrosos. Las madres y los padres de algunos de mis compañeros trabajaban en la Base de la Fuerza Aérea de Vandenberg, un lugar donde los misiles balísticos intercontinentales esperan que llegue su momento de brillar.

Leímos *Romeo y Julieta* en voz alta en clase. Me gustó que la historia fuera sobre adolescentes que desafiaban a sus padres. Yo era una adolescente que hacía lo mismo. Por la noche, abría mi ventana alta, la atravesaba y me escapaba hacia la niebla.

Los animales nocturnos y crepusculares fueron testigos de mis idas y venidas.

En la oscuridad, a veces me reunía con una chica pálida, una compañera un año mayor. Tomadas de la mano paseábamos por el campo, maravillándonos con los murciélagos, las parras iluminadas por la luna y las tarántulas que caminaban por el asfalto. Cerca de un granero pintado de un blanco mohoso, presionamos nuestros labios unos contra otros. Nos considerábamos *Julieta y Julieta*.

Convertida en ávida lectora de mitos desde que entré a la pubertad, reconocí en *Romeo y Julieta* una reelaboración de la historia de Píramo y Tisbe. La tragedia isabelina también parecía un poco mexicana. Nuestra mamá, inmigrante mexicana, tenía libros en español en los libreros de la sala, y uno de ellos, una novela titulada *Pedro Páramo*, tenía una dedicatoria en la letra de molde de su padre.

Hermosa hija: esta es una novela de las más importantes en idioma castellano. Juan, su autor, y yo fuimos condiscípulos.
Tu papá, Ricardo

La lectura de *Pedro Páramo* hacía clara la visión del mundo de mis padres, que giraba en torno a la inevitabilidad del sufrimiento. Lo mejor era resignarse al dolor, y *Pedro Páramo* expresaba esta resignación por medio del lugar; su autor, Juan Rulfo, iluminaba un inframundo lleno de fantasmas lo bastante platicadores como para volver loca de remate a la maestra M. *Pedro Páramo* recoge sus murmuraciones y entremezcla los sueños, recuerdos y diálogos de los condenados...

—*¿Tú crees en el infierno, Justina?*
—*Sí, Susana. Y también en el cielo.*
—*Yo solo creo en el infierno —dijo Susana.*

Además de TT, mi otra mejor amiga era la televisión.

La televisión y yo disfrutamos de una relación rica y compleja. Me crio, enseñándome cuál era mi lugar en el mundo por medio de un incesante desfile de estereotipos.

En 1991, el drama político dominaba nuestra televisión. La maestra M probablemente se habría referido a las audiencias federales como un caso del hombre contra el hombre. No lo era. Era mujer contra misóginos.

«No tengo ninguna revancha personal contra Clarence Thomas», dijo Anita Hill, de treinta y cinco años y licenciada en Derecho por Yale, con un micrófono fálico apuntando a sus labios.

Mientras mamá y yo hacíamos rollo de carne, escuchábamos a trece hombres malhumorados interrogar a la abogada. Sentada ante el Comité Judicial del Senado, Hill testificó que el nominado a la Suprema Corte Clarence Thomas la había acosado sexualmente cuando era su supervisor en el Departamento de Educación y en la Comisión para la Igualdad de Oportunidades en el Empleo. Mientras Hill exponía los hechos con frialdad, los congresistas la miraban con desprecio.

«Sentía que me podían quitar el trabajo o cuando menos amenazarme, que no iba a poder trabajar, que esta persona, con cierto poder en la nueva administración, me haría muy complicado acceder a otros puestos».

En clase de religión, un chico le preguntó a nuestro profesor, el maestro K:

—¿Qué opina del asunto de Anita Hill?

El maestro K respondió:

—Anita Hill es una mujer muy atractiva.

El chico, un blanco feo, pareció desconcertado. Dijo:

—Pero… es negra.

Apreté la mandíbula.

El maestro K dijo:

—Lo sé.

Sin levantar la mano, solté:

—¿Y lo que dice sobre Clarence Thomas? La acosó sexualmente.

—El acoso sexual no existe—dijo el maestro K.

—¿No existe?

—No, no existe. Las víctimas de acoso sexual no son tales.

—¿Qué son, entonces?

—Son mujeres que no quieren ejercer su responsabilidad personal.

—¿Responsabilidad de qué?

El maestro K sonrió. Repitió: «Anita Hill es una mujer muy atractiva». Sus ojos se posaron en L, una animadora por la que babeaba. Los chicos especulaban a veces que los dos lo hacían. Los que murmuraban sobre ellos decían que probablemente tenían sexo en el remolque donde se reunía el ministerio juvenil. La historia parecía plausible. El remolque tenía un sofá.

MUJER: ¿Puede enviar a alguien a mi casa?

OPERADORA DEL 911: ¿Cuál es el problema?

MUJER: Mi marido, o exmarido, acaba de entrar en mi casa y está despotricando y haciendo destrozos en el patio delantero.

911: ¿Estuvo bebiendo, o algo?

MUJER: No. Pero está loco.

911: ¿La golpeó?

MUJER: No.

911: ¿Cuál es su nombre?

MUJER: Nicole Simpson.

Exmarido contra exmujer, 1993.

En 1994, una Bronco blanca dominó las pantallas de nuestros televisores.

Conducida por O.J. Simpson, el vehículo llevaba a policías de

Southland en una persecución a baja velocidad. La cobertura en directo mostraba calles y carreteras repletas de multitudes vitoreando. Los fans desplegaban pancartas caseras, agitando mensajes de amor y apoyo desde puentes, pasos elevados y el borde de las rutas. El ambiente de la persecución de O.J. era festivo y las cámaras de los noticieros captaron al público de los bares deportivos viendo la persecución. Gritaban y apoyaban al exatleta. Bien podría haber sido el Super Tazón. Sabía que Simpson era un héroe retirado del futbol americano, pero no estaba segura de en qué posición jugaba. No me importaba. Odiaba los deportes. Solo tenía un récord atlético, la milla más larga en la historia de nuestra escuela. La recorrí en treinta minutos y me enorgullecí de mi logro.

Conocía a Simpson como artista. Lo había visto en comerciales de televisión y me reí con sus actuaciones de comedia física en las películas de *¿Y dónde está el policía?* Interpretaba al agente Nordberg y su trabajo consistía en soportar abusos que en la vida real lo habrían matado. En una escena, el apuesto actor se sienta en una silla de ruedas con el brazo vendado. Tras felicitar a Nordberg por recuperarse de sus recientes lesiones, su amigo le da una palmada en el hombro. La presión hace que la silla de ruedas de Nordberg salga disparada y el artefacto se precipita por una larga escalera del estadio, chocando contra una barrera. El doble de O.J. sale catapultado por los aires.

Lo oímos chocar contra la banca.

En la escuela, los chicos solo hablaban de la inocencia de O.J. Creían que era todo menos un asesino, y yo oía ridículas teorías sobre lo que «realmente le pasó» a Nicole. La más absurda tenía que ver con la cocaína y unos colombianos.

Interrumpí a dos compañeros que desarrollaban toda la teoría de la coca para decir:

—O.J. mató a Nicole. Los hombres matan a sus esposas todo el tiempo.

—¡INOCENTE HASTA QUE SE DEMUESTRE CULPABLE!
—gritó uno de los chicos.

—¿De qué estás hablando, tarado? Acabas de juzgar y condenar a un puñado de colombianos imaginarios.

—Vete de aquí, zorra —siseó el otro chico—. Vete a ver Lifetime, «Televisión para mujeres».

Se rieron mientras me alejaba.

No me molestaba. Sabía que probablemente vieran en secreto Lifetime con sus mamás.

Me gradué de la secundaria en 1995 y dejé el valle para ir a la universidad.

Mi hermana, O, y mi hermano, H, fueron los siguientes en soportar la escuela católica.

En noveno grado, aprendí sobre los conflictos que guían los arcos narrativos.

En noveno grado, mi hermano y mi hermana aprendieron sobre el feminicidio.

O era amiga de la chica, una animadora de quince años que había roto con su novio de diecisiete. Él iba a otra escuela, y una noche de otoño, se coló en casa de su exnovia. Después de dispararle, apuntó contra sí mismo. Una ambulancia llevó a la chica al hospital católico cerca de la granja avícola. Allí murió. Poco después, algunos pacientes que necesitaban ojos y piel los recibieron.

Los administradores de la escuela organizaron el acto en recuerdo de la animadora en el mismo lugar donde celebraban misa, el gimnasio. La cancha de basquetbol era el lugar donde nosotros, el alumnado, recibíamos regularmente el cuerpo y la sangre de Cristo. Sonaron canciones de Boyz II Men y Mariah

Carey mientras los chicos lloraban. Los compañeros adornaron un árbol de Navidad, colgando adornos que simbolizaban las esperanzas e intereses de la animadora.

O colgó de una rama unas zapatillas de ballet en miniatura.

Ella y la animadora habían sido compañeras de clase de baile.

Según una información publicada, la violencia «estremeció» a los chicos de la zona. Este relato omitió que la animadora les dijo a sus amigos que tenía intención de conseguir una orden de alejamiento contra su exnovio. Daba miedo. El periódico tampoco mencionó que los chicos dijeron haber visto al exnovio agredir a la animadora en el plantel después del entrenamiento de animación.

El director, un sacerdote con unas ideas lamentables, «pidió rezar» por la familia del «novio alejado». Ordenó al alumnado «no juzgar».

La exigencia del director me pareció fuera de lugar. Lo había visto comportarse de forma muy sentenciosa. Cuando fue a mi clase de religión para hablarnos de sexo, nos dio instrucciones específicas sobre cómo tratar a los homosexuales: ama al pecador, odia el pecado.

¿Por qué matar a una niña de quince años no era un pecado digno de odio?

Me pareció que dar cabida a la rabia era lo más compasivo que se podía hacer.

Sin rabia, ¿cómo sana la gente? Sin rabia, ¿cómo muestra uno dignidad?

Los domingos asistía a misa en la iglesia brutalista frente a mi residencia universitaria. La liturgia católica me resultaba reconfortante. Era predecible y familiar, y al mismo tiempo mística. Su incienso producía una niebla reconocible. Formada en fila con otros feligreses, me acerqué al altar caminando despacio. Nuestros pies se movían juntos. Aunque había tenido problemas para seguir creyendo en Dios, no tenía problema en creer en la mamá de Dios. Era prácticamente un hecho.

Por ella estaba allí, en la iglesia.

Para muchos de nosotros, el catolicismo no es cosa de Jesús, sino de la mujer que lo engendró.

Cuando me llegó el turno de tomar la eucaristía, me puse a observar los ojos brillantes del sacerdote. Su mirada célibe era repugnante. Como no quería que me rozara los labios con los dedos —quién sabe dónde habían estado—, extendí mis manos ahuecadas. Con delicadeza, colocó en ellas el cuerpo de Cristo. El sacerdote a su lado me ofreció su cáliz. Me pregunté de dónde había salido su bebida, dónde se había producido. No quería sentir el sabor de casa. No quería tener nada que ver con aquel horrible Merlot. Sabía lo que regaba aquellas uvas y negué con la cabeza.

Me apresuré a volver a mi banco y me arrodillé.

La divinidad escuchó mis pensamientos blasfemos.

A pesar de los disparos, los cuervos seguían llegando.

O escuchó a unas chicas murmurar sobre el asesinato de la animadora. Una dijo: «Es como *Romeo y Julieta*».

> *Tomad y bebed todos de él, porque este es el cáliz de mi sangre, sangre de la alianza nueva y eterna, que será derramada por ustedes y por muchos para el perdón de los pecados.*
>
> *Haced esto en conmemoración mía.*

Los chicos convirtieron el casillero de la animadora en una tarjeta de condolencias, garabatearon mensajes en él y dejaron firmas y dibujos. La administración retiró la puerta y le entregó el recuerdo a la familia de la chica.

• • •

Cuando O estaba en duodécimo grado, un grupo de estudiantes invitó a un orador a su clase de religión. El grupo se oponía a la pena capital y esperaba que el orador persuadiera a sus compañeros de opinar igual.

O escuchó al invitado describir su profesión. Defendía a personas acusadas de actos atroces y entró en detalles que hicieron a mi hermana estremecerse.

Para entonces yo llevaba años estudiando en la UC Berkeley. Volvía de vez en vez y una de esas visitas tuvo lugar el verano de 1996, después de mi primer año de universidad. Volví al valle para pasar las vacaciones con mi familia.

Una tarde de julio, caminaba por una acera. El sol brillaba.

Alguien llegó a hurtadillas por detrás de mí. Hizo acto de presencia rodeándome con sus brazos en un abrazo aterrador. Me mentí a mí misma. Me dije que la persona que me apretaba debía de ser alguien a quien yo conocía. Debía de ser un amigo que se me acercó sigilosamente. Esa es una agradable sorpresa.

Cuando vea quién es, nos reiremos. Mi miedo se disipará.

Giré la cabeza.

Un adolescente desconocido sonrió. Su cara se acercó lo suficiente como para besarme. Desapareciendo de donde podían vernos, hurgó bajo mi falda, buscando trufas entre mis piernas. Sus dedos me manosearon la entrepierna y la ropa interior.

El desconocido me violó con su cara.

Escapé. Volví a la universidad como estaba previsto. Seguí yendo a misa. Dejé de creer en Dios. Nunca dejé de creer en su mamá.

En noviembre, el mismo desconocido llegó a hurtadillas detrás de una chica de dieciséis años. Esta vez llevaba un cuchillo. Durante la agresión, la chica exigió saber qué quería el desconocido.

«Te quiero a ti —respondió—. Quiero marcar tu hermoso rostro».

Ella escapó.

Como era de esperar, él fue a más.

Ese mismo mes persiguió a una mexicana que de día sorbía tazas de café en un albergue del Ejército de Salvación. Por la noche caminaba sola por las aceras de la ciudad.

La mexicana no escapó con vida. Después de que el desconocido se la arrebatara, corrió a un teléfono público cercano. Una operadora del 911 lo escuchó mentir acerca de un «ataque» que había «presenciado» en Oakley Park. Cuando ella le pidió más detalles, colgó. Cuando llegó la policía, había desaparecido.

En diciembre, el desconocido le mostró su cuchillo a una empleada de tienda que salía del trabajo. Le dijo: «No grites y no tendré que apuñalarte».

Ella luchó y corrió en busca de ayuda.

El orador invitado era el abogado que había representado a ese desconocido, el hombre acusado de intentar sodomizarme, y ante el grupo de O repitió los argumentos que había presentado en el juicio. Explicó que su cliente había sido abusado. Explicó que su cliente sufría una lesión cerebral traumática.

O observó a sus compañeros de dieciséis, diecisiete y dieciocho años.

La mitad parecían simpatizar. La otra mitad parecían aburridos.

O tenía ganas de gritar. En lugar de ello, se estremeció.

Sonó el timbre de salida.

Los alumnos recogieron sus pertenencias y vaciaron el aula.

O se acercó al orador invitado. Le preguntó:

—Su cliente es Tommy Martinez, ¿cierto?

La pregunta sorprendió al abogado.

—¡Sí! ¿Cómo lo supiste?

O respondió:

—Espero que arda en el infierno. —Se dio vuelta y se fue a la clase de español.

. . .

A mis padres el vino les ayuda. Lo compran por cajas.

El detective asignado a mi caso utilizó sin saberlo el título de las memorias de Alice Sebold para describir mi supervivencia: *Afortunada*. Como muchas sobrevivientes de agresión sexual, yo no me sentía así.

Me sentía hipervigilante y vivía en una alucinación que distorsionaba mi sentido del peligro. Parecía haber amenazas por todas partes, o sea, en ninguna, y cuando una pestaña que cae en tu mejilla provoca el mismo sobresalto que un cuchillo apuntándote al corazón, desenvolverse en la sociedad humana se vuelve muy, muy complicado.

Solo yo entiendo lo lejos que está el cielo de nosotros; pero conozco cómo acortar las veredas. Todo consiste en morir... cuando uno quiera y no cuando Él lo disponga.*

Dos.

Veinte años después de escapar del valle, su niebla me encontró de nuevo. Se coló en mi vida con sigilo bien ensayado y trajo a un cochero que me llevaría de paseo. Algunas personas se burlan cuando les cuento la historia de esta desventura. Quieren creer que los recuerdos de mi horror son una ficción, un cuento de hadas, pero la verdad no depende de la creencia. Con o sin fe, la verdad simplemente es. Mis recuerdos tienen que ver con el hijo de un predicador. Su nombre es Q.

---

*Rulfo, *Pedro Páramo*.

• • •

Abro los ojos. Los rayos de sol atraviesan la puerta francesa del patio de Q, recordándome dónde me hizo dormir.

Me inunda la rabia. Y la molestia.

Nuestra discusión empezó anoche, en un restaurante. Durante la cena, Q le habló en doble sentido a nuestra mesera sobre la carne. Cuando le dije: «Para, estás siendo asqueroso», sus ojos centellearon.

Mirando sobre nuestra larga mesa, que sostenía un plato de tuétano de ternera sin tocar, Q siseó:

—¡Le estoy haciendo pasar a esa mesera el mejor momento de su vida!

—No, no es así. Ella sonríe porque le estamos pagando.

Después de cenar, Q nos llevó a la casa donde vivíamos juntos. Él la eligió. Yo había pasado mi última semana allí durmiendo en la habitación de invitados.

Me mudé porque las cosas se habían puesto raras. Q dejó de tocarme con todo menos con los ojos. A menudo los sentía clavados en mí, y cuando levantaba la vista, lo descubría mirándome con desprecio. Durante meses alimentó un desprecio silencioso, pero potente, y cuando le preguntaba qué le pasaba, me respondía «Nada».

Sus gélidas miradas persistían. Me sentía más que indeseada. Me sentía aborrecida.

Fui pionera en nuevas formas de preguntar «¿Qué pasa?».

Q insistía: «Todo está bien, nena».

Q nunca usa *nena* cariñosamente. Siempre baña la palabra de sarcasmo.

Yo tenía una oficina en nuestra casa, una habitación independiente donde una psicoterapeuta había tenido su consultorio. Allí trabajaba en un manuscrito inacabado. Todos los días me sentaba a la mesa y relataba los acontecimientos que condujeron al ataque que experimenté en 1996. A veces, Q se paraba en la ventana de mi despacho, a observar. No decía nada. No bien me hacía notar su presencia, se esfumaba.

Una tarde irrumpió en la oficina y se sentó con las piernas cruzadas sobre la alfombra. Palmeó el suelo delante de sus pies descalzos. Me levanté con trabajo de la silla y me senté a su lado.

—Vas a dejar de preguntar por qué ya no soy cariñoso —dijo—. Pero si decido tocarte, y cuando lo haga, acéptalo. Y no hables más de sexo. Eso incluye tu libro. Cuando quiera hablar de sexo, hablaremos. Cuando quiera tener sexo, lo tendremos.

Nuestra fría casa se volvió más fría. No vivíamos como una pareja romántica. Tampoco vivíamos como compañeros de casa. No sabía qué nombre darle a lo que éramos. Eso me ponía ansiosa.

Un sábado por la mañana, anuncié:

—Me mudo. No me agrada esto.

Q se sentó en la mesa de comedor que había hecho con una puerta reutilizada. Yo estaba cerca. Rompiendo a llorar se abalanzó sobre mí, me rodeó las caderas con los brazos y lloró contra mi estómago. Su actuación parecía teatral. Artificial. Me sentí confundida. ¿Por qué de repente se colgaba de mí? ¿Por qué esa tristeza? ¿Era fingida o real? Extrañamente, sentí un atisbo de esperanza. Tal vez ahora él me explicaría lo que estaba pasando. Tal vez ahora yo tendría una palabra para describir la situación en que vivíamos. Asentí con ánimo.

—Lo que te pasó, eso que te pasó…

Q describió las peores partes de 1996. Lo sabía porque, mientras nos conocíamos, le conté por qué a veces me aterraba tener relaciones sexuales.

—¡Lo que Tommy te hizo me enferma! —gritó Q—. ¡Es asqueroso! ¡Me da asco! ¡Me horroriza! Así que… No puedo tocarte. Pensarlo me pone mal. No quiero tocarte porque cuando pienso en ti ¡solo pienso en VIOLACIÓN!

Q no dijo la última palabra como había dicho las otras. La aulló.

Volvió a echarse a llorar y me agarró. Lloró en mi ombligo. Lo acaricié. También sentí asco. Conmigo misma. Mi historia como víctima de agresión sexual me había vuelto grotesca. La encarnación viva de la violación. Q sabía que uno de mis mayores miedos era que me consideraran indigna de amor e incogible por ello. ¿Vivía una profecía autocumplida? Necesitaba que mi instinto me indicara algo.

El sarcasmo crónico de Q había ahuyentado a la mayoría de mis amigos. Pero no a A. Manejé a su casa y le conté lo que Q había dicho. Tras un rato de silencio, A dijo:

—Te humilló por la violación. Eso es jodido.

—¿Qué debo hacer?

—¡Déjalo! Quédate aquí. Puedes vivir aquí.

Así que le renté una habitación a A. Mi partida desencadenó una campaña romántica.

Q me persiguió con tenacidad, y esta versión apasionada de mi exnovio no tenía nada en común con el huraño teleadicto con el que había compartido una casa fría. Este Q estaba arrepentido. Este Q prometía que las cosas nunca volverían a «salir mal». Este Q suplicaba una segunda oportunidad. Este Q dejaba arreglos florales cuidadosamente diseñados y cartas de amor en mi coche por la noche.

Con la misión de probar que yo no era grotesca, le dije a Q que sí.

Fuimos a cenar varias veces.

Su aversión se transformó en deseo. Ahora quería tener mucho sexo aventurero. Se sentía bien incitar lujuria. El sexo era divertido. Para nada conservador como antes. Le pregunté a Q qué había cambiado. Dijo algo sobre valorar lo perdido. Seguí indecisa. Noté indicios de que el antiguo Q seguía ahí, esperando a hacer acto de presencia. Y lo hizo. Tras varias semanas de cortejo, se enojó y me llamó zorra por comerme una papa frita que creía que era suya por derecho.

Yo había consentido tener sexo con Q para mostrarle que estaba equivocado. Ahora que había probado mi punto, era todo.

Q y yo no tuvimos sexo cuando llegamos a casa del restaurante donde maltrató verbalmente a nuestra mesera. Intenté salir de casa, pero cuando entré al baño, Q tomó mi bolsa, que tenía mis llaves, la cartera y el teléfono, y la escondió. Le supliqué:

—¡Por favor, dame mi bolsa! —Estaba al borde de las lágrimas. Era medianoche. Estaba atrapada.

—¡Para! Te la devolveré por la mañana.

Q se metió en la cama y se quedó dormido. Me quité las botas pero me dejé todo lo demás puesto, incluido un largo abrigo de lana. Dormí junto a Q, pero me quedé encima de las sábanas.

El sol también despertó a Q. Prácticamente está conteniendo la respiración. Escuchando. Esperando. Probablemente no quiere oír mi voz. Pero la va a escuchar.

—Oye. Hablemos de lo que pasó anoche.

—Es muy temprano. Podemos hablarlo más tarde.

Más tarde significa *nunca*, y como no quiero volver a discutir con Q, le digo:

—No puedo seguir así. Se acabó. Tú y yo...

Los puños de Q golpean su colchón. Duele que esas manos te hagan retroceder con un golpe. Una vez Q me dio un puñetazo porque no le gustó que le diera un golpecito en el hombro. Dijo que el golpecito había sido grosero y que mi falta de modales propició el castigo.

—Vete a la mierda —sisea Q. Que no esté gritando me aterra. Está controlado. No quiere que los vecinos oigan—. Fuera —grita susurrando—. ¡VETE!

Salgo volando de la cama. Mis botas descansan a unos dos metros, junto a lo que solía ser mi lado del clóset. Me arrastro hasta ellas y me agacho para ponerme una.

Miro por encima del hombro.

Q está arrodillado, con cara de lobo.

—¡Jodida puta! —sisea—. ¿Te vas a ir? ¡Eso es todo lo que haces! ¡Todo lo que haces es IRTE! ¡Es lo único para lo que eres buena! ¡IRTE! Jodida... PUTA.

Me arrastro hasta la otra bota. Unas manos me agarran por la garganta. Aprietan. Q me estrangula y me arrastra a la cama. Me cuelga sobre un lado. Veo el rastro que han dejado mis tacones.

El aliento calienta mi mejilla y 1996 viene a mi mente. *Déjà vu*. Enunciando cada palabra con nitidez, Q dice:

—Me vas a obedecer.

Y así decido obedecer a la única persona que puede salvarme de Q: Q.

—Siéntate en la cama.

Suelta mi cuello.

Para mostrarle que quiero vivir, me siento.

Igual que en 1996, giro la cabeza para ver quién está detrás de mí. Es mi exnovio, el hombre al que acabo de decirle: «Ya no puedo hacer esto». El puño de Q se dispara contra mi cara, pero no llega a romperme la nariz. Repite estos movimientos, mostrando la paliza que me dará si me resisto.

Se deja caer en el colchón.

Con voz infantil, ordena:

—Acuéstate.

Obedezco.

Me levanta el abrigo y el vestido y me baja la ropa interior. De nuevo, 1996.

Oigo una voz, la mía, que exige:

—¿Qué haces?

Q susurra:

—Tratar de embarazarte.

Cuando Q eyacula, me aparto de él y aterrizo en la alfombra. Quiero correr, pero me tiemblan tanto las piernas que apenas puedo mantenerme en pie.

Q salta de la cama y se coloca entre la puerta y yo.

—Por favor —le ruego—. Tengo mucha hambre. —Estoy temblando porque de verdad tengo mucha hambre.

Intento convencer a los tres de que mi miedo responde a un bajón de glucosa. La tercera persona presente en la habitación de Q es nuestra Santísima Muerte. Quiero que Ella se vaya. No quiero morir en la estúpida, pequeña recámara de Q. Quiero que Ella me lleve en otro momento y en otro lugar. Quiero una buena muerte. Todos nos la merecemos. Mi devoción a la Santísima Muerte es la razón por la que tengo un amuleto con Su forma esquelética cerca de mi almohada.

—De acuerdo —acepta Q—. Pero tienes que comer conmigo.

—Sí. Por favor. Comeré contigo.

Lo que sea con tal de vivir.

Q nos lleva a una cafetería con menús descoloridos y polvorientas flores artificiales. Me pide un waffle y me toma una foto. Luego me la envía por mensaje de texto. No es nada extraordinario. Solo una mujer apagada con un plato lleno de desayuno.

Estoy en casa de A. La habitación que les estoy alquilando debía de ser un cuarto para niños. Está pintada de colores brillantes para un bebé que nunca llegó.

Descanso en la cama. Es de noche, en octubre. Con chinchetas pego a la pared dos páginas arrancadas de diferentes libros. Una representa a Perséfone raptada por Hades. La otra, un cráneo pintado por Georgia O'Keeffe.

Estoy mirando mi teléfono. Q me está enviando mensajes. Me dice que piensa en mí. Que ha estado pensando en mí.

Le pregunto en qué ha estado pensando. Tal vez admita lo que hizo. Tal vez se disculpe por hacer lo que es evidente en la pared.

Q responde que Acción de Gracias está cerca y que le gusta conducir durante horas hasta la casa de mis padres, donde yo celebraré la fiesta. Q tiene una amiga que vive cerca del valle donde crecí. Le encanta visitarla. Es vinicultora.

Q explica que últimamente fantasea con ese campo. Mi ojo interno evoca el hogar. Colinas. Vacas que pastan. Robles que se retuercen. Salvia. Altramuz. Primavera. Floripondio que no debes tocar. Bellotas. Alambre de púas. Una araña que teje su tela. Q habla de pegarme hasta empapar de sangre el suelo conocido. La tierra se mancha de rojo. Me cuesta arrastrarme hacia él. Tal vez mis piernas están rotas. La tierra me aplasta. Se para sobre mí mientras el charco que tengo debajo se expande. Ver mi sangre por todas partes lo excita. Fue él. Él la hizo correr.

Jadeo y me atraganto. Él añade: «Vas a rogar por tu vida».

Hago todo lo posible por no temblar. Es la primera vez que un hombre me describe mi asesinato y desaparición. Es la primera vez que mi sufrimiento y muerte son descritos como fuente de placer de un hombre.

Q vuelve a mandar mensajes sobre el festejo: «Hace tiempo que no ves a tus padres. ¿Quieres que te lleve?».

Si digo que sí, ¿se harán realidad sus fantasías?

Si digo que no, ¿se harán realidad sus fantasías?

Si no respondo, ¿se harán realidad sus fantasías?

Le escribo: «No, gracias». El miedo se instala en mi interior.

Aunque vivo con A, Q sigue consintiéndome como si fuera su «novia». Yo sigo fingiendo que soy su «novia». El precio de comportarse de otra manera es demasiado alto.

Cuando le digo a Q que iré a ver a mi familia por Acción de Gracias, me da «permiso» para manejar sola a casa.

Mientras viajo por la costa, mi coche traquetea. Hago lo que me han enseñado a hacer en tales situaciones. Lo ignoro.

Cuando meto el coche en la entrada de la casa de mis padres, borbotea. Queda muerto.

Una grúa lo lleva a un garaje junto al parque donde monté mi primer poni.

El mecánico llama a mi padre para expresarle su perplejidad. No encuentra el problema del coche.

Manejo un auto rentado.

Esa semana, papá llama:

—El mecánico descubrió lo que anda mal. Dice que encontró tornillos sueltos.

Recuerdo las visitas nocturnas de Q a mi coche. Sus ofrendas. Flores. Cartas de amor metidas en bolsas de plástico debajo de los limpiaparabrisas. Una vez Q presumió de haber «arreglado» el coche de un tipo que lo hizo enojar.

—¿...Myriam?

—Sigo aquí, papá.

Ya no vivo en la niebla que trajo a Q, y cada día que pasa comprendo, con mayor claridad, lo que ocurrió allí. Veo cómo llegó a envolverme. Veo sus efectos en las memorias que escribí en la pequeña habitación que antes era de la psicoterapeuta.

No era consciente de ello en ese momento, pero ese libro se convirtió en un escondite. Me refugié en *Mala onda*.

El terror de Q se convirtió en parte del *terroir* de *Mala onda*. El libro revivió algunas de las peores partes de 1996. También pintó un retrato del valle donde mi padre me enseñó a leer en inglés y español y donde una sobreviviente del Holocausto me enseñó francés en la secundaria. *Vache* es vaca *is cow*. *Chat* es gato *is cat*. *Côtelettes de porc* es chuletas de puerco *is pork chops*. Mi profesora de francés Sœur J no nos enseñó la palabra *terroir*.

El término pertenece al vocabulario de la viticultura francesa, y comunica el sabor de la procedencia de una bebida. La socióloga Marion Fourcade ha descrito *terroir* como «la correspondencia entre las características físicas y humanas de un lugar y el carácter de sus productos agrícolas». *Terroir* apareció por primera vez en 1831, en el tratado de Denis Morelot *Statistique de la vigne dans le département de la Côte D'or* (Estadísticas de los viñedos del Departamento de Côte D'or). El concepto está en discusión desde el siglo XIX. Algunos enófilos insisten en que se puede saborear con nitidez el sustrato, que puede contener ingredientes tan tangibles como el anís y tan intangibles como la envidia, en cada sorbo de vino. *Terroir* le da a un vino el nombre de un lugar; por eso el champagne se llama así. Otros sostienen que las raíces no absorben, no pueden absorber ni absorberán los fenómenos geológicos, que las plantas no pueden metabolizar y transmitir un lugar como dicen los vinicultores. Sugiero que trabajemos con la palabra metafóricamente, como se entrena a los católicos para trabajar con la Biblia. Puede que el *terroir* sea un mito, pero la leyenda tiene el poder de moldear y endurecer la realidad. Imbuirnos del mito nos hace humanos.

Q encontró una manera de vivir en mi codo. Fue así.

El verano que me fui a vivir con él, J, una standupera lesbiana, me invitó a practicar en la patineta con ella. Cuando se lo conté a Q, se enfurruñó y se puso celoso.

—¿Cómo puedo confiar en ella? —insistía—. Es una dyke.

Creyendo que bromeaba, me reí y eché mi patineta en el asiento del copiloto. Me encontré con J en un sitio para patinar, donde patinamos y patinamos y patinamos, y luego nos paramos al borde de un cuenco de concreto, una concavidad construida para imitar una alberca. J me enseñó a caer, cómo trabajar con, contra y entre la gravedad para que una chica pudiera volar por las paredes de concreto en un ángulo de 90 grados. A pesar de mi miedo, respiré hondo y me incliné hacia delante. Para mi asombro, no morí. Mientras me deslizaba por el concreto, el aire tenía un sabor extra dulce.

Volví a trepar trabajosamente hasta el borde y practiqué y practiqué hasta que la gravedad decidió disciplinarme. Me lanzó contra el concreto y mi cuerpo atrapó mi brazo, la dura superficie lamió la piel de mis rodillas, espinillas, brazos y manos. Mi mejilla también sufrió algunas pérdidas.

Con el brazo hinchado y la pierna sangrante, conduje hasta un hospital. Un técnico me hizo una radiografía del codo y un médico me dijo que estaba bien. No había fractura, pero era mejor mantener el brazo vendado e inmóvil durante una semana.

—No cargues nada pesado —ordenó el médico.

Cuando llegué a casa, Q me miró enojado la lesión.

—¿Qué carajo pasó?

—Me caí sobre el brazo patinando.

—No deberías patinar si no puedes sostenerte sobre la patineta.

—Todo el mundo se cae. Es parte de patinar.

Q frunció los labios y dijo:

—No quiero que vuelvas a salir con J.

—¿Eh?

—Tu brazo está jodido porque hiciste algo estúpido con una zorra estúpida. A las mujeres como ella hay que darles una lección. A las mujeres como ella habría que violarlas.

—¡CÁLLATE! —grité—. ¡No hables así! ¡Es repugnante!

—¡Lo que tu supuesta amiga te hizo es repugnante!

—¡Ella no me hizo nada! ¡Me enseñó a caer! ¡Yo lo decidí! ¡Me lo hice sola!

—Bueno, si te hiciste esto, entonces tú eres la idiota.

—¡Para! Practicabas deporte y te lesionaste. Tu rodilla está

destrozada por el americano. —La mención de su lesión lo enfureció aún más—. Mira, por favor, necesito que me ayudes. El
médico me dijo que deje descansar el brazo una semana. Dijo
que necesitaría ayuda para las cosas cotidianas.

—¿Crees que voy a ayudarte? ¿Después de tu estupidez?

—Sí.

—No mereces ninguna ayuda.

—¿Quieres que actúe como si no me hubiera torcido el brazo?

—Sí.

—¿Por qué?

—*Para darte una lección.*

—¿Qué lección?

—Que eres una idiota.

—¿Quieres parar, por favor?

Q rugió:

—¡QUÍTATE EL CABESTRILLO! —Me cayó saliva encima.

Horas más tarde, de madrugada, en la cama, Q me enseñó lo que
se siente romperse un hueso. Mientras el dolor me subía por el
brazo, le supliqué:

—Por favor. Necesito volver al hospital. POR FAVOR. Tengo
miedo de desmayarme. Me siento mareada.

Q me llevó al hospital al que había ido antes. Se quedó a mi
lado mientras un médico y las enfermeras me entrevistaban.
Ninguno de los empleados del hospital se comportó como si el
que una mujer llegara a urgencias a las cuatro de la mañana con
un brazo recién roto fuese algo fuera de lo común. Quizá no lo
sea. Tal vez vean cosas así todo el tiempo. Quizá sea rutinario.

Cuando viene la lluvia, la siento, y a Q, en el codo.

. . .

Al mirarme, no hay nada que indique que fui una mujer golpeada. Mi historial médico del tiempo que pasé con Q atestigua lo que no se ve.

Resultados de laboratorio: **RADIOLOGÍA**
Historia clínica:
ANTECEDENTES: Traumatismo.

TÉCNICA: 3 vistas obtenidas.
COMPARACIÓN: Ninguna.

OBSERVACIONES:
Hay una fractura del cóndilo humeral lateral con desplazamiento leve, derrame articular asociado, inflamación de tejido blando. No se observa ninguna otra anomalía ósea, articular o de tejido blando.

DIAGNÓSTICO PRELIMINAR:

FRACTURA DEL EPICÓNDILO HUMERAL MEDIAL CON DERRAME ARTICULAR.

A menudo la gente pregunta cómo hace un tipo como Q para atrapar mujeres. Preguntan como si tal cautiverio fuera algo esotérico y no un horror cotidiano, una situación tan banal que la viven multitud de mujeres en Estados Unidos de América.

«¿Cómo pudo pasarle algo así a alguien como tú?», preguntan.

Esta pregunta marca un límite. Crea dos categorías de personas: las mujeres golpeadas y todos los demás.

La implicación es que la gente que concienzudamente le hace

preguntas a gente como yo nunca podría verse en una situación como la mía, que la gente como yo es estúpida, masoquista o demente.

En algunos momentos de mi vida he actuado de forma estúpida, masoquista y de maneras que la gente ha considerado dementes.

Sin embargo, mi exnovio me acosó, me violó rutinariamente, me golpeó y me torturó no porque sea estúpida, no porque sea masoquista y no porque esté loca.

Lo hizo porque soy mujer.

Mientras Q y yo caminamos por el piso del patio trasero, algo se me engancha en el tobillo. Me hace tropezar.

Mi mano busca el suelo. Mi brazo absorbe el impacto, protegiendo mi cabeza, y mi codo palpita. Cuando me levanto, Q sonríe ampliamente.

—¿Me pusiste una zancadilla?

—¡No!

—Claro que sí.

—¡No, no es cierto!

—Que sí.

Lo observo. Le brillan los ojos. Se acerca a su coche, quita el seguro y abre la puerta. Subo a regañadientes.

Varios días después, exactamente en el mismo sitio, ocurre lo mismo.

Cuando me levanto, Q se ríe alegremente.

—¡Me pusiste una zancadilla!

—No mientas: te gustó.

—No, no es cierto. Por favor, para.

—Vamos —arrulla Q en el tono que los padres utilizan para tranquilizar a los niños. A veces utiliza esa voz con sus alumnos—. Es gracioso. ¿No has oído hablar del humor físico?

—No me gusta que me pongan zancadillas.

Q suspira.

—Creí que tenías sentido del humor.

—No tiene gracia.

—Entoooooonces, ¿me estás diciendo que no soy gracioso?

—Te estoy diciendo que no me interesa tu versión del humor físico.

Q mueve la cabeza adelante y atrás. Dice:

—Bueno, supongo que lo que dicen de las feministas es cierto. No tienen sentido del humor.

Me siento en mi mesa. Ocupa el rincón del aula donde entra más sol. Encima del pizarrón blanco cuelga la portada de una revista en la que aparece Nelson Mandela. Hay una postal con Jean-Paul Sartre pegada encima del interruptor de la luz.

Sonó el timbre de salida. Un chico de quince años se queda. Viene despacio hacia mí. Me pregunto de qué querrá hablar. Tiene un 10 en mi clase de Civismo.

—Maestra Gurba —dice—. ¿Quiere oír un chiste?

Levantando la vista del teclado, respondo:

—A ver.

—¡Los derechos de la mujer!

—Maestra Gurba —dice una alumna cuando paso junto a su mesa.

—Sí.

—¿Qué es eso?

Me había aplicado maquillaje a lo largo de la mandíbula, pero al parecer debí haber puesto más. Tal vez no lo extendí bien.

Anoche Q me disciplinó por incumplir una regla. Hice alusión al sexo en su presencia, y, para recordarme que el tema es tabú, se acercó sigilosamente por detrás, me golpeó con la mano abierta en la cabeza y me pateó las pantorrillas. Unas esposas metálicas me aprisionaron las muñecas. Q me arrastró de la cadena por el suelo hasta una esquina.

Me esperaba una bolsa de basura negra. Me anestesié. Si iba a morir así, no quería sentirlo.

Q me metió en la bolsa.

Mientras respiraba, oí arrugarse el plástico.

Q clasifica meticulosamente la basura, lo orgánico y los materiales reciclables, y deposita lo que va al vertedero o a la planta de reciclaje en tres bolsas de papel para comestibles que tiene junto a la puerta de la cocina. Q se preocupa por nuestro planeta. Vota por los demócratas. Hace donaciones a causas filantrópicas liberales y disfruta con las cartas de agradecimiento que recibe de las organizaciones. Lleva a los niños solitarios de la escuela a casa en su auto.

Dentro de la bolsa, me inquietaba dónde podría deshacerse Q de mí. Me preocupaba que hiciera un buen trabajo. Imaginé que me llevaba al campo, como me había descrito. Pensé en mi madre y en mi padre, que no tendrían manera dar con mi paradero. Cuando murió mi abuela materna, mi mamá se angustió la víspera de su entierro. Le preocupaba que su mamá pasara frío en la tumba.

No quiero que mamá se preocupe nunca de que mis restos pasen frío.

«Ponte un suéter, Myriam».

Me sacudí la preocupación y entré en trance. Me encontré en una habitación interior, una a la que nadie puede acceder por mucho que golpee la puerta. Mi puerta es de piedra. Solo yo puedo abrirla. Solo yo puedo concederte la entrada.

Q me sacó con fuerza de la bolsa y me arrastró hasta el clóset. Allí estuve no sé cuánto tiempo. Es difícil saber la hora cuando has estado esperando la muerte dentro una bolsa. Pensé en Patty Hearst. Cuando vivía en Berkeley, a veces pasaba delante de la

casa donde la habían tenido secuestrada los del Ejército Simbio-
nés de Liberación. El edificio parecía común y corriente.

Q me sacó del clóset y me arrastró hasta la cama. Entreví que
algo descendía y sentí que me apretaba el cuello. Un cinturón.
Él lo jaló. Me hizo cosas en la cabeza que me hicieron sentir que
me estallaría.

Después de quitarme las esposas y el cinturón del cuello, Q
me mandó al baño.

—Arréglate —me dijo—. Te ves como si te hubieran violado.

En el lavabo, miré mi reflejo en el espejo del botiquín. Me estaban saliendo verdugones. Me duché y me maquillé por completo.

A Q no le gusta que le recuerden lo que ha hecho.

—¡Ven a ver la tele! —gruñó.

Me reuní con él en la sala y me senté en el sofá. Apoyó la cabeza
en mi regazo.

Mi alumna espera. Le digo:

—No lo sé, cariño. Me salen moretones con facilidad.

La vergüenza me inunda. Odio mentirles a los chicos. Me
sentí traicionada cuando descubrí que Santa Claus no existía de
verdad. No había necesidad de mentir sobre él. Solo dar regalos
a los niños y dar por terminado el día.

Definición legal de secuestro

: acción u ocasión del delito de retener, confinar, ultrajar,
abducir o llevarse a una persona por la fuerza o bajo engaño...

La gente quiere creer que reconocería de inmediato la presencia
del peligro si estuviera frente a alguien como Q.

Ja.

Las personas que lastiman a otras pueden ser encantadoras.

Eso juega a su favor. El encanto desarma a las víctimas y nos hace sentir especiales. Elegidas.

Q trajo mucha luz cuando entró en mi vida. Lo hizo estratégicamente. Trajo tanta luz que llegó a cegarme. Me abrumó con afecto y atención. Durante nuestro noviazgo, alardeaba ante amigos y familiares de lo romántico que era Q, así que cuando empezó a comportarse diferente me sentí confundida. También me sentí avergonzada. En extremo avergonzada. A nadie le gusta admitir que ha sido burlado.

Quienes creen que si se encontraran con alguien como Q percibirían el peligro de inmediato se engañan. No es como que estés en tu primera, segunda, tercera, cuarta o quinta cita con un Q, y te anuncie: «¡Pásame la sal, puta con cara de perro, o te rajo del cuello al estómago!».

Esa parte llega una vez que ellos, con la ayuda de otros, te han arrastrado a la niebla.

Ni Tommy Martinez ni Q actuaron solos. Los hombres así nunca lo hacen. Forman parte de una niebla llena de sustantivos.

Personas.

Lugares.

Cosas.

El tiempo es lo más valioso que el cautiverio les exprime a los prisioneros.

El tiempo fluye de cada uno hacia el gran abismo, irrigando nuestro sustrato.

Las vides beben con ganas.

Coffee House Press publica el libro que escribí en la habitación de la psicoterapeuta. El libro narra mi sensación de ser perseguida por el espíritu de Sophia Castro Torres, la migrante mexicana a quien le arrebató la vida el adolescente que me violó con su cara.

Q odia la atención que despierta la publicación de *Mala onda*. Cuando le digo que el director de su serie de televisión favorita elogió mi libro, su ánimo se agria. Gruñe: «¡Genial, nena!». Su elección de palabras es siniestra. Como Pávlov, me ha condicionado a esperar un comportamiento acompañado de un sonido. *Nena* me indica que pronto su mano alcanzará mi cabeza. Me cubrirá toda la cara y luego se desplazará, su pulgar deslizándose bajo mi barbilla y las yemas de sus dedos hundiéndose en mi cuero cabelludo. Que me apriete la cara me hace sentir aniquilada. Después de tener mi rostro cautivo, Q suele empujarme. Sus acciones me hacen sentir como un no-número: cero. Me veo reducida a un receptáculo. La insensibilidad me inunda. La insensibilidad me permite seguir adelante.

La publicación de *Mala onda* coincide con la creciente popularidad de #MeToo, el movimiento social fundado por Tarana Burke. #MeToo invita a mujeres y niñas a compartir historias sobre personas que nos han agredido sexualmente. Muchas de las historias compartidas se desarrollan en el lugar de trabajo o en torno a él.

Q comunicó por primera vez su interés romántico por mí por medio de una compañera de trabajo. Cuando mi jefa de departamento me dio la bienvenida a un nuevo plantel de secundaria, dijo:

—Q ha estado preguntando sobre ti.

—¿Qué preguntó?

—Si estabas casada.

La indagación parecía atrevida.

Durante nuestro cortejo, Q me engañó. Fingió ser un apasionado de la lengua. Se hizo pasar por literato y reclutó a otros para que participaran en su farsa. Su amigo me dijo: «Son perfectos el uno para el otro. ¡Él es aspirante a escritor!». Q me contó que la novela que lo hizo enamorarse de las novelas fue *Lolita*. Q dijo que *Lolita* lo introdujo a la magia de la prosa. Le dio a conocer palabras nuevas, como *nínfula*. Dijo que le leería el libro a su madre. Me pareció extraño. ¿Quién le lee *Lolita* a su mamá? Aun así, me dije, todos llegamos a la literatura de formas diferentes. *Lolita* era parte de la senda de Q.

Una vez que me mudé con él, Q abandonó sus pretensiones. En realidad los libros lo aburren. Los únicos que conserva en casa son de su época universitaria.

Se graduó en Publicidad. Desprecia el feminismo y la filosofía. El verdadero Q se divierte viendo partidos de americano en pantallas gigantes atornilladas a las paredes de clubes para caballeros. Colecciona vinilos y dobla los calcetines al ritmo de Herbie Hancock. Posee una obra de arte pesada, una escultura blanca con forma de lengua, que dice haber robado de una galería durante una exposición. Bebe todos los días y fuma marihuana en un bong inmundo que guarda junto a una hogaza de pan integral.

Q tiene como prioridad su reputación.

Quiere que niños, padres y perros lo encuentren agradable.

Últimamente ha estado considerando: «Nena, deberíamos ir a comprar armas».

No quiero un arma en casa. Sé lo que puede pasar si se compra una. He empezado a investigar acerca de la violencia doméstica, pero solo leo sobre ella en el trabajo y nunca le digo esas dos palabras en voz alta a nadie. Decir las palabras en voz alta es demasiado. Pronunciar las palabras las haría reales. Me siento ante la computadora de mi salón mucho después de que haya sonado el timbre de la salida. Mientras se pone el sol, leo sobre mi dilema. Tiene su propia literatura, de temática forense y otras disciplinas.

Siento los ojos de Malala Yousafzai clavados en mí. Un retrato suyo cuelga junto al reloj de mi aula.

Mis alumnos ya se fueron. Miro fijamente mi teléfono. Un amigo me ha enviado una liga a una reseña de *Mala onda* publicada por el *New York Times*. La reseña emociona a mi amigo. Le entusiasma ver que mi trabajo recibe atención.

A mí no. A Q no le agrada cuando el centro de atención no es él.

Me sudan las palmas.

¿Qué pasará si Q ve la reseña? Probablemente me felicitará mientras planea mi castigo.

Cuando se siente pequeño, otros deben pagar. Si lo hago sentir pequeño, cobra un extra.

Me pregunto si hay alguna forma de evitar que Q vea la reseña. Tal vez pueda esconder su teléfono. Él ha escondido el mío antes. Tal vez pueda destruir su teléfono, pasarle encima con mi coche. Tal vez pueda sugerir que hagamos una depuración, que no consumamos ningún medio durante una semana. Tal vez pueda echar su teléfono en el escusado «accidentalmente».

Sé que son ideas estúpidas.

No hay forma de ocultar el *New York Times*.

No quiero salir de mi salón. No quiero enfrentarme a Q.

Considero esconderme debajo de mi escritorio, como hizo George Costanza en un episodio de *Seinfeld* llamado «La siesta».

A Q le encanta Seinfeld. Cree que es graciosísimo. Como él.

«Al llegar en pleno movimiento #MeToo, de mujeres que sacan a la luz sus historias de abuso y acoso, este libro añade una dimensión necesaria al debate sobre la interacción de la raza, la clase y la sexualidad en la violencia sexual».*

---

*Sehgal, «An Account of Surviving Assault Mixes Horror and Humor».

• • •

Publico la reseña en mis redes sociales. Q lee todo lo que publico en las redes sociales. Contengo la respiración.

—Baila conmigo —dice Q.

Como soy hija de mi padre, las palabras que me vienen a la mente son *oh* y *mierda*.

A pesar de lo que me costará, digo:

—No.

Con voz infantil, Q gimotea:

—¡Anda! ¡Bailemos!

Se para junto al tocadiscos, bailando en su sitio. Se ve estúpido.

Sigue urgiéndome que me una a él. Después de unos cinco minutos, me rindo.

Me paro frente a él.

Q sonríe con ganas.

—¡Sígueme!—dice.

Agita el puño. Yo agito el mío.

Mueve las piernas. Yo muevo las mías.

Agita el brazo. Yo agito el mío.

Da un paso atrás y su mano abierta se dirige a mi cara, cruzándome la mejilla con tanta fuerza que me echa la cabeza atrás.

Me paralizo. Me mira fijamente, esperando.

—Me pegaste.

Q endereza la columna y aprieta los puños. Suelta:

—No te pegué tan fuerte.

—Me golpeaste bastante fuerte.

—No te pegué tan fuerte. Lo sé porque te pegué. —Q señala su mejilla—. Pégame.

Niego con la cabeza. Mi desobediencia lo enfurece.

—Pégame tan fuerte como te pegué, y si me pegas más fuerte, te volveré a pegar.

No caigo en su artimaña. No quiero más huesos rotos.

Camino hasta el sofá y me siento.

Q sale a zancadas de la sala y entra en el pasillo. Abre y azota las puertas de los armarios. Aporrea las cosas. Me pregunto si puedo escapar.

Miro la puerta de la sala. Está cerrada con llave. La puerta de la cocina podría estar abierta. Si voy de puntillas, puedo tomar la bolsa del perchero y correr hasta el coche.

Voy de puntillas a la cocina.

Oigo pasos. Desde el lado opuesto, Q entra en la habitación. Tomo un tarro de vidrio de la barra. Me sirvo agua.

Sorbo.

Q se burla. Toma el cuchillo más grande del soporte. Lo levanta y también una toalla de tela. Apunta la hoja a mi cuello y frota el acero mientras mueve la cabeza adelante y atrás.

Pongo mi tarro vacío en el fregadero.

No voy a ninguna parte.

(Ahora considero los acontecimientos de aquella noche como mi segunda reseña literaria del *New York Times*).

Q fue el primer novio cisgénero que tuve de adulta. Nos conocimos hacia el final de mis treinta, cuando mi matrimonio cuir se vino abajo.

Aquel matrimonio me proporcionó durante quince años un refugio de los hombres cis, y el hogar que formé con mi excónyuge fue un santuario libre de hombres, un espacio lésbico separatista de facto, un útero lúgubre. Cuando se volvió demasiado monótono, me fui en busca de aventuras.

Q parecía divertido. Extrovertido. Yo disfrutaba la distracción. Lo había visto por el plantel, sabía que estaba interesado y cuando un compañero de trabajo me invitó a la *happy hour* de un bar de mala muerte, Q se nos unió. Q me pareció guapo y divertido. Le dije esto mismo en un mensaje de texto a nuestro conocido común. Cuando el conocido nos arregló una cita, pensé: *¿Qué podría salir mal?*

Q destaca en el cortejo. Es su habilidad más sutil.

Es mucho mejor en eso que en decir la verdad.

Q utilizó los libros, así como a mis amigos, conocidos, desgracias e ingenuidad para entramparme.

Cuando Q se enteró de que yo viajaría a Portland, voló allí primero, para visitar a la familia. Q se puso en contacto con un librero amigo mío y ambos conspiraron para organizar una búsqueda del tesoro en Powell's City of Books. La tarde que llegué a la librería, el librero me acompañó de piso en piso, de pasillo en pasillo y de libro en libro, empezando con *El libro de los símbolos* de Taschen. Q había escondido notas a mano con citas, proclamas y pistas entre muchísimas páginas, y la experiencia de encontrar una tras otra me dio vértigo.

Nunca nadie había hecho algo tan elaborado para conquistarme. Mi exesposa me había cortejado con Jack in the Box.

Me quedé llorando en las estanterías. Rara vez los romances me llevan hasta las lágrimas, pero el nivel de personalización y cuidado volcado en este juego me abrumó.

Una mujer arrugada de pelo blanco preguntó: «¿Por qué lloras, querida?».

Le expliqué que un hombre del que me estaba enamorando

había organizado una búsqueda del tesoro para mí, que había dejado notas de amor y flores silvestres en más de una docena de libros.

La anciana sonrió. «Eso es especial —dijo—. Suena como alguien valioso».

Estuve en las nubes esos primeros meses con Q.

También experimenté una crisis existencial. Había vivido
como lesbiana durante casi dieciséis años. Ahora estaba en un
divorcio gay y salía con un hombre cis. La gente ya no se me
quedaba mirando cuando entraba a un lugar como parte de una
pareja, y en compañía de Q, los hombres dejaban de mirarme
como lo habían hecho en presencia de mi mujer. Los hombres
respetaban que estuviera con un hombre, y yo sabía que este tra-
to derivaba de mi condición de objeto poseído, de bagatela.

Mi nueva invisibilidad me hacía sentir más segura en público,
y durante nuestro periodo de luna de miel, también me sentía
segura con Q en privado, en casa. Por eso le hablé de Tommy.
Por eso le compartí secretos. La ilusión de amabilidad me atrajo.
Tuvo pequeños y dulces gestos, como darme la última de sus
galletas con chispas de chocolate favoritas. También cocinaba y
lo tomé como una buena señal.

Un sábado por la mañana, mientras tomábamos un desayuno
casero, Q rompió a llorar.

—¡Estoy tan contento! —dijo—. Me han cortado tantas veces.
Pensaba que no había nadie para mí. Creí que ya que no quería
nada con las mujeres. Pero entonces llegaste tú.

Lloriqueó.

Nunca había visto a un hombre actuar así. Me pareció un
poco melodramático, pero me dije que no debía juzgar.

Es dulce, me repetía, y cuando me invitó a vivir con él, nunca dudé de sus motivaciones. La invitación llegó después de que
nuestro director me llamara a su despacho y me pidiera firmar

un documento que verificaba que me había dado una carta rosa. El aviso me informaba de mi despido. El distrito escolar estaba reduciendo su plantilla y yo carecía de la antigüedad que protegía a otros profesores, Q incluido, de la guillotina.

Le había dado a este distrito escolar ocho años de mi vida. No adoraba trabajar para él, pero ¿a quién le gusta trabajar? Necesitaba un sueldo y un seguro médico y enseñaba a cambio de esas cosas. No romantizo la enseñanza. Soy hija de dos profesores de escuela pública. Ellos me enseñaron pragmatismo.

Que me dieran la patada rosa me produjo diarrea nerviosa.

—No te preocupes —dijo Q—. Encontrarás trabajo. Eres buena maestra. Los chicos te adoran. Probablemente el distrito te vuelva a contratar y, si no, ¡puedes aprovechar este tiempo para escribir!

Mi mujer y yo habíamos puesto nuestra casa en venta y me puse a buscar departamentos en alquiler. Le dije a Q que estaba aterrada.

—Tengo treinta y tantos años y nunca he vivido sola —confesé—. No sé cómo hacerlo. Me da pánico.

—Quédate conmigo —me ofreció Q—. Quédate conmigo todo el tiempo que necesites.

Extendió los brazos y me abrazó. Así fue como Q se convirtió en mi casero.

Después de perder mi trabajo, vuelvo a enviar mi currículo al mismo distrito escolar que me despidió. Me llama un director. Concertamos una entrevista.

Me siento en su oficina con aire acondicionado. Nos conocemos. Ya he trabajado en esta escuela. Es el primer lugar donde trabajé después de obtener mi credencial de enseñanza. Es el primer lugar de donde me despidieron. Aun así, tengo esperanzas. Quiero creer que este distrito escolar me quiere. Que se preocupa por sus profesores. Este director siempre ha sido cool conmigo. Se ríe de mis chistes.

—Me asombró ver tu solicitud en la reserva —dice—. Cuando la vi, pensé: «¿Qué demonios hace Gurba aquí?». Eres una profesora con talento y nos encantaría que volvieras. El problema es que el puesto que tenemos es de tiempo parcial. ¿Estarías dispuesta a trabajar de tiempo parcial con un contrato especial?

No es que no quiera. Es que no tengo otras opciones.

—Por supuesto —le digo—. Me encantaría volver a trabajar en este plantel.

—¿Has dado alguna vez clases de Psicología?

—No.

—Yo tampoco. Empiezas el lunes.

Párate en la acera frente a tu casa. Mira las casas de tu vecindario. Hay gente retenida detrás de esas puertas. No puedes oírlas gritar porque la gente no grita mucho en cautiverio. El encarcelamiento vuelve a la gente calladamente nerviosa. Otras veces, apática. Nos volvemos expertas en caminar de un lado a otro y fingir.

Estas personas presas, a las que llamas tus vecinas, viven en cárceles algo espaciosas. Parecemos normales. A veces sonreímos. A veces somos jóvenes. A veces somos viejas. A veces somos hermosas. A veces somos inteligentes. A veces somos inmigrantes. A veces somos blancas. A veces no lo somos. Algunas llevamos casadas mucho tiempo. Algunas moriremos en cautiverio. Algunas seremos enterradas con nuestros captores. Algunas mujeres nos negamos a irnos porque sabemos lo que nos ocurre a un subconjunto de las que nos vamos. Cada día, en Estados Unidos de América, los hombres asesinan aproximadamente a tres mujeres que son sus parejas románticas actuales o previas. A menudo, estas víctimas de asesinato están embarazadas. Nos convertimos en sacrificios aceptables.

• • •

La mañana después de que Q me blandiera el cuchillo en la cara, nos sentamos a la mesa del comedor.

Como pan de masa madre tostado con mucha mermelada. Tengo el rostro cubierto de maquillaje. Actúo como si todo estuviera bien. Sorbo mi café. Mastico.

A Q le gusta que le lean. Me envía por mensaje de texto un artículo del *New York Times*. Dulcemente, pregunta: «¿Me lo lees?».

Tomo mi teléfono y le leo el artículo en voz alta. Cuando levanto la vista, su palma vuela hacia mí, abofeteándome como la noche anterior. Q sonríe, recoge su taza y su plato y los lleva al fregadero. Sin despedirse, sale por la puerta de la cocina.

Voy al cuarto a hacer la cama. Q me enseñó a hacerla. No es que no supiera cómo. A Q no le gustaba nada de lo que yo hacía en la casa, así que me enseñó cómo hacer «correctamente» las tareas del hogar. Cuando Q me enseñó a hacer la cama, yo acababa de acomodar el edredón.

—¡Nena! —ladró—. Así no se hace.

Brincaba alrededor de la cama con una almohada en la mano. Es raro ver a un hombre adulto dando brincos, pero no tuve mucho tiempo para pensar en eso. Todo desapareció enseguida. Estaba acostada de espaldas. Me quedé inmóvil mientras Q me asfixiaba. Con la misma rapidez, pude respirar de nuevo. Sujetándome la muñeca, Q me tiró de la cama. Veía borrosa la recámara.

—Las rayas —dijo Q— van hacia el otro lado. —A través del borrón, lo vi corregir mi error—. ¿De acuerdo?

Asentí. Esa fue una de las primeras veces que Q empleó la violencia, y su arma me confundió. Q usaba algo blando para lastimar. Me mostró que una almohada podía ser mortal. Actuaba como si no hubiera hecho nada raro, como si asfixiar a una novia fuera algo normal.

Estaba silbando.

—¿Por qué pensaste que ponerme una almohada en la cara estaba bien?

—¡Solo estaba jugando! ¡Los hombres son juguetones! Nunca has salido con hombres. No sabes cómo somos. Se llama juego rudo. Búscalo.

Miré atónita a Q.

—Nena —dijo—. Te falta experiencia.

Me dije que debía darle a Q el beneficio de la duda. Recordé lo que había dicho la anciana de la librería: «Es alguien valioso».

Aliso el edredón y me aseguro de que sus rayas corran paralelas a la cabecera y el pie de la cama. El edredón está manchado de blanco. Semen.

Una vez terminada mi tarea, voy en coche al trabajo. Me preparo para darles a los adolescentes una clase sobre el cerebro humano. Sus lóbulos frontales aún están en desarrollo.

—Hablas como si estuvieras buscando que te pegaran —dice Q.

Odia cuando uso palabras largas, y cometí el error de decir *extemporáneamente*.

Siento sus zapatos contra mis piernas. Patea, patea, patea, patea. Tengo cuidado de no moverme.

Q sonríe con todos los dientes. He visto esa sonrisa antes. Es la misma sonrisa que puso Tommy cuando me di vuelta y lo vi.

Al día siguiente, se me hincha la pierna. Q se da cuenta.

—¿Qué te pasó en la pierna? —pregunta.

Tengo miedo de mi respuesta. Tengo miedo de que, si digo la verdad, me pateará de nuevo.

—No sé.

Q ladea la cabeza. En un tono muy preocupado, dice:

—Deberías pedirle a un médico que le eche un vistazo. —Y se va.

Manejo yo misma hasta una clínica.

PACIENTE: Myriam Gurba Tipo de visita: Urgencias
Fecha de visita: 29/12/2017 11:50 AM
FECHA DE NACIMIENTO: 14/05/1977 Quién suministra los antecedentes: Paciente. Profesional: Dr. XXXX XXX

Mujer de 40 años acude por dolor musculoesquelético.

ANTECEDENTES DE LA ENFERMEDAD ACTUAL
1. dolor musculoesquelético
INICIO: hace 1 día. El nivel de intensidad es intenso moderado. Ocurre de forma constante y empeora.
UBICACIÓN: rodilla izquierda. No hay radiación.
El dolor es agudo.
Contexto: no hay lesión. El dolor se agrava al sentarse y caminar. No hay factores de alivio. Los síntomas asociados incluyen inflamación. Información adicional: inflamación de la rodilla izquierda por debajo de la rótula, se produjo en reposo ayer, hoy empeora, niega caídas.
DIAGNÓSTICO/PLAN:
1. Dolor agudo de rodilla izquierda (M25.562)
Reposo, hielo, elevación, ibu

Q se comporta como si yo fuera su confesor. Me cuenta historias sobre lastimar gente. Por lo general, sus confesiones comienzan como parte de una anécdota relatada casualmente que da un giro alarmante. Por ejemplo, Q me dijo que salió con una mujer que le contó que tenía fantasías de violación. Q dijo que decidió hacer realidad sus fantasías, pero que no disfrutó ayudarla, que lo que hizo se parecía demasiado a una violación real. Q también se queja de enseñar en secundaria. Dice que las alumnas le hacen difícil concentrarse en su trabajo. Me cuenta que es amigo de profesores varones en la misma lucha, que siempre están pensando en «perversear» a ciertas chicas.

Me convenzo de que es bueno que Q me viole. Así no violará a otras personas. Así no violará a las chicas en las que no puede dejar de pensar, las chicas que imagina en ciertas «posiciones».

Q me recuerda que su libro favorito es *Lolita*. Me dice que mi cuerpo sería más atractivo si aún fuera adolescente. Me pide ver fotos mías a los catorce años. No sé si es verdad o no, pero me contó que una vez había metido una cámara en su clóset y grabó a una chica mientras tenían sexo.

—Cuando vi el video parecía asustada —dice Q. Se nota que le divierte.

Pregunto:

—¿Qué edad tenía?

—Mayor de edad.

—¿Le preguntaste si podías filmarla?

Q se ríe.

—Por supuesto que no.

—¿Por qué se veía asustada?

—Tal vez pensó que le estaba haciendo cosas raras.

Q hace cosas raras en los pies.

Q se queja mucho de una mujer con la que vivió alguna vez. La llama «Crazy V» y dice que cuando ella se fue le destrozó el televisor. Dice que una vez había ido a una fiesta donde un grupo de hombres intentó molerlo a golpes. Esos hombres conocían a V. Q escapó.

Pregunto:

—¿Por qué querían darte una paliza?

—Dijeron que yo le pegaba a V.

—¿Le pegaste?

—Sí. Pero… se lo merecía.

Sé que tengo que «romper» con Q, pero es difícil. La última vez que lo intenté, se asomó la Muerte. Cuando me planteo otra huida, siento el recuerdo de sus manos apretándome la garganta. Sabía lo que era un miembro fantasma, pero no había considerado que pudiera pertenecer a otra persona. El recuerdo de las manos de Q funciona como un collar de perro invisible.

Me siento a la mesa, tecleando un plan de clase. Q vigila.

—¡Ay, mira cómo trabaja Brave! —dice. Brave era su perro. Lleva años muerto, pero Q lo revivió apodándome «el nuevo Brave».

—¡Es como ver a un perro tocar el piano! —anuncia Q.

Es uno de sus chistes favoritos. Lo sacó de *Mad Men*, una de sus series favoritas. La otra es *Juego de Tronos*.

Mientras atravieso la sala, siento el pie de Q en mi espalda baja. Mi cabeza latiguea y los golpes continúan. Me empuja al dormitorio y me tumba en la cama. Me mira como si me odiara. Miro hacia abajo, a su entrepierna. Su pene es pudín. Suave. Su puño se acerca a mi cara.

Cuando era niña, había una señora a la que vi mucho en las noticias. Participó en un juicio por asesinato. Era como si todo el país la odiara. Su nombre era Hedda Nussbaum. Su cara parecía haber pasado por muchas cosas. La gente la acusaba de ser mala persona porque no impidió que su novio, un abogado llamado Joel, matara a una niñita que vivía con ellos dos. Recuerdo que no entendía por qué la niña vivía con ellos. Recuerdo que me asustaba la cara de Hedda. Joel se la había puesto así.

Cuando Q golpea mi cara, pienso en Hedda.

. . .

Le digo a Q que quiero ver a un quiropráctico. Los dolores en mi espalda y piernas están empeorando.

Q llama a un quiropráctico y pide cita para los dos, programándolas para el mismo día. Después de colgar, dice: «Me encanta hacer cosas en pareja contigo».

El quiropráctico me envía a hacerme una resonancia magnética.

Nombre del paciente: Gurba, Myriam
Número de acceso: XXXXXXXXXX

RM#: XXXXXXXXXX MÉDICO REMITENTE:
XXXXXXX, XXXXXXXXX
SEXO: F Edad: 40 años

En L4-5, se observa un vestigio de protuberancia
con componente foraminal izquierdo predominante
que mide 1-2 mm.

En L5-S1, se identifica una protuberancia discal
difusa con la protrusión paracentral izquierda de base
amplia que se extiende 8 mm posteriormente.

Desde hace una semana manejo con una maleta en la cajuela.

Después del trabajo, conduzco hasta casa de A. Nos sentamos en su sala.

—¿Puedo ocupar de nuevo mi cuarto, por favor? —le pregunto.

—Por supuesto. Siempre eres bienvenida aquí, wey.

La novia de A me remite con una defensora de víctimas. La llamo y arreglamos una cita para hablar de mi plan de fuga. Voy a su oficina. Es gris y relajante. Ella se sienta en un sillón con brazos. Yo en un sillón doble. Le explico que temo una separación violenta. Q es un estrangulador, y las prisioneras románticas de los hombres que estrangulan tienen un riesgo elevado de asesinato. Sin embargo, no nos matan estrangulándonos. Primero, los estranguladores aprietan como muestra de poder. Después, suelen tirar a matar. Para las sobrevivientes de estrangulamiento, el riesgo de feminicidio aumenta 750 por ciento.

—Estoy cansada—digo—. Estoy cansada de ser castigada todo el tiempo. A estas alturas, ¡prefiero que me maten por intentar irme otra vez que por hacer mal la cama!

La defensora admite mis preocupaciones.

—Q no necesita una despedida cara a cara—me dice—. Lo que has planeado es por tu seguridad. Tú entiendes esta situación mejor que nadie. Tú eres la experta.

El mensaje de texto que le envío a Q es conciso. Le digo que nuestra relación ha terminado. Con la esperanza de que la amabilidad haga que me deje en paz, añado algo sobre valorar nuestro tiempo juntos. Esta parte es ficción.

Envío el mensaje por la noche, mientras Q está en el plantel, trabajando.

De camino a casa de A, me doy cuenta de que olvidé mi neceser. Tiene mi inhalador de albuterol. Tontamente, vuelvo para recuperarlo.

Voy de regreso. Cojo la bolsa y vuelvo a subir a mi coche. Mis faros iluminan a Q.

Está de pie en la cuneta, junto al bordillo. Levanta las manos.

Me alejo. Miro por el retrovisor.

El coche de Q aparece detrás del mío. Enciende y apaga los faros.

Giro a uno y otro lado para intentar perderlo.

Mi teléfono no para de sonar. Q intenta ponerse a mi lado. Mi teléfono suena una y otra vez.

Al encontrarme con un semáforo en rojo, miro mi teléfono.

Los mensajes de Q oscilan entre la crueldad, la amargura, la desesperación y el pánico.

«Vamos. Tú no eres así».

«Después de tres años, ¿vamos a terminar así?»

«Por favor, háblame. Por favor. Te veré en cualquier lugar. Podemos encontrarnos en un estacionamiento. Podemos encontrarnos donde quieras».

«¿Qué le has estado contando a la gente?».

Llamo a casa. Papá contesta.

—¿Hola?

—Q me está persiguiendo. Estoy en mi coche. Él está en el suyo. Tengo mucho miedo. Me pegó muy fuerte en Navidad y tengo miedo de que...

»¡NO SÉ QUÉ HACER!

»¡Me está mandando mensajes! No deja de mandarme mensajes.

»Estoy asustada.

»TENGO MIEDO.

—No salgas del coche. No te quedes a solas con él.

»Mierda.

»Mierda, cariño.

»Mierda.

»Mierda.

»Mierda.

Cuando mi padre se altera, suelta *mierda* en ráfagas.

—Voy a llamar a A. Si me pasa algo, ya sabes quién fue.

Cuelgo.

Llamo a A.

—¿Qué onda?

—Le envié el mensaje a Q. Me está persiguiendo en el coche. No me puedo librar de él. No sé qué hacer. Tengo poca gasolina.

—Ven aquí. AHORA. Estaciona en el acceso. Cuando salgas del coche, corre tan rápido como puedas a la puerta principal. Z te estará esperando. Te cuidaremos.

Sigo las instrucciones de A.

Q se mantiene cerca.

Después de estacionar en el acceso, pego la carrera por el sendero y salto al pórtico. Z abre la puerta de par en par. Entro corriendo y Z cierra con cerrojo. Me derrumbo. No puedo mantenerme en pie. Tiemblo. Me castañetean los dientes.

Z se sienta a mi lado. Me acaricia.

Estoy más aterrada que nunca.

Z y yo escuchamos la discusión afuera.

—Déjame hablar con ella. Es mi novia.

—No es tu novia.

—¡Puedes quedarte a ver y escuchar! Puedes estar presente cuando hable con ella. Te dejaré escuchar. ¡Te dejaré estar con nosotros!

—No vas a entrar a mi casa.

—Necesito hablar con ella.

—Eres un puto *creep*. Lárgate de aquí.

Q se ríe.

—¡¿QUÉ TE DIJO?! —grita.

—Que eres un *creep*.

Q se ríe de nuevo.

Oímos una puerta cerrarse de golpe. Un coche se aleja.

Se abre la puerta principal. A entra. La palidez de mis acompañantes es mayor que de costumbre.

—¿Quieres que llamemos a la policía? —preguntan.

Me criaron una mexicana y un chicano. Cultivaron mi desconfianza hacia los policías, y los propios policías ayudaron. Cuando tenía diez años, mi madrina, mis primos y yo presenciamos un secuestro a mano armada en Guadalajara. Unos hombres de paisano rodearon a dos mujeres en un sedán. Los hombres llevaban metralletas. Golpearon el coche con ellas. Amenazaron con matarlas.

Desde una esquina, un policía uniformado solo observaba. Era su vigía.

—No —le digo a A—. Solo quiero que Q me deje en paz.

—Da mucho miedo —dice A.

Asiento ante el eufemismo.

«*Aquel cadáver pesaba mucho en el ánimo de todos. Estaba sobre una tarima, en medio de la iglesia, rodeado de cirios nuevos, de flores, de un padre que estaba detrás de él, solo, esperando que terminara la velación*».*

Me acuesto en la cama, intentando relajarme. Imagino a Q afuera de la casa, agachado bajo la ventana. Cuando empiezo a dormirme, me invaden los recuerdos. Pienso en las cosas que me hizo Q. Las siento en las manos, un trauma artrítico.

Me golpeó la cabeza contra una mesa. Me golpeó con los zapatos y me pateó. Me apretó los pulgares contra los ojos. Pero el recuerdo que no me deja dormir es lo que me hizo en el brazo que utilizo para escribir.

Fue una vez que se sentó junto a mí en el sofá.

Estaba de mal humor. Yo había ido a Nueva York unos días. A Q no le gustaba quedarse sin público. Y me iba a mostrar lo resentido que estaba por eso.

Como un caballero, Q buscó mi mano derecha, tomándola entre las suyas. Me miró a los ojos, me sujetó el pulgar y lo jaló lenta-

---

*Rulfo, *Pedro Páramo*.

mente hacia atrás, haciéndolo crujir. Repitió este movimiento con cada uno de mis dedos, deteniéndose en el meñique. Lo jaló tanto que pensé que se me rompería.

Cuando terminó de torturar mis dedos, Q me dio una palmadita en el dorso de la mano.

Me la devolvió, se levantó y se fue a la cocina.

Tres.

Es difícil saber cuándo se ha salido de la niebla. No hay indicadores y se sale gradualmente. La niebla es densa, luego fina y, por último, si se tiene mucha suerte, desaparece.

Mientras estaba en la niebla, leía constantemente. Los libros me dieron un lugar donde esconderme y escribir uno propio fomentó aún más mi espíritu fugitivo, permitiéndome escapar a un hogar reimaginado. Con palabras y signos de puntuación, reconstruí el valle donde nací. Me escondí de Q en ese lugar hecho de palabras. Esa cueva de fugitiva me ofrecía un respiro. Más que una cosa, el lenguaje es un lugar, y el lenguaje me proporcionó un sitio al que amar. No amaba a Q. Le temía, lo compadecía y lo obedecía superficialmente, y los espacios que ocupábamos juntos estaban llenos de temor, lástima y muerte. Q hacía imposible amarlo, y sin embargo yo tenía amor para dar. Casi todo mundo tiene amor para dar. Como Q trastornó mi capacidad de amar a mis semejantes, aislándome de quienes más me importaban, le entregué mi corazón al lenguaje.

Cada letra con que construí mi valle literario estaba bordada con amor.

Viví en *Mala onda* de una forma en que no podía vivir en ningún otro sitio. *Mala onda* se convirtió en una tierra que Q no podía invadir. No podía tomar mis ideas y lanzarlas al otro lado de la habitación. No podía arrebatarme la imaginación y arrugarla. No podía orinar sobre mis recuerdos.

El mundo de *Mala onda* constituía un terreno interior que germinaba, florecía y desarrollaba espinas.

En mi valle literario podía expresar cualquier cadena de palabras.

En mi valle literario podía improvisar.

En mi valle literario podía invitar espíritus.

En mi valle literario podía desterrarlos.

En mi valle literario exorcizo.

En mi valle literario lleno mi cáliz.

En mi valle literario juego con mi propia sangre y la de los demás.

En mi valle literario mando yo.

En mi valle literario me convierto en una reina filósofa.

Mientras estaba atrapada con Q, dos filósofos alemanes me hicieron compañía: Hannah Arendt y Martin Heidegger. Q se refería a la primera como «la perra aren't», y yo leía y releía fragmentos concretos de su breve y polémica *Sobre la violencia*.

El libro vivía en mi buró.

Una vez que me liberé de Q, varios de los fragmentos de Arendt me resultaron más nítidos. Una vez liberada, llegué a comprender plenamente y a abrazar esta afirmación: «La rabia solo brota allí donde existen razones para sospechar que podrían modificarse [las] condiciones y no se modifican».

Una vez libre, veía el mundo a través de una lente roja. Me calentaba una rabia fundida. Enterrada en mi interior largamente, esta lava ya no necesitaba contención. Durante tres años había soportado una degradación constante, viviendo bajo amenazas permanentes de violación, lesiones y feminicidio. Ahora me inquietaban pensamientos de castigo y venganza.

Fantaseaba con convertir el cuerpo de Q en un anuncio, su piel denunciando las heridas que me había causado. Visualizaba la palabra *violación* cicatrizada en su frente. Soñaba despierta con Kafka: «...hay dos clases de agujas, dispuestas de diferente modo. Cada aguja larga va acompañada de una más corta. La larga se reduce a escribir, y la corta arroja agua, para lavar la sangre y mantener legible la inscripción. La mezcla de agua y sangre corre luego por pequeños conductos, y finalmente desemboca en este canal principal para verterse en el hoyo, a través de un caño de desagüe».

Durante mis tres años con Q, él había pronunciado las palabras «lo siento» unas cuantas ocasiones. Su régimen me exigía que aceptara sus disculpas huecas y lo perdonara. Ahora que tenía agencia, era libre de odiar a Q. El amor y el odio eran, por fin, decisiones mías.

La niebla parece aterradora, pero no es más que agua, miles y miles de litros de agua flotando en el espacio.

«Siempre es tentador creer que un mal sistema es culpa de un solo mal hombre», escribió Adam Hochschild.

Es cierto.

El villano es un tropo seductor y reduccionista. El villano nos tienta a hacer que la historia sea la suya, y podría parecer que este bricolaje se trata de Q, o de Tommy, pero no. La niebla inspiró e insufló vida a esta construcción, a esta colección de palabras y símbolos.

Tommy y Q están al acecho por aquí.

Pero no viven aquí.

Todo hombre que viola, golpea, azota, pone zancadillas, escupe, hurga, secuestra, estrangula y en cualquier otra forma degrada, deshumaniza y destruye a las mujeres es familiar de alguien. Todo hombre que se comporta mal es un padre, un hermano, un hijo, un tío, un primo, un cuñado, un padrino, un padrastro, un abuelo, un bisabuelo, un amigo, un mejor amigo, una cita para el baile de graduación, un vecino o un profesor favorito. Incrustados en estos sistemas de familia, amistad y comunidad, estos hombres espeluznantes pueden parecer inofensivos, oscurecida su maldad por una presencia benigna en el colectivo, una especie de niebla. Esta suavidad los envuelve y protege. Esta niebla es su cómplice.

¿Habitas en la niebla? ¿Lo admitirías si así fuera?

«—¡Padre, queremos que nos lo bendiga!

—¡No! —dijo moviendo negativamente la cabeza—. No lo haré. Fue un mal hombre y no entrará al Reino de los Cielos. Dios me tomará a mal que interceda por él.

Lo decía, mientras trataba de retener sus manos para que no enseñaran su temblor. Pero fue».*

¿Has caminado por el valle de sombras de la muerte?
¿Le has temido al mal?
¿Qué te ha reconfortado?
¿Alguien te ha preparado la mesa en presencia de tus enemigos?
¿Alguien te ha ungido la cabeza con aceite?
¿Tu copa rebosa?
¿Te han seguido la misericordia y la bondad?
¿En casa de quién habitas?
¿De casa de quién has huido?

*Rulfo, *Pedro Páramo*.

• • •

Definición de *indiferente*
: caracterizado por la rutina o la superficialidad : MECÁNICO
: una sonrisa indiferente
: carente de interés o entusiasmo

La directora de Recursos Humanos me invita a reunirme con ella. Como su correo electrónico no detalla el motivo de la reunión, no me atrevo a ir sola.

En el vestíbulo de un edificio laberíntico, mi abogada se reúne conmigo. Una asistente nos acompaña a una sección aparte. La directora nos saluda y con sus manos manicuradas nos hace señas para que nos sentemos con ella en una mesa de sesiones de color claro. Nos rodean archiveros metálicos. Me pregunto cuántos huesos contendrán.

La iluminación fluorescente no le hace ningún favor a la piel de la directora. El pelo le luce bien. Viste casual para trabajar y habla en voz baja en jerga legal. Mi abogada le envió una copia de la orden de alejamiento dictada por un juez de violencia doméstica. Mi abogada también le envió una copia de mi declaración de maltrato, un documento de cinco páginas que presenté al juzgado, donde detallé algunos de los peores comportamientos de Q. El documento incluye descripciones de violación. Incluye la descripción de la fantasía de Q de llevarme al campo para matarme. Las evidencias que presenté al tribunal incluían mensajes de texto de Q. Uno de los mensajes mencionaba prácticas necrofílicas.

—Estamos aquí para apoyarla en todo lo que podamos —dice la directora—. También es necesario que yo permanezca neutral, y debo admitir... que me cuesta mucho admitir su relato sobre Q. Él es muy apreciado. —Dobla juntas sus garras.

Aunque me alivia tener un testigo presente, siento el alma constreñida. El objetivo de esta reunión se hace evidente. Sin embargo, le explico a la directora que no soy la primera víctima de Q. Le explico que permitirle estar con mujeres y niños los pone en situación de riesgo. Le pregunto cuándo será removido de su puesto.

Enderezándose, responde:

—Si Q es sentenciado por el delito de agresión, entonces sí, lo haremos.

Por supuesto, Q negó todas las acusaciones por medio de su abogado, y la policía se negó a presentar cargos contra él.

Q incurrió en muchos comportamientos definidos como delictivos por la ley. Uno de estos comportamientos es la violación. Menos del uno por ciento de las violaciones acaban en condena por delito grave.

Ahora entiendo el motivo de esta reunión.

—¿Hay algo más que podamos hacer por usted, maestra Gurba?

—Tengo miedo —le digo a la directora—. Tengo miedo de que Q le haga daño a alguien.

—No tiene nada de qué preocuparse —dice.

—¿Cómo lo sabe?

—¡Porque Q me dio su palabra!

Quiero reír. Chillar. Volcar la mesa. Abofetear a alguien. Abrir los archivadores y sacar los esqueletos.

En cambio, hablo.

—Q ha hecho muchas promesas. Ha roto cada una de ellas.

Me viene a la mente un profesor alguna vez muy popular. En su postulación para dar clases, admitió que se había declarado culpable de delitos menores, de haber golpeado a su novia, de haber «infligido algunas lesiones graves».

¿Las lesiones? Una mandíbula rota y un desprendimiento de retina.

Cuando el otrora popular profesor empezó a infligir lesiones a una nueva víctima, una mexicana que conoció en un plantel de secundaria, un administrador le pidió que dejara de hacerlo. Tras dar su palabra de que dejaría de lastimar a la chica, el otrora popular profesor utilizó sus manos para acabar con la vida de la víctima. A continuación, se quitó la suya.

Cuando Q se enojaba o frustraba, «bromeaba» con terminar nuestras vidas de la misma manera.

Un portavoz defendió la decisión del distrito de contratar al asesino. Les dijo a los periodistas que «los postulantes condenados por delitos menores podían ser contratados si los delitos no afectaban su aptitud para enseñar».

Llámenme loca, pero creo que infligir «algunas lesiones graves» a una exnovia puede tener alguna relación con la aptitud pedagógica de un hombre.

—¿Hay algo más que podamos hacer por usted, maestra Gurba?

—Sí. Hay unas esposas que Q compró como material de apoyo. Las usó para violarme. Por favor, retírenselas. Los chicos no deberían jugar con ellas.

La directora toma una pluma y, como si unas esposas fueran algo fácil de olvidar, escribe en un bloc de notas amarillo lo que dije.

—¿Cómo sabré que han recogido y le han quitado las esposas?

—Tiene mi palabra de que le serán retiradas.

En innumerables ocasiones, y en varios idiomas, la gente de esta institución se ha referido a nosotros utilizando la palabra *familia.* No somos compañeros de trabajo. Somos familia.

Las familias suelen sacrificar a los suyos. Lo aprendí en la secundaria. Cursé toda una materia sobre el Antiguo Testamento.

Un libro y una vida son obras de arte. Hacer arte no es intrínsecamente catártico. En cambio, puede ser un capullo protector.

• • •

La niebla es un lugar.

La familia es un lugar.

El mal es un lugar.

Un libro es un lugar.

Un agujero es un lugar.

El cero es un lugar.

Un valle es un lugar.

Un viñedo es un lugar.

Una vez más, me alegro de estar viva.

Una vez más, me alegro de estar aquí.

Una vez más, me alegro de que estés aquí. Para ser testigo.

Imaginémonos de nuevo en el viñedo. Esta vez no hay disparos. Esta vez los cuervos tienen permitido hacer lo que quieran. Esta vez nos doblamos sobre nuestras rodillas y agradecemos a quienes nos protegieron. Agradecemos a quienes escribieron fábulas y mitos. Agradecemos a quienes honran a los espíritus de las mujeres. Acercamos nuestro rostro al suelo, lo suficiente para oler California. Aspiramos la tierra. Huele tan deliciosa que la queremos en la boca. Si apretamos la lengua contra su riqueza, ¿a quién, qué, cuándo y dónde saborearemos?

Saborearemos un mundo.

FUENTES

TELL

Aguilar, Alberto E. de. «Jugando a la guerra tres niñitos "fusilaron" a una sirvienta». *Excélsior*, 18 de diciembre de 1951.

Alatorre, Antonio. «La persona de Juan Rulfo». *Revista Canadiense de Estudios Hispánicos* 22, no. 2 (1998).

Barker, Gabby. «I Didn't See Maradona's Hand, But I Contributed to the Goal of the Century». *Sportsfinding*, 6 de diciembre de 2020. https://sportsfinding.com/ali-bennaceur-i-didnt-see-maradonas-hand-but-i-contributed-to-the-goal-of-the-century/72693/.

«Burroughs 101». *This American Life*. National Public Radio. Chicago, 30 de enero de 2015.

Burroughs, William S. *Junky*. Nueva York: Penguin Books, 1977.

————. *Queer*. Nueva York: Penguin Books, 2010.

Cockburn, Alexander. «Harvard and Murder: The Case of Carlos Salinas». *The Nation*, 29 de mayo de 1995.

Cronenberg, David, dir. *El almuerzo desnudo*. Recorded Picture Company, 1991.

«The Doane Stuart School's Beat Generation Connection». The Doane Stuart School. https://www.doanestuart.org/the-doane-stuart-schools-beat-generation-connection/.

Eschner, Kat. «How America's First Adding Machine Is Connected to *Naked Lunch*». *Smithsonian Magazine*, 21 de agosto de 2017. https://www.smithsonianmag.com/smart-news/how-americas-first-adding-machine-connected-naked-lunch-180964534/.

Grauerholz, James. «The Death of Joan Vollmer Burroughs: What Really Happened?». Departamento de Estudios Americanos, Universidad de Kansas, 7 de enero de 2002. Preparado para el Quinto Congreso de las Américas en la Universidad de las Américas/Puebla, 8 de octubre de 2001.

Indiana, Gary. «The Naked Lunch Report». *Village Voice*, 31 de octubre de 1991.

Johnson, Joyce. *Minor Characters: A Young Woman's Coming-of-Age in the Beat Orbit of Jack Kerouac*. Nueva York: Penguin Books, 1 de julio de 1999.

Johnson, Kirk. «A Witness Tells of Finding Body in Park Slaying». *New York Times*, 8 de enero de 1988.

Kahlo, Frida. *El suicidio de Dorothy Hale*. 1938.

Lennig, Arthur. *The Immortal Count: The Life and Films of Bela Lugosi*. Lexington: University Press of Kentucky, agosto de 2010.

Leyser, Yony, dir. *William S. Burroughs: A Man Within*. Entrevistas con Laurie Anderson, Amiri Baraka, Jello Biafra, Genesis Breyer P-Orridge, David Cronenberg, Iggy Pop, Patti Smith, Sonic Youth, Gus Van Sant y John Waters. BulletProof Film Inc. y Yonilizer Productions, 2010.

Oppenheimer, Andrés. *Bordering on Chaos: Guerrillas, Stockbrokers, Politicians, and Mexico's Road to Prosperity*. Nueva York: Little, Brown & Company, 1997.

«Quiso demostrar su puntería y mató a su mujer. Crimen de un norteamericano durante escandalosa juerga». *La Prensa*, 7 de septiembre de 1951.

Serrano Ríos, Ricardo. «El seminarista Rulfo». *Excélsior*, 29 de enero de 1986.

Taubman, Bryna. *The Preppy Murder Trial*. Nueva York: Saint Martin's Press, 1988.

Wittgenstein, Ludwig. *Philosophical Investigations*. Oxford, Reino Unido: Basil Blackwell Ltd, 1986.

CUCUY

«Anton LaVey Performs Satanic Baptism for His Daughter». Bay Area Television Archive. Biblioteca J. Paul Leonard. Universidad Estatal de San Francisco. Imágenes de noticias de KPIX-TV, 23 de mayo de 1967. https://diva.sfsu.edu/collections/sfbatv/bundles/238406.

Arax, Mark, y Eric Malnic. «Ballistics Tests Tie Slaying in S. F. to "Valley Intruder"». *Los Angeles Times*, 24 de agosto de 1985.

Carlo, Philip. The Night Stalker: *The Life and Crimes of Richard Ramirez*. Nueva York: Citadel Press Books, 1996.

Carter, Emily. «Night Stalker Richard Ramirez Was on Death Row at San Quentin When Metallica Filmed Their St. Anger Video». *Kerrang!*, 4 de febrero de 2021. https://www.kerrang.com/night-stalker-richard -ramirez-was-on-death-row-at-san-quentin-when-metallica-filmed -their-st-anger-video.

Cillan Cillan, Francisco. «El Coco y el miedo en el niño». Biblioteca Virtual Miguel de Cervantes, 2008. https://www.cervantesvirtual.com /obra/el-coco-y-el-miedo-en-el-nino/.

Concordia Cemetery (sitio web). http://www.concordiacemetery.org /about.html.

Gorney, Cynthia. «The Terrible Puzzle of McMartin Pre-School». *Washington Post*, 17 de mayo de 1983.

Goya y Lucientes, Francisco de. *Los caprichos*. 1799. Biblioteca de la Universidad de Glasgow, Departamento de Colecciones Especiales, agosto de 2006. https://www.gla.ac.uk/myglasgow/library/files/special/exhibns/month/aug2006.html.

«Man Found Guilty of 13 "Night Stalker" Murders». *New York Times*, 21 de septiembre de 1989.

Moore, Timothy W., y Clark Lohr. *Mirandized Nation: The Inside Story of Ernesto Miranda and the Phoenix Police Department*. Phoenix Sleuth LLC, 2015.

Picasso, Pablo. *El loco*. 1904.

———. *Guernica*. 1937.

«El Pueblo contra Ramirez». Escuela de Leyes de Stanford, Biblioteca Robert Crown, Recursos del Tribunal Supremo de California. https://scocal.stanford.edu/opinion/people-v-ramirez-33683.

Stuart, Gary L. *Miranda: The Story of America's Right to Remain Silent*. Tucson: University of Arizona Press, 2004.

LOCAS

Alexander, Michelle. *The New Jim Crow: Mass Incarceration in the Age of Colorblindness*. Nueva York: The New Press, 2020.

Arbelo Cruz, Fabiola. «Racial Inequities in Treatments of Addictive Disorders». Escuela de Medicina de Yale, 1 de octubre de 2021. https://medicine.yale.edu/news-article/racial-inequities-in-treatments-of-addictive-disorders/.

Barstow, David, y Alejandra Xanic von Bertrab. «How Wal-Mart Used Payoffs to Get Its Way in Mexico». *New York Times*, 17 de diciembre de 2012.

Black, Conrad. *A Life in Full: Richard M. Nixon*. Nueva York: Public Affairs, 2007.

Bosco, El. *Infierno*. 1504.

Boyle, Gregory J. «LAPD Must Drop CRASH in Order to Regain Public's Trust». *Los Angeles Times*, 27 de septiembre de 1999.

Bugliosi, Vincent. *Helter Skelter: The True Story of the Manson Murders*. Nueva York: W. W. Norton & Co., 1974.

«California: Zoot Suit War». *Time*, 21 de junio de 1943. https://content.time.com/time/subscriber/article/0,33009,766730,00.html.

Davies, Lawrence E. «Seek Basic Causes of Zoot Suit Fray». *New York Times*, 11 de junio de 1943.

Davis, Mike, y John Wiener. *Set the Night on Fire: LA in the Sixties*. Nueva York: Verso Books, 2021.

Day, Brian. «Four Suspects Held for Bogus Gift Cards, Loaded Weapons at Walmart in Glendora». *San Gabriel Valley Tribune*, 17 de enero de 2013. https://www.sgvtribune.com/2013/01/17/four-suspects-held-for-bogus-gift-cards-loaded-weapons-at-walmart-in-glendora/.

Donner, Richard, dir. *La Dimensión Desconocida*. Temporada 5, episodio 3, «Pesadilla a 20,000 pies». Escrito por Richard Matheson. Emitido en 1963 por CBS.

«The Drug War, Mass Incarceration and Race». Oficina de las Naciones Unidas contra la Droga y el Delito. Alianza para las Políticas de Drogas. Junio de 2015. https://www.unodc.org/documents/ungass2016 /Contributions/Civil/DrugPolicyAlliance/DPA_Fact_Sheet_Drug_War _Mass_Incarceration_and_Race_June2015.pdf.

Ellroy, James. *LA Confidential*. Nueva York: Grand Central Publishing, 1997.

Escobar, Edward J. «Bloody Christmas and the Irony of Police Professionalism: The Los Angeles Police Department, Mexican Americans, and Police Reform in the 1950s». *Pacific Historical Review* 72, no. 2 (mayo de 2003). https://doi.org/10.1525/phr.2003.72.2.171.

———. «The Unintended Consequences of the Carceral State: Chicana/o Political Mobilization in Post-World War II America». *Journal of American History* 102, no. 1 (junio de 2015).

Fregoso Torres, Jorge Enrique, y Jorge Alberto Trujillo Bretón. *La Penitenciaría de Escobedo: Por temor y orgullo*. Guadalajara: Universidad de Guadalajara, 8 de octubre de 2020.

Gerber, Robin. *Barbie Forever: Her Inspiration, History, and Legacy*. Nueva York: Epic Ink, 2019.

«Hispanic Prisoners in the United States». The Sentencing Project. Iniciativa de Política Penitenciaria. https://static.prisonpolicy.org /scans/sp/1051.pdf.

Kim, Victoria. «Court Program Helps Women Turn Their Lives Around». *Los Angeles Times*, 19 de octubre de 2010.

Kirk, Michael, dir. *Frontline*. «LAPD Blues». Escrito por Peter J. Boyer y Michael Kirk. Emitido el 15 de mayo de 2001 por PBS.

«List of Works». Barragan Foundation. 2023. https://www.barragan -foundation.org/works/list.

Muerez, Cara. «Hispanic Americans Suicide Rates Are Rising». *U.S. News and World Report*, 18 de agosto de 2022.

Obregón Pagán, Eduardo. *Murder at the Sleepy Lagoon: Zoot Suits, Race and Riot in Wartime L.A.* Chapel Hill: University of North Carolina Press, 2003.

«Prisiones de Chowchilla, California». Centro de Interpretación del Uso del Suelo. https://clui.org/ludb/site/chowchilla-prisons.

«The Sleepy Lagoon Case». Comité de Defensa de Sleepy Lagoon (Antes Comité Ciudadano para la Defensa de la Juventud México-Americana). Los Ángeles, California, 1943. Online Archive of California. https:// oac.cdlib.org/view?docId=hb7779p4zc&query=&brand=oac4.

«Talking Points and Data Briefing on Suicide Prevention for Latina Youth». Each Mind Matters Resource Center, 2018. https://emmresourcecenter

.org/system/files/2018-08/Talking%20Points%20and%20Data%20
Briefing%20on%20Suicide%20Prevention%20for%20Latina%20Youth
-2.pdf.

Wilson Gilmore, Ruth. *Golden Gulag: Prisons, Surplus, Crisis, and Opposition in Globalizing California*. Berkeley: University of California Press, 2007.

Zúñiga, Javier. «Amnesty International's Findings and Recommendations Relating to Valley State Prison (California)». Amnesty International, abril de 1999. https://www.amnesty.org/es/wp-content/uploads/2021/06/amr510531999en.pdf.

MITOTE

Ceballos Ramos, Enrique, y Raymundo Padilla. *Historiando a Juan Rulfo*. Santiago: Editorial Tierra de Letras, 2022.

Chumacero, Alí. «El *"Pedro Páramo"* de Juan Rulfo». *Revista de la Universidad de México*, abril de 1955. https://www.revistadelauniversidad.mx/articles/eedc09a9-83a6-46b5-978a-2250c105e2a2/el-pedro-paramo-de-juan-rulfo.

Dickens, Charles. *A Christmas Carol*. Nueva York: Bantam Classics, 1986.

«Época Revolucionaria». Informe de un sacerdote local (sin nombre) sobre Villa Guerrero, sin fecha (pero probablemente de finales de la década de 1930), del Archivo Histórico del Arzobispado de Guadalajara, Sección: Gobierno, Serie: Parroquias, Villa Guerrero, caja 1, expediente 23, cortesía de Nathaniel Morris.

Jones, J. A. «Tepecano House Types». *Kiva* 27, no. 4 (1962).

Llanos Valdés, Adolfo. Registro Civil. El Salitre, Jalisco, México, 1915.

Miller, Marjorie. «Some Still See Decaying Display as Piece of Revolutionary History: A Farewell to Arm? Controversy Grows over a Hero in Mexico». *Los Angeles Times*, 11 de septiembre de 1989.

Morris, Nathaniel. *Soldiers, Saints, and Shamans: Indigenous Communities and the Revolutionary State in Mexico's Grand Nayar, 1910-1940*. Tucson: University of Arizona Press, 2022.

Presley, James. «Mexican Views on Rural Education, 1900-1910». *The Americas* 20, no. 1 (1963).

Rohter, Larry. «A Mexican Relic Is Buried at Last». *New York Times*, 10 de diciembre de 1989.

Rulfo, Juan. *Pedro Páramo*. Barcelona: RM, 2005.

———. *Pedro Páramo*. Traducción de Margaret Sayers Peden. Nueva York: Grove Press, 1994.

Saavedra Guzmán, Antonio de. *El peregrino indiano*. Madrid: 1599.

Sánchez González, Agustín. *El general en La Bombilla: Una espléndida crónica sobre la lucha por el poder, que culminó con el asesinato de Álvaro Obregón*. México: Planeta, 1993.

Schoenhals, Louise. «Mexico Experiments in Rural and Primary Education: 1921-1930». *Hispanic American Historical Review*, 1 de febrero de 1964.

Shadow, Robert Dennis. *Tierra, trabajo y ganado en la región norte de Jalisco: Una historia agraria de Villa Guerrero, Jalisco (1600-1980)*. El Colegio de Michoacán/Universidad de Guadalajara, 2002.

———, y María J. Rodríguez-Shadow. «Religión, economía y política en la rebelión cristera: El caso de los gobiernistas de Villa Guerrero, Jalisco». *Historia Mexicana*, vol. 43, no. 4, 1994, pp. 657-699.

Steinbeck, John. *Grapes of Wrath*. Nueva York: Penguin Classics, 2006.

Talavera, Juan Carlos. «A un siglo del nacimiento de Edmundo Valadés». *Excélsior*, 22 de febrero de 2015.

«Toral and Nun Go on Trial for Murder of General Obregon». *New York Times*, 3 de noviembre de 1928.

«Toral Is Executed for Obregon Killing». *New York Times*, 10 de febrero de 1929.

Villaseñor Villaseñor, Ramiro. *Juan Rulfo. Biobibliografía*. Guadalajara, Jalisco: Gobierno de Jalisco, Secretaría General, Unidad Editorial, 1986.

LA CEBOLLA BLANCA

Acuña, Rodolfo. *Occupied America: The Chicano's Struggle Toward Liberation*. San Francisco: Canfield Press, 1972.

Anderson, Fred, y Andrew Clayton. *The Dominion of War: Empire and Liberty in North America, 1500-2000*. Nueva York: Penguin Books, 2005.

«Assassination Attempts, September 1975». Biblioteca y Museo Presidencial Gerald R. Ford. https://www.fordlibrarymuseum.gov/avproj/assassinations.asp.

Bailey, Thomas A., y David M. Kennedy. *The American Pageant*. Lexington, Massachusetts: D. C. Heath and Company, 1987.

Beltrán, Cristina. *Cruelty as Citizenship: How Migrant Suffering Sustains White Democracy*. University of Minnesota Press, 2020.

Blay, Yaba. *One Drop: Shifting the Lens on Race*. Boston: Beacon Press, 2021.

Bloom, Stephen G. «Lesson of a Lifetime». *Smithsonian Magazine*, septiembre de 2005. https://www.smithsonianmag.com/science-nature/lesson-of-a-lifetime-72754306/.

Blurton, Heather. *Cannibalism in High Medieval English Literature*. Nueva York: Palgrave Macmillan, 2007.

Bonilla-Silva, Eduardo. «The Invisible Weight of Whiteness: The Racial Grammar of Everyday Life in Contemporary America». *Michigan Sociological Review* 26 (2012).

Burton, Tim, dir. *La gran aventura de Pee-wee*. Actuaciones de Paul Reubens y Elizabeth Daily. Warner Bros., 1985.

Collins, Patricia Hill. *Black Feminist Thought: Knowledge, Consciousness, and the Politics of Empowerment*. Nueva York: Routledge Classics, 2008.

Contreras, Shirley. «G. Allan Hancock Has a Colorful History». *Santa Maria Times*, 1 de octubre de 2017. Actualizado el 15 de enero de 2021. https://santamariatimes.com/lifestyles/columnist/shirley_contreras/g-allan-hancock-has-a-colorful-history/article_b72077c5-f3fd-5746-8f73-1e46823aa581.html.

Córdova, Jeanne. *When We Were Outlaws*. Midway, Florida: Spinsters Ink, 2011.

«County of Santa Barbara, California, Agricultural Production Report 2021». Departamento de Agricultura/Pesos y Medidas del Condado de Santa Bárbara, 2021. https://content.civicplus.com/api/assets/d84d16ed-052c-4c6d-a329-e676ef39ead7?cache=1800.

Curtis, Bryan. «Machete Stirs Immigration Debates: "Mexploitation" at the Movies». *Daily Beast*, 31 de agosto de 2010. https://www.thedailybeast.com/machete-stirs-immigration-debates-mexploitation-at-the-movies.

Daugherty, Tracy. *The Last Love Song: A Biography of Joan Didion*. Nueva York: St. Martin's Press, 2016.

Didion, Joan. *Run River*. Nueva York: Vintage International, 1994.

———. *Slouching Towards Bethlehem*. Nueva York: Farrar, Straus and Giroux, 2008.

———. *Where I Was From*. Nueva York: Vintage International, 2003.

———. *The White Album*. Nueva York: Farrar, Straus and Giroux, 2009.

———. *The Year of Magical Thinking*. Nueva York: Vintage International, 2007.

Fernández-Armesto, Felipe. *Our America: A Hispanic History of the United States*. Nueva York: W. W. Norton & Company, 2014.

Fields, Barbara J., y Karen E. Fields. *Racecraft: The Soul of Inequality in American Life*. Londres: Verso, 2014.

Fife, Austin E., y Terry E. Stevenson. «Santa Ana Wind». *Western Folklore* 17, no. 4 (1958).

Flower, Enola. *A Child's History of California*. Departamento de Educación del Estado de California, 1949.

«Free Swim Lessons Given in Wake of Recent Tragedy». *Santa Maria Times*, 3 de junio de 1990.

Gálvez, Arturo. Registro Civil de Sayula, Jalisco, México, 1918.

Gast, John. *American Progress*. 1872.

Greene, Graham. *The Power and the Glory*. Nueva York: Penguin Classics, 2015.

Houghton, Eliza P. Donner. *The Expedition of the Donner Party and Its Tragic Fate*. Chicago: A. C. McClurg & Co., 1911.

«H-2A Temporary Agricultural Worker Program». Departamento de Seguridad Interior de Estados Unidos. Actualizado el 21 de diciembre de 2022. https://www.dhs.gov/h-2a-temporary-agricultural-worker-program.

«Injuries, Illnesses and Deaths in Agriculture, 2015-19». TED: The Economics Daily. Oficina de Estadísticas Laborales de Estados Unidos, Departamento del Trabajo, 22 de septiembre de 2021. https://www.bls.gov/opub/ted/2021/injuries-illnesses-and-deaths-in-agriculture-2015-19.htm.

Jiménez, Tomás R. «Mexican Immigrant Replenishment and the Continuing Significance of Ethnicity and Race». *American Journal of Sociology* 113, no. 6 (2008).

Laskey, Anne. *I. Magnin, Beverly Hills*. Colecciones Digitales TESSA de la Biblioteca Pública de Los Ángeles, 1978. https://tessa2.lapl.org/digital/collection/photos/id/116011.

Luketic, Robert, dir. *Legalmente rubia*. MGM Distribution Co., 2001.

«Manson Trial Proceeds Despite Nixon Comments». *New York Times*, 4 de agosto de 1970.

Morse, Nancy. «Parents of Basin Drown Victims Sue». *Santa Maria Times*, 30 de julio de 1991.

Otwell, Rachel. «Illinois Won't Return Santa Ana's Leg to Mexico». WNIJ News. Northern Public Radio, 14 de noviembre de 2016. https://www.northernpublicradio.org/news/2016-11-14/illinois-wont-return-santa-anas-wooden-leg-to-mexico.

Rolls Press/Popperfoto. *Linda Kasabian Arrives in Court*. Getty Images, 13 de agosto de 1970. https://www.gettyimages.com/detail/news-photo/linda-kasabian-star-witness-in-the-sharon-tate-and-labianca-news-photo/640917815.

Ruiz contra la Ciudad de Santa María. Tribunal de Apelación de Estados Unidos, Noveno Circuito. No. 96-56564, 5 de noviembre de 1998. https://caselaw.findlaw.com/us-9th-circuit/1274678.html.

Schallhorn, Kaitlyn. «J&G Berry Farms Strike Ends». *Santa Barbara News Press*, 7 de mayo de 2022. https://newspress.com/jg-berry-farms-strike-ends/.

«"Sheep Dog Cowboy" Star for National Horse Show». *Santa Maria Times*, 4 de julio de 1970.

Siner, Ken. «The Wetback Season Has Opened». *Santa Maria Times*, 19 de junio de 1957.

Susman, Gary. «Winona Ryder Stole for Role, Saks Employee Testifies». *Entertainment Weekly*, 8 de abril de 2010. https://ew.com/article/2010/04/08/winona-ryder-stole-role-saks-employee-testifies/.

«This Week in History: Ozzy Osbourne Arrested for Urinating on the Alamo Cenotaph». *My San Antonio*, 15 de febrero de 2022. https://www.mysanantonio.com/entertainment/article/San-Antonio-Ozzy-Osbourne-pee-Alamo-Cenotaph-16920580.php.

Trejo, Danny, con Donal Logue. *Trejo: My Life of Crime, Redemption, and Hollywood*. Nueva York: Atria Books, 2021.

Wilson Gilmore, Ruth. *Golden Gulag: Prisons, Surplus, Crisis, and Opposition in Globalizing California*. Berkeley: University of California Press, 2007.

NAVAJAZO

Alcántar, Luis. «La culpa la tuvo Cupido». *¡Pásala!*, 10 de febrero de 2020. https://www.pressreader.com/mexico/pasala/20200210/281706911682679.

Berkowitz, Eric. *The Boundaries of Desire: A Century of Good Sex, Bad Laws, and Changing Identities*. Berkeley, California: Counterpoint, 2015.

Chozick, Amy. «You Know the Lorena Bobbitt Story. But Not All of It». *New York Times*, 30 de enero de 2019.

«El crudo relato del asesino de Ingrid Escamilla». *La Prensa*, 11 de febrero de 2020. https://www.laprensa.hn/mundo/relato-asesino-ingrid-escamilla-mexico-francisco-robledo-CDlp1355986.

Donner, Regine. «Oral History Interview with Regine Donner». Por Joan Ringelheim. Archivo de Historia Oral de Jeff y Toby Herr. Museo Memorial del Holocausto, Estados Unidos. 4 de abril de 2002. https://collections.ushmm.org/search/catalog/irn519930.

Finn, Natalie. «What You Didn't Know About the Still Shocking Story of John and Lorena Bobbitt». *Entertainment Weekly*, 15 de febrero de 2019. Actualizado el 25 de mayo de 2020. https://www.eonline.com/news/1011312/what-you-didn-t-know-about-the-story-of-john-and-lorena-bobbitt-and-why-the-details-are-more-cringe-worthy-than-ever.

García, Imelda. «El asesinato de Ingrid Escamilla, el feminicidio que conmocionó a México». *Al Día Dallas*, 12 de febrero de 2020. https://www.dallasnews.com/espanol/al-dia/dallas-fort-worth/2020/02/12/el-asesinato-de-ingrid-escamilla-el-feminicidio-que-conmociono-a-mexico/.

Goya y Lucientes, Francisco de. *Saturno*. 1820-1823. Museo del Prado.

Guillén, Nicolás. «Chévere». 1962.

Herrera, Hayden. *A Biography of Frida Kahlo*. Nueva York: Harper Perennial, 2002.

Kahlo, Frida. *Unos cuantos piquetitos*. 1935.

Masters, Kim. «Lorena Bobbitt: Sex, Lies, and an 8-Inch Carving Knife». *Vanity Fair*, 1 de noviembre de 1993.

Mata Othón, Atalo. «Ingrid y su asesino tenían una relación "extraña": vecinos». *Excélsior*, 2 de noviembre de 2020.

Miller, Bill, y Marylou Tousignant. «Bobbitt Liked Rough Sex, Jury Told». *Washington Post*, 12 de enero de 1994.

Miller, Henry. *Crazy Cock*. Nueva York: Grove Weidenfeld, 1991.

Pershing, Linda. «"His Wife Seized His Prize and Cut It to Size": Folk and Popular Commentary on Lorena Bobbitt». *NWSA Journal* 8, no. 3 (1996).

Ross, Michael. «Lorena Bobbitt Testifies on Abuse Claims». *Los Angeles Times*, 13 de enero de 1994.

Sicardo, Joseph. *Saint Rita of Cascia: Saint of the Impossible*. Charlotte, Carolina del Norte: TAN Books, 1993.

Suñer, Maite. «Castradoras». *Marie Claire España*, marzo de 1994.

Van Rijn, Rembrandt. *Lucrecia*. 1664. Galería Nacional de Arte.

WATERLOO

Capote, Truman. *In Cold Blood*. Nueva York: Vintage International, 2001. Publicado por primera vez en 1965 por Random House (Nueva York).

Lauerman, Kerry. «The Man Who Loves to Hate». *Mother Jones*, marzo/abril de 1999.

Lengel, Allan. «Thousands Mourn Student's Death». *Washington Post*, 15 de octubre de 1998.

Rothman, Lily. «Read the "Yep, I'm Gay" Ellen DeGeneres Interview from 1997». *Time*, 13 de abril de 2022. Actualizado el 14 de abril de 2022. https://time.com/4728994/ellen-degeneres-1997-coming-out-cover/.

Shepard, Judy. *The Meaning of Matthew: My Son's Murder in Laramie, and a World Transformed*. Nueva York: Plume, 25 de mayo de 2010.

Stevens, George, dir. *La historia más grande jamás contada*. Actuaciones de Max von Sydow, Telly Savalas y John Wayne. United Artists, 1965.

White, Karen. «Estrada Pleads Guilty to Murder». *Santa Maria Times*, 11 de abril de 2000.

Wyeth, Andrew. *Christina's World*. 1948. Museo de Arte Moderno.

BABEADA

Alter, Alexandra, Corina Knoll, y Karen Zraik. «He Was Convicted of Raping Alice Sebold. Then the Case Unraveled». *New York Times*, 15 de diciembre de 2021.

Buthelezi, Mbongiseni, Natalie Melas, y David Damrosch. *The Princeton Sourcebook on Comparative Literature: From the Enlightenment to the Global Present*. Princeton, Nueva Jersey: Princeton University Press, 2009.

Dahl, Roald. *James and the Giant Peach*. Nueva York: Puffin Books, 2000. Publicado por primera vez en 1961 por Alfred A. Knopf, Inc.

Despentes, Virginie. *King Kong Theory*. Traducción de Frank Wynne. Nueva York: FSG Originals, 2021.

Dione, Melanie. «The Infuriating Failure of Alice Sebold's Apology». Bitch Media, 9 de diciembre de 2021. https://www.bitchmedia.org /article/alice-sebold-apology-failure.

Golder, Yves. «Margaret Thatcher in *Spitting Image*». *French Journal of British Studies* XXIV-4 (2019). https://doi.org/10.4000/rfcb.4891.

Ito, Shiori. *Black Box*. Traducción de Allison Markin Powell. Nueva York: The Feminist Press at the City University of New York, 2021.

Johnson, Chantal V. *Post-traumatic*. Nueva York: Little, Brown and Company, 2022.

LaMotte, Sandee. «Sexual Assault Linked to Later Brain Damage in Women, Study Finds». CNN, 22 de septiembre de 2021. https://www .cnn.com/2021/09/22/health/sexual-assault-brain-damage-wellness /index.html.

Landau, Judith, y Jack Saul. «Facilitating Family and Community Resilience in Response to Major Disaster». En *Living Beyond Loss*, 2a. ed., Froma Walsh y Monica McGoldrick (eds.). Nueva York: W. W. Norton & Company, 2004.

Marsh, Moira. *Practically Joking*. Boulder: Utah State University Press, 2015.

Martin, Steve. *Born Standing Up*. Nueva York: Scribner, 2007.

Nelson, Maggie. *The Red Parts: Autobiography of a Trial*. Minneapolis: Graywolf Press, 2016. Publicado por primera vez en 2007 por Free Press (Nueva York).

Oz, Frank, dir. *Los Muppets toman Nueva York*. Tri-Star Pictures, 1984.

Palahniuk, Chuck. *Fight Club*. Nueva York: W. W. Norton, 2005.

El Pueblo contra Tommy Jesse Martinez. Tribunal Supremo de California, No. S074624, 30 de agosto de 2005. https://www.courts.ca.gov /documents/s074624_-_people_v._tommy_jesse_martinez_-_appellant %27s_opening_brief.pdf.

Sebold, Alice. *Lucky*. Nueva York: Scribner, 1999.

———. *The Lovely Bones*. Nueva York: Little, Brown and Company, 2002.

Stark, Evan. *Coercive Control*. Oxford: Oxford University Press, 2009.

You Can't Do That on Television. «Broma del Día de los Inocentes». NickRewind (canal de YouTube). https://www.youtube.com/watch ?v=ezHeVkITwxw&t=1s.

COMEZÓN

Arendt, Hannah. *The Origins of Totalitarianism*. Orlando: Harcourt Inc, 1976.

Comisión Federal de Derechos Civiles. Transcripción de la reunión. 21 de octubre de 2016. https://www.usccr.gov/files/calendar/trnscrpt /Unedited-Commission-Business-Meeting-Transcript-10-21-16.pdf.

Dorado Romo, David. *Ringside Seat to a Revolution: An Underground Cultural History of El Paso and Juárez: 1893-1923.* Cinco Puntos Press, 2005.

Gines, Kathryn T. *Hannah Arendt and the Negro Question.* Bloomington: Indiana University Press, 2014.

González, Gilbert G. *Labor and Community: Mexican Citrus Worker Villages in a Southern California County 1900-1950.* Urbana: University of Illinois Press, 1994.

Gund, Catherine, y Daresha Kyi, dirs. *Chavela.* Aubin Pictures, 2017.

«A History of Mexican Americans in California: Historic Sites; Westminster School/Seventeenth Street School». Servicios de Parques Nacionales. https://www.nps.gov/parkhistory/online_books/5views/5views5h99.htm.

Hitler, Adolf. *Mein Kampf.* Traducido por Ralph Manheim. Nueva York: Houghton Mifflin, 1999.

Hlushchenko, Dilfuza. «This Day—September 3, 1941 Zyklon B Used as Weapon of Mass Destruction for the First Time». Museo «Memoria Judía y Holocausto en Ucrania», 9 de marzo de 2020. https://www.jmhum.org/en/news-list/689-this-day-september-3-1941-zyklon-b-used-as-a-weapon-of-mass-destruction-for-the-first-time.

«James Edward Allison (Architect)». Base de Datos de Arquitectura de la Costa del Pacífico. https://pcad.lib.washington.edu/person/356/.

Kafka, Franz. *The Complete Stories.* Nueva York: Schocken Books, 1971.

Kakel, III, Carroll P. *The American West and the Nazi East: A Comparative and Interpretive Perspective.* Nueva York: Palgrave Macmillan, 2011.

«*La luna grande* de Chavela Vargas es para García Lorca». *El Universo,* 14 de abril de 2012. https://www.eluniverso.com/2012/04/14/1/1380/la-luna-grande-chavela-vargas-garcia-lorca.html/.

Madrid, E. Michael. «The Unheralded History of the Lemon Grove Desegregation Case». *Multicultural Education,* primavera de 2008. https://files.eric.ed.gov/fulltext/EJ793848.pdf.

Méndez et al. contra el Distrito Escolar Westminster del Condado de Orange et al. Tribunal Federal de Distrito para el Distrito Sur de California. 64 F. Supl. 544 (S.D. Cal. 1946). Acción Civil No. 4292, 18 de febrero de 1946. https://law.justia.com/cases/federal/district-courts/FSupp/64/544/1952972/.

Méndez et al. contra Westminster. Tribunal Federal de Distrito, Distrito Sur de California, División Central. No. 4292-M. Civil. 5 de julio de 1945. https://mendezetalvwestminster.com/court-documents/.

Miller, Reid. «A Lesson in Moral Spectatorship». *Critical Inquiry* 34, no. 4 (2008).

Munemitsu, Janice. *The Kindness of Color: The Story of Two Families and Mendez, et al. v Westminster, the 1947 Desegregation of California Public Schools.* Janice Munemitsu, 2021.

O'Sullivan, John. «Annexation». *The United States Magazine and Democratic Review* 17, no. 1 (julio-agosto de 1845).

«Prosecutor Asks Acquittal of Nazi Who Supplied Gas to Kill Jews». Jewish Telegraphic Agency. *Daily News Bulletin*, 27 de mayo de 1955. https://www.jta.org/archive/prosecutor-asks-acquittal-of-nazi-who -supplied-gas-to-kill-jews.

Raffles, Hugh. *Insectopedia*. Nueva York: Vintage Books, 2011.

Reisler, Mark. «Always the Laborer, Never the Citizen: Anglo Perceptions of the Mexican Immigrant During the 1920s». *Pacific Historical Review* 45, no. 2 (1976).

Reyna, Carlos. «Chavela Vargas en la intimidad». *Gatopardo*, 8 de marzo de 2018. https://gatopardo.com/arte-y-cultura/chavela-vargas -documental/.

Ruiz, Vicki L. *From Out of the Shadows: Mexican Women in Twentieth-Century America*. Oxford: Oxford University Press, 1998.

Smith, Woodruff D. «Friedrich Ratzel and the Origins of Lebensraum». *German Studies Review*, 3, no. 1 (1980): 51-68. https://doi .org/10.2307/1429483. Consultado el 28 de noviembre de 2022.

Spring, Joel. *Deculturalization and the Struggle for Equality: A Brief History of the Education of Dominated Cultures in the United States*. Nueva York: McGraw-Hill Education, 2012.

Stern, Alexandra Minna. «Buildings, Boundaries, and Blood: Medicalization and Nation-Building on the U.S.-Mexico Border, 1910-1930». *The Hispanic American Historical Review* 79, no. 1 (1999).

Terrell, Jazzie. «Resistance: Forced Fumigation and Gasoline Baths at the Texas-Mexico Border». Universidad de Arizona, 2020. http://doi .org/10.13140/RG.2.2.22775.24485.

Young-Bruehl, Elisabeth. *Hannah Arendt: For Love of the World*. New Haven: Yale University Press, 2004.

Zinsser, Hans. *Rats, Lice and History*. Londres: Routledge, 2007.

PENDEJA, TÚ NO ERES STEINBECK

«Author Bio». Reyna Grande (sitio web). http://reynagrande.com/bio/.

Chee, Alexander. «How to Unlearn Everything». *Vulture*, 30 de octubre de 2019. https://www.vulture.com/2019/10/author-alexander-chee-on -his-advice-to-writers.html.

Cummins, Jeanine. *American Dirt*. Nueva York: Flatiron Books, 2020.

——. «Murder Isn't Black or White». *New York Times*, 31 de diciembre de 2015.

——. *A Rip in Heaven*. Nueva York: Berkley Books, 2004.

Grande, Reyna. *Across a Hundred Mountains*. Nueva York: Washington Square Press, 2007.

——. «On Imposter Syndrome». Reyna Grande (sitio web). http://reyna grande.com/on-impostor-syndrome/.

Kit, Borys. «Migrant Border Crossing Movie "American Dirt" in the Works From "Blood Diamond" Writer». *Hollywood Reporter*, 15 de enero de 2019. https://www.hollywoodreporter.com/news/general-news/migrant-border-crossing-movie-american-dirt-works-1176263/.

Paz, Octavio. *The Labyrinth of Solitude*. Nueva York: Grove Press, 1994.

Sontag, Susan. *Against Interpretation and Other Essays*. Nueva York: Farrar, Straus and Giroux, 2013.

Urrea, Luis Alberto. *Across the Wire: Life and Hard Times on the Mexican Border*. Nueva York: Anchor, 1993.

———. *By the Lake of Sleeping Children: The Secret Life of the Mexican Border*. Nueva York: Anchor, 1996.

CREEP

Beauvoir, Simone de. *The Second Sex*. Nueva York: Vintage, 2012.

Esopo. *Aesop's Fables*. Jack Zipes (ed.). Nueva York: Signet, 2004.

Fourcade, Marion. «The Vile and the Noble: On the Relation between Natural and Social Classifications in the French Wine World». The Sociological Quarterly 53, no. 4 (otoño de 2012).

Hochschild, Adam. *King Leopold's Ghost: A Story of Greed, Terror, and Heroism in Colonial Africa*. Nueva York: Mariner Books, 1999.

Kafka, Franz. «In the Penal Colony». *The Complete Stories*. Nueva York: Schocken Books, 1971.

«Nicole's 911 Call of 1993». The Simpson Trial Transcripts (sitio web). http://simpson.walraven.org/911-1993.html.

«Professor Hill: I Have No Personal Vendetta against Clarence Thomas». *Washington Post*, 12 de octubre de 1991. https://www.washingtonpost.com/archive/politics/1991/10/12/professor-hill-i-have-no-personal-vendetta-against-clarence-thomas/213dc8d5-22d0-4ed4-97ce-b11699e6e004/.

Rulfo, Juan. *Pedro Páramo*. Traducción de Margaret Sayers Peden. Nueva York: Grove Press, 1994.

Sehgal, Parul. «An Account of Surviving Assault Mixes Horror and Humor». *New York Times*, 19 de diciembre de 2017.

Shakespeare, William. *Romeo and Juliet*. Nueva York: Simon & Schuster, 2004.

Shute, Nevil. *On the Beach*. Nueva York: Vintage International, 2010.

Zucker, David, dir. *¿Y dónde está el policía?* Con actuaciones de Leslie Nielsen y O.J. Simpson. Paramount Pictures, 1988.

AGRADECIMIENTOS

Creep no habría sido posible sin el apoyo y el aliento de muchas personas. Gracias a mis padres y hermano y hermana por ser mi familia. Agradezco a mi Abuelito y Abuelita por haberme enseñado sobre arte. No tengo una maestría en Bellas Artes, pero tuve la experiencia de pertenecer a las Guayabas, un colectivo literario de latinas que me enseñó a estar en comunidad con otras escritoras, y por eso soy inmensamente afortunada. Quisiera lanzar algunos besos al cielo con la esperanza de que mi mentora Guayaba en la intrepidez, tatiana de la tierra, los atrape. Wendy, Griselda, Lorna, Desiree, Danielle, Mari, Randa, Lisa, su amistad es oro. Olga, sin tu perspicacia no habría podido llevar al papel la historia de mi Abuelito. Lauren y Amy, gracias por su guía editorial. Nathaniel Morris, agradezco el tiempo que dedicaste a contestar mis preguntas sobre Villa Guerrero. Lee, Haley, Sylvia y Tiombe, ustedes me salvaron la vida. Les debo todo. Rayhané, tú vendiste este libro. Gracias. A los estudiantes que tanto me han enseñado, es un honor haber trabajado con ustedes. Sophia, siempre estás en mis oraciones. GC, eres mi corazón. Y a todos los que se interpusieron en la realización de este libro, jódanse.